카페하우스의 문화사

카페하우스의 문화사

발행일 | 초판 1쇄 2002년 3월 25일
지은이 | 볼프강 융거
옮긴이 | 채운정
펴낸이 | 김석성
펴낸곳 | 에디터
주소 | 서울시 서초구 양재동 371 희빌딩 502호
편집부 | (02)579-3315
영업 · 판매 | (02)572(3)-9218
팩스 | (02)3461-4070
등록번호 | 1991년 6월 18일 등록 제1-1220호

E-mail : editor1@thrunet.com
ⓒ 에디터, 2002 | ISBN 89-85145-62-2 03380

WOLFGANG JÜNGER
Herr Ober, ein' Kaffee!
Illustrierte Kulturgeschichte des Kaffeehauses

카페하우스의
문화사

볼프강 융거 지음 | 채운정 옮김

역사 문화 라이브러리

에디터

여기요! 커피 한 잔

– 카페하우스 문화 발달의 자취

인간은 새로운 음료를 탐구하는 과정에서 마시는 데 필요하다면 어떤 종류의 식물이든 쉽사리 지나치지 않았다. 인간은 그만큼 예민한 본능을 갖고 있었다. 이윽고 이들 식물의 자생지가 수요를 따르지 못하게 되자 경작지가 마구 넓혀지는 등, 끝내는 지구상의 모든 지역으로 기호품을 위한 경작지가 확대되었다. 그러나 정신적인 이완을 가져오는 물질에 대한 인간의 기호는 결코 근대 세계의 징후는 아니다.

소크라테스는 이미 플라톤의 『향연』에서 신의 선물인 은총을 그 시대의 부정적인 향락에 대한 욕망과 비교하고 있다. 당연한 일이지만, 그리스인은 우리가 말하는 의미의 흥분제를 모르고 살았다. 그러나 기본적으로는 같은 역할을 하는 마취성 훈향류(薰香類)를 가지고 있었다.

인간의 빈곤한 쾌락이 빚는 여러 가지 영향과 결과, 예컨대 비판되고 있는 것이 아니더라도 그같은 빈곤과 밀접한 관계를 갖는 마음과 성격의 변화는 충분히 감지 할 수 있다. 문제는 신체적 생리적인 복합된 영역을 훨씬 넘어서고 있다는 점이다. 우리가 마약이나 독극물 종류를 이용함으로써 전혀 미지이며 어떤 분석도 허용하지 않는 악마의 세계에 발을 들여놓는 것처럼, 담배나 커피, 차를 도입하는 것으로도 우리의 사고와 행동은 변화를 맞게 되었다.

19세기의 어느 철학자는 커피를 선정적인 지옥의 검은 음료라고 말했다. 그러면서 그는 이 음료로 인해 인류는 정당한 국가의 '잠', 즉 '수면'을 탈취당하고, 불안정한 망상에 빠지며, 그 세계에서 잠들지 못한 채 뒹굴고 있다고 말했다. 우리의 국민적, 사회적 생활에서 차지하는 커피의 정신적인 역할은 이루 헤아릴 수 없는 것으로 생각되나, 실제로는 충분히 느낄 수 있다. 얼마나 많은 역사가가 역사에 대한 커피의 영향을 칭찬했던가! 또 얼마나 많은 시인이 커피가 지닌 시적인 힘을 칭찬했던가! 지나간 여러 시대에 걸쳐 이처럼 활력을 주는 음료의 효과를 감사하는 마음으로 느껴보지 못한 시인이 있다면 그는 누구일까.

정신적인 촉진제로서의 커피가 우리의 생활문화 습관 속에 깊이 침투하고 있는 것과 마찬가지로, 특히 커피를 제공하고 있던 많은 카페하우스도 각 시대에 걸쳐 여러 가지 특성을 반영하고 있다. 사교형태가 새롭게 변화하는 과정에서 시대의 흐름과 함께 이들 카페는 사교상의 시설로서 중요한 서열을 차지하게 되었다. 이들 카페는 의회라든가 신문의 선구자가 되었고, 정치적, 문화적 또는 상업상의 살롱이 되었으며, 기존 사회질서 내에서는 어느 곳에도 안심할만한 피난처를 갖지 못했던 여러 서클에 소속된 사람들의 집합장소가 되었다. 암울했던 전제주의 시대에는 이들 카페에서 여론이 형성되기도 했다. 또한 큰 혁명이 일어났을 때는 이들 카페에서 결정적인 봉화의 불씨가 올려졌다. 까뮈 데물랭이 카페 드 포아에서 파리 민중에게

'무기를 들라' 고 호소한 것도 결코 우연이 아니다. 게다가 정원이 딸린 카페가 많았던 팔레 르와이얄이 없었더라면, 프랑스 혁명은 틀림없이 다른 경로를 더듬게 되었을 것이다.

여러 시대에 걸쳐 카페하우스가 갖추고 있던 중립적 기능에도 불구하고 이들 카페하우스에서도 지도자들에 대한 분류가 이루어지고 있었다. 모든 사회적 계층의 사람들, 모든 직업인, 모든 정치적, 문학적, 종교적 연합체는 각기 근거지를 가지고 있었다. 사상적 경향과 직업, 공통의 정신적 접촉이 사람들을 규합한 것이다. 빈번한 카페하우스 출입으로 사람들은 서로의 성격이나 개인적인 특성을 알게 되었다. 그같은 개인적 특성에 의해 상대의 인품과 사상적인 특질을 알 수 있게 되었다.

옛 전통과 여러 가지 새로운 경향이 뒤섞인 이들 장소에서의 정신적인 사교에 의한 긴밀한 유대는 여러 가지 특징과 착상 속에 나타나고 있다. 그런데 카페하우스가 최고조로 번성하던 시대에 정체나 쇠미(衰微)시대가 찾아오게 된 경우도 있었다. 이같이 카페하우스는 갖가지 영향을 받았었다. 그러나 각 시대의 카페하우스에는 인간의 운명과 변화에 깊은 영향을 미치는 분명한 특징이 나타나고 있었다. 우리들 마음에 직접 와 닿는 것이 있다면, 그것은 상호간의 밀접한 접촉이자 여러 사물간의 관계이며, 또한 영광과 비참함 등에서 볼 수 있는 모든 현상의 무상함이다. 우리는 우리 자신을 보고 우리의 과거를 보며, 때로는 우리의 미래도 바라보는 것이다.

지은이

카페하우스의 문화사

1

코페어 아라비카

커피가 음료로서, 그리고 기호품으로서 유럽에 뿌리내린 것은 대체로 17세기 중엽이다. 그러나 커피와 서양세계와의 관계는 더욱 오랜 옛날로 거슬러 올라간다. 적어도 그 명칭에 관한 한, 커피는 이미 오래 전 이탈리아의 학자가 저술한 책에서 알려지고 있었다. 식물학자인 프로스펠 알피누스[1]는 1592년에 베니스에서 간행된 저서 《데 플란티스 아에집티 리베르》에서 커피에 대해 언급하고 있다. 이 책에서 그는 아라비아인과 이집트인들이 커피의 열매에서 카프와라는 음료를 만들어 와인 대신 즐겼으며, 또 목로 주점에서도 이 음료가 팔리고 있었음을 예로 들고 있다. 1596년 이탈리아의 여행자가 프랑스의 유명한 의사이자 식물학자인 샤를 드 레클뤼스[2]에게 약간의 커피 콩을 선물했다. 그때 그 여행자는 이 콩은 불에 말려서 목제 절구

▲ 아라비아 일대의 커피하우스

로 빻아야 된다고 말했다. 레클뤼스는 자신의 저서 《라리오륨 플란타룸 히스토리아》에서 이 열매에 대해 쓰고 있다.

그러나 유럽에서 최초로 커피를 언급한 영예는 이탈리아와 프랑스의 인문주의자가 아니라 슈바벤의 상인 아들로서 아우그스부르크의 의사이며 식물학자였던 레온하르트 라우볼프에게 주어져야 한다. 이 뛰어난 의사는 1573년, 당시는 모험으로 알려졌던 동방 여행을 계획, 아르메니아 상인 차림으로 커다란 상품을 들고 트리폴리에서 알레포를 거쳐 바그다드에 닿았다. 그는 오랫동안 그곳에 머무르면서 피곤함조차 잊을 정도의 정열을 가지고 도시와 그 주변을 열심히 연구하는 한편 그 나라의 식물의 특성을 연구했다.

그러나 내밀히 전해진 보고에 의하면, 그의 진짜 목적은 인도의 부를 얻기 위한 코스를 탐색하는 데 있었다. 다행히도 그곳 기독교인의 도움으로 그의 계획은 순조롭게 추진되었다. 그러나 시리아로부터 전해진 어떤 보고에 따라 그는 중도에 되돌아가야만 했다. 그래서 그는 전에 유프라테스 강을 따라 같이 내려간 2, 3명의 유태인과 함께 모술과 우르파를 지나 다시 알레포로 갔다. 이 여행 중 그들은 쿠르드족 도적떼의 잦은 습격으로부터 몸을 보호해야 했다. 이들 도적떼를 만날 때면 가슴을 나무 껍질로 무장한 라우볼프는 용감하게 잘 싸웠다. 알레포에서 그의 동행자 2, 3명이 터키인에게 붙잡혔으나 그는 간신히 도망칠 수 있었다. 몇 달 동안 그는 알레포에서 그 당시 친(親)터키 정책에 따라 무역상으로서는 베네치아인보다 우위에 있던 프랑스인들의 비호를 받으며 숨어 지냈다. 이 기간 동안 그는 많은 환자들을 치료하는 데 진력했다. 이들 환자 중에는 뒷날 그가 레바논에 동행한 마로 파(레바논 지방의 가톨릭 일파)의 대주교도 있었다. 숱한 모험 끝에 그는 마침내 트리폴리와 베니스를 거쳐 고향으로 갔으며, 1576년 2월 12일 아우그스부르크에 당도했다. 그리고 몇 년 후 점프 경기 중 샘물에 빠져 죽었다.[3]

여러 곳에서 그는 그곳 주민들이 커피를 마시고 있는 것을 보았다. 커피는 그의 입맛에서도 딱 맞아 산뜻한 음료로 느껴졌다. 1582년 라우잉겐에서 간행된 《동방여행》에서 그는 이렇게 기술하고 있다.

"그들은 특별히 중히 여기는 참으로 맛있는 음료를 가지고 있다. 그들은 이 음료를 '카프와'라고 부르고 있다. 이 음료는 잉크처럼 검은데, 여러 질병 중 특히 위장병에 뛰어난 효과가 있는 것으로 보인다. 그들은 평소 이른 아침부터 이 음료를 마시며 공적인 장소에서도 마신다. 찰흙이나 도자기로 만든 깊숙한 주발에 담아 마시는데, 따뜻하게 마실 수 있을 정도로 이 음료는 데워져 있다. 때때로 그들은 빙 둘러앉아 한 모금씩 돌려가며 마신다. 이 음료를 위해 그들은 분타라고 불리는 열매를 딴다. 분타는 겉모양의 크기와 색깔이 월계수처럼 보이는데, 옛 보고에 따르면 인도에서 가져온 것이라고 한다. 이 음료는 그들 주위에 얼마든지 풍부하게 널려 있으므로, 열매를 팔며 장사하는 상인이 있는 것처럼 이 음료를 파는 사람들 또한 있다고 해서 이상한 일로 볼 것도 아니다."

커피 원산지는 에티오피아

라우볼프가 이 기호품에 대해 지식을 익혔을 당시, 이 기호품은 이미 1백년 이상이나 되는 전통에 의해 동방의 운명과 밀접한 관계를 맺고 있었다. 이 시대에 커피는 이미 원산지인 아프리카로부터 아덴과 메카를 넘어 카이로에 전해졌으며, 마치 승리의 행진과 같은 템포로 궁전에서 마을의 조그마한 오두막집에 이르기까지 그 영향을 파급시켰다. 이같은 초기 발전단계에 있어 우리네 수중에 있는 커피에 대한 자료는 매우 빈약하다. 이 열매에 활력을 주는 효과가 있다는 발견도, 그리고 재배에 관해서도 정확한 데이터에 의해 증명된 것이 없다. 아라비아에서 음용이 유행처럼 퍼진 것으로 보아 아라비아가 커피의 원산지로 믿어지고 있다. 이 재배식물을 '코페어 아라비카'라고 부른 린네는 아라비아가 원산지라고 굳게 믿고 있었다.

그러나 프랑스의 의사 샤를 폰스[4]는 이 견해에 의문을 제기했다. 1698년 곤다르에 여행, 에티오피아에 커피나무가 있다는 것이 계속 보고되고 있는 것을 들었을 때, 그는 커피의 본고향이 아비시니아의 대지이며, 그곳에서 처음으로 이 식물이 아라비아인에게 전해졌다는 것을 밝혔다.

유럽의 연구가들은 그 뒤 커피나무가 아라비아뿐 아니라 그곳에서 우간다와 빅토리아 니안자에 이르는 지역에까지 확산되고 있다는 것을 발견했다. 이 식물은 아주 오래전부터 아라비아에서 공들여 손질된 경작물이기도 했지만, 다른 한 편 기뎀 아로지라든가 이토 · 갈라

란데의 광활한 산악지대에서 인간의 손을 빌리지 않은 채 무성하게 자라나고 있었다. 커피의 진짜 고향, 즉 삼림에서 자라는 자생 지역은 서남 방향에 있었던 카파 왕국과 에나레아 왕국이었다. 이들 나라에서 사람들은 모두들 커피 콩을 가지고 있었다. 갈라족에 속하는 종족은 힘든 원정에서는 주로 잘게 부순 커피로 영양을 취하고 있었다. 그들은 커피를 기름과 버터로 이겨서 사과 크기만큼 둥글게 만들었다. 스코틀랜드의 여행자 브루스[5]는 아비시니아인들이 '분'이라 부른, 관목의 열매를 달인 액체가 에티오피아에서 가장 먼저 음용되고 있었던 것으로 생각했다. 아라비아에서 이 음료를 지칭하는데 사용된 '카프와'라는 이름은, 그에 따르면, 에티오피아어 카프와에 유래하며, 에티오피아에서 상품과 함께 아라비아 반도로 건너오게 되었다는 것이다.

아라비아 반도에서의 커피 음료의 원천은 먼 과거로 거슬러 올라가야 하겠지만, 그럼에도 불구하고 그의 지식은 아라비아에서의 여러 역사적인 증언을 능가한다. 그러나 그는 커피가 지닌 보다 깊은 작용이 어떤 것인지에 대해 증명하지 못했으며, 이 나라에서 물질적·정신적으로 중요한 부분이 무엇인지에 대해서도 언급하지 않았다. 더 나아가 그는 생활문화에 대해서도 언급하지 못했다. 무릇 생활문화 없이는 기호의 다양성에 관해 생각할 수 없다. 따라서 기호품으로서의 커피를 발견한 영예는 에티오피아인이 아니라 커피로부터 감각적인 지각력(知覺力)에 대한 감각을 이끌어낸 아라비아인에게 돌아가야 한다.

전설에 따르면, 베크타시 교단의 한 가난한 델비슈(이슬람의 수도승)가 최초로 양을 실험대에 올려놓고 커피가 미치는 활력을 고찰하다가 자신도 교단 동료와 함께 이 '악마의 음료'에 사로잡히게 되었

▲ 카이로의 카페하우스 모습

다고 한다. 그리고 그 뒤로 커피는 신자들과 신학자들의 필수품이 되었다는 것이다. 커피가 실재했다는 구체적인 증거는 아라비아 문학에서도 발견된다. 10세기초에 천연두와 홍역에 관한 개론을 쓴 아브 베클 알 라지[6]는 약리학상의 특성에서 본 카페인의 효용에 상응하는 약에 '분쿰'이라는 이름을 붙여 언급하고 있다. 아비센나[7] 또한 이 약물에 대해 보고하고 있다. 커피나무의 에티오피아 이름인 '분'은 오늘날에도 아라비아에서 과실 이름으로 불리고는 있으나 분쿰이라는 약물과 동일한 것인지 아닌지는 분명치 않은 것으로 생각된다.

1008년에 죽은 체우하리의 사전에는 커피라는 이름은 나오지 않는다. 또한 아라비아인의 상품에 관심을 나타내던 시대의 다른 저술을 보더라도 커피 열매에 관한 이야기라든가 커피라는 음료에 대한 이야기는 나오지 않는다. 1587년에 동방에서의 커피 수입과 보급에 관한 역사를 쓴 세이크 아브드 알 카델 안사리 쟈지리의 보고에 따르면, 커피는 15세기 중엽에 바다 건너편 아프리카 대륙으로부터 아라비아에 전해졌으며, 그곳에서는 먼저 아덴에서 커피가 애용되다가 전국에 급속히 확산되었다.

▲ 터키인이 커피를 마시는 모습(1685년 드포의 저서에 나오는 동판인쇄 그림)

15세기초에 아라비아의 세이크(족장)가 예멘에서 카프와로 불리는 음료가 보급되고 있다는 내용의 보고가 있었다고 기록하고 있다. 그에 따르면, 학자나 승려가 이 음료를 애용했으며 주로 교단에서 야경(夜警)을 설 때 마셨다고 한다. 이 음료의 수입과 보급은 예멘 출신으로 자바니라는 별명을 가진 사람이 담당했는데, 그는 뛰어난 학식과 고귀한 인품으로 주위의 칭송을 받던 사람으로, 아덴에서 고등재판관직을 맡고 있었다. 당시 그는 업무 관계로 아쥼 지방을 여행하고 있었다. 그곳은 앗사브와 자이라 중간에 있는 바브 엘 만데브의 아비시니아 해안으로서 오늘날의 에리트리아와 영령(英領) 소말리랜드가 된다.

그곳에서 자바니는 주민들이 커피를 마시고 있는 것을 알게 되었다. 주민들은 커피에 대해 전혀 모르던 그에게 커피의 특성을 입을 모아 극찬했다. 그는 이 음료를 시음한 결과, 이 음료가 게을러지려는 마음을 날려버릴뿐 아니라 정신을 긴장시키면서 한편으로 쾌적한 기분을 갖게 해준다는 것을 체험했다. 그 뒤 그는 아덴으로 돌아와 스피 교단에 입단했다. 이 음료는 그의 건강에 촉진제 구실을 하게 되었고 또 저녁 기도시간에 피로를 풀어 주기도 했으므로, 그는 매일 일정한 시간에 이 음료를 마시는 습관을 몸에 익혔다. 유명한 이맘

와주프 엣딘은 나이 90세에 이르러, 자신이 젊었을 때 법률가인 자바니가 아덴 최초로 커피를 마셨다고 회고한다. 자바니의 권위가 발휘됨으로써 이 기호품의 음용이 정당화된 것이다. 자바니는 1470년에 죽었다. 그 뒤 이 음료가 수입되면서 예멘의 산악지대 서쪽에 커피나무가 재배되기 시작한 것으로 알려지고 있다.

여러 가지 보고에 따르면, 자바니의 사후 고결한 인품의 소유자였던 나슬 엣딘의 제자 세이크 알리 샤지리가 예멘에서 커피를 더욱 보급시킨 것으로 알려지고 있다. 그는 코란, 즉 이슬람교 성전의 박사이며 샤지리파 교단의 장이었다. 카르스텐 니부르[8]는 인적이 드문 오두막집에서 지내고 있던 은사(隱士)에 대해 이야기하면서, 수많은 순례자와 여행자들이 신성한 자연에 관한 그의 지식을 접하기 위해, 그리고 그의 기도와 가르침을 듣기 위해 먼 곳에서 찾아왔다고 쓰고 있다.

어느 날 어느 부유한 인도 상인의 선박이 파도로 예멘의 강 둔덕으로 떠내려가게 되었다. 하는 수 없이 그 자리에 닻을 내린 선원들은 황막한 벌판에 외따로 세워져 있던 이 은사의 오두막집을 보고, 저런 오두막집에서 사는 사람은 대체 어떤 사람일까 하는 호기심이 일었다. 샤지리는 이런 미지의 사람들을 따뜻하게 맞으면서 그들의 얘기를 들은 뒤, 자신이 그 효용을 높이 평가하고 있는 음료로 그들을 환대했다. 그는 이 음료를 '카프와'라고 부르면서 졸음을 물리쳐 주는 신성한 음료라고 말했다. 하지만 이 음료를 모르고 있던 인도인들은 이 음료를 약이라고 생각했다. 그들은 이 약으로 고열로 꼼짝도 못하고 누워있던 선장을 고칠 수 있을 것이라고 확신했다. 세이크는 병자가 자신의 기도와 이 액즙 음용으로 건강을 되찾게 될 뿐 아니라 이 지역에 상품을 양륙하면 큰 이익을 얻게 될 것이라고 말했다. 상륙한 사람들 중에는 아라비아 여러 지역의, 많은 자산을 가지고 있는 유명한 상인들도 있었다. 세이크는 그저 놀라고만 있는 선원들에게 "언젠가는 이곳이 유명한 상업도시가 될 것이다. 즉 신의 각별하신 은총으로 거대한 항구가 있는 상업도시가 형성될 것이다."고 예언했다.

선원들의 이야기를 전해들은 선장은 참으로 이상한 일이라는 생각에, 세이크를 직접 만나 얘기를 들어볼 요량으로, 이튿날 선박에서 나와 세이크를 방문했다. 그러자 세이크는 그에게 커피를 대접했다. 커피는 정말 맛이 산뜻하고, 마치 그의 고향에서나 맡을 수 있는 최고의 향료 같은 향기로운 냄새를 풍겼다. 뿐만 아니라 그는 이 은사의 밝은 표정과 명석한 사고력, 그리고 신을 경외하는 마음에 감동하여, 상품을 실어내리라는 그의 제안을 받아들이기로 했다. 양륙한 짐은 즉시 순례자들에게 팔렸다. 선원들과 순례자들은 뜻하지 않게 만나게 된 세이크에게 감사의 표시로 기념품을 바쳤다. 인도로 돌아온 선원들은 은사의 고결한 인품과 그가 보여준 신비한 음료, 그리고 그의 제안으로 큰 이익을 얻게 된 이야기들을 여러 사람에게 퍼뜨렸다. 샤지리가 살고 있던 지방에서도 그의 인망은 높아만 갔다. 그곳에 정박하는 선박수도 이 성자를 찾는 순례자들과 함께 늘어났다. 그리하여 그의 오두막집 주위에 마을이 생겼고, 그 뒤 이곳이 거대한 상업항구 모카가 되었다.

세이크가 죽은 후 주민들은 그를 기념하기 위해 모스크(회교 사원)를 건립했다. 그리고 경건한 신도들은 이 모스크를 찾았다. 오늘날에도 모카 중심에 있는 샘물은 샤지리라 불리고 있다. 그는 성자가 되어 수니파(이슬람의 정통파)에 속하는 커피점 주인들에 의해 수호신으로 추앙받고 있다. 그들은 기도 중에 그를 회상하면서 알라신이 그를 통해 인류에게 커피 음용을 가르쳤다며 알라에게 감사하고 있다.

성도 메카, 메디나서도 애음

아덴과 모카가 이 음료를 개척한 세기가 끝나갈 무렵, 성도 메카와 메디나도 그 세력권에 들어갔다. 아덴에서와 마찬가지로 이들 도시에서도 애초에 이 음료는 유명 사원에서 사용되었다. 이들 사원에서는 예배에 참가하는 일반 신도와 구경꾼들도 이 음료를 마실 수 있었다. 이윽고 그 향기는 신분이 높은 성직자, 즉 이슬람 학자나 이슬람 법해석자들의 집은 물론 변두리 골목 구석구석까지 미치게 되었다.

그리고 이 음료의 강한 향내는 거리를 떠도는 거지들의 마음 속까지 적셔 주었다. 모스크 앞에서 예사로 커피가 팔렸고 공적인 장소나 목로 주점에서도 팔렸다. 커피를 조제하는데 사용되는 특별한 방에서 팔리는 것도 드문 일은 아니었다. 커피점은 학자나 한가로운 인사들의 사교장이 되었다. 학자는 커피점에서 종교적, 학문적인 논쟁으로 각기 자신들의 정신이 얼마나 강인한지를 테스트했고, 한가로운 인사들은 장기나 만카라를 즐겼다. 세이크 셰하브 엣딘에 의하면, "커피 음용은 메카에서는 흔한 일이 되었다. 심지어 이 음료가 없으면 사람들은 기도도 하지 않았고 제사도 지내지 않았다."

16세기 처음 10년 사이에 커피 음용 습관은 예멘의 수도승에서 카이로까지 전파되었다. 카이로에서는 모스크보다 4분의 1정도의 싼 값으로 커피를 마실 수 있었고, 승려들은 매주 월요일 저녁과 금요일 저녁이면 으레 예배 때 커피를 마셨다. 그들은 붉은 찰흙으로 만든 종지에 커피를 넣어 도자기로 만든 찻종으로 떠마셨다. 모스크의 장은 이 종지를 돌려 모든 참석자들에게 맛을 보게 했다. 어느 연대기 작자는 이렇게 말하고 있다. "이런 방식으로 우리는 피로와 긴장감을 느끼는 일 없이 밤새도록 깨어 있었다. 학자와 고결한 인품의 소유자들, 그리고 학문을 숭상하고 높은 공로로 명예로운 지위를 얻은 사람들은 이 음료를 매우 애용했다. 커피를 마실 때는 언제나 알라의 영예나 위대함, 그리고 성지나 예언자 마호메트를 기념하는 여러 절차가 행해지곤 했다."

페르시아에서도 이집트와 거의 같은 시대에 커피 음용이 뿌리를 내렸다. 전설에 따르면, 천사 가브리엘이 예언자 마호메트의 힘이 쇠하지 않도록 이 음료를 발명하게 되었다고 한다. 마호메트 자신은 이 검은 액즙 덕택으로 말을 탄 40명의 남자들을 무찔러 떨어뜨릴 수 있었고, 40명의 여자들과 잠자리를 같이 할 수 있었다는 것을 자랑으로 삼고 있다. 뒷날 커피의 적대자들은 커피가 인간의 생식능력을 쇠퇴시키며, 이 쓰디쓴 열매가 황야처럼 인간을 못쓰게 만든다고 주장하기도 했다.

1635년에 국왕 프리드리히 3세의 위탁을 받고 홀슈타인 고트로프에서 페르시아로 간 독일의 여행자 올레아리우스[9]는 도처에서 커피를 마시는 광경을 보았는데, 자신은 커피를 좋아하지 않았다. "담배를 피우고 있을 때도 그들은 카프와라 불리는 검고 뜨거운 물이 들어있는 컵을 손에 들고 있다. 이 뜨거운 물은 눋는 냄새가 나면서 불쾌한 맛이 난다. 게다가 자연을 불모의 땅으로 만들어 버린다고 한다. 이 음료를 많이 마시면 육체적인 욕망이 사라진다고도 말해지고 있다."라고 그는 여행기에 기록하고 있다. 당시 수도 이스파한에서 그는 많은 커피점을 보았다. "이들 커피점에서는 담배를 피우는 사람들과 커피를 마시는 사람들을 볼 수 있다. 또 시인이나 역사학자도 있었는데, 그들이 실내 한가운데 높은 의자에 앉아 여러 가지 역사와 우화 등에 대해 이야기하는 것을 들은 적이 있다."

만데스로[10]도 동방여행기 중에서 "페르시아인이 카프와라 부르는 검은 음료에는 좋지 않은 효용이 있으며, 인간을 냉한 체질로 만들기

도 하고 불임증에 걸리게도 한다. 그 때문에 페르시아인은 이 음료를
특히 좋아하며 마시는 것이다."라고 기록하고 있다.

〈원저자 주〉

(1) 프로스펠 · 알피누스(Prosper Alpinus · 1553~1616)
베니스 근교에서 출생. 파도아에서 의학과 식물학을 배우다. 3년간의 이집트 여행 후
에 파도아식물학 교수로 일했으며 많은 의학 및 식물학 저서를 냈다.

(2) 샤를 드 레클뤼스(Charles de Lécluse · 1525~1609)
겐트와 레벤에서 법률을 배우고 다시 몬페리에 대학에서 의학을 공부하다. 식물학자
로서 푸가백작과 함께 벨기에, 프랑스, 스페인, 포르투갈 탐사여행을 했다. 라이덴에
서 식물학 교수가 되었으며, 이 학문을 스콜라파 철학의 손에서 해방시킨 최초의 인
물 중 한 명이 되었다. 그는 식물학을 자연 그 자체에 바탕을 두고 연구했으며, 조사
여행을 통해 새로운 식물을 많이 발견, 수집, 분류했고, 도해를 정리하는 등 많은 저
서를 내어 식물학을 풍성하게 발전시켰다.

(3) 다른 이설에 따르면 라우볼프는 터키 전쟁에서 상부오스트리아 군대를 호위, 1596
년 하트방 포위시 이질로 사망했다고 전해지고 있다.

(4) 샤를 · 폰스(Charles Poncet)
의사로서 10년간 카이로에 사는 동안 1698년 나일강 계곡을 답사 여행하고 아비시
니아왕 이야소스 1세의 병을 낫게 했다. 루이 14세에게 이집트에 사절을 파견하도록
설득하여 이집트와 친선관계를 맺게 했으나 왕은 아무런 공로도 치하하지 않은 채
그를 해고했다. 1706년에 사망.

(5) 제임스 · 브루스(James Bruce · 1730~1974)
스코틀랜드에서 출생. 상인 출신이었으나 여러가지 학문, 특히 언어학을 수학, 알제
리의 영국영사가 되어 부임했다. 이곳에서 그는 북아프리카의 대부분과 크레타로도
스섬을 탐사했다. 그리고 파라밀과 발베크의 폐허를 조사하고 시돈(고대 페니키아의
도시)에서 키프로스를 거쳐 이집트에 이르렀다. 그는 천연두를 유럽식 방법으로 치
료할 목적으로 아비시니아에 여러 해 체재하면서 타나호에서 푸른 나일강의 원천을
발견했다. 영국에 귀국했으나 불행하게도 고지대에서 추락해 사망했다.

(6) 라지
본명은 모하메트 · 아브 · 베클 · 이븐 · 사카리쟈 · 알 · 라지. 아라비아 의사 중 가장

유명했던 의사. 9세기 중엽에 라이에서 출생. 923년 또는 932년에 사망한 것으로 보인다. 의사로서 라이와 바그다드에서 활동했으며 후에 칼리프(이슬람 교국의 왕) 알·무크다딜·비타의 교사 및 시의로 종사했다. 30권에 이르는 저서를 남겼는데, 의학과 외과학이 대부분이며, 천문학·철학, 그리고 연금술에도 능통했다.

(7) 아비센나(Avicenna · 980~1037)

페르시아의 여러 궁정에서 시의나 이슬람교국의 장관으로 활동했다. 그의 《의학교전》은 수세기에 걸쳐 의학상의 갖가지 견해를 지배했다. 그는 그리스의 여러 학문과 이슬람 신학의 창설자의 중개자로서도 중요한 의미를 지니고 있다.

(8) 카르스텐 니부르(Carsten Niebhr · 1733~1815)

1760년에 기술 소위로서 덴마크 군대에 복무. 1761년에 많은 각계 학자와 함께 5년 동안 아라비아, 페르시아, 시리아, 소아세아 등을 답사했다. 그가 손에 넣은 니네베의 설형문자는 그뒤 1802년에 그로티펜에 의해 최초로 해독되었다.

(9) 아담 올레아리우스(Adam Olearius)

라이프치히에서 배우고 그곳 니콜라이학교에서 부총장이 되었다. 1633년 그는 홀슈타인 고토르프의 공작 프리드리히 3세를 섬겼고, 그의 위탁을 받아 무역단을 이끌고 페르시아에 갔다. 귀국 후, 그는 고문관겸 궁정수학자로서 일했으며, 여행기를 많이 썼다. 1671년 고토르프에서 사망했다.

(10) 요한 알프레히드 만델스로는 프리드리히 3세의 명으로 페르시아에의 상업여행에 참여했다. 거기서 다시 인도를 여행한 다음 1640년에 홀슈타인에 돌아왔다. 뒤에 그는 기병대위로서 랑차우 원수를 따라 프랑스의 군무에 복무했으나, 1644년 파리에서 사망했다.

2

태수(太守)의 법정

커피의 확산과 늘어나기 시작한 그 음용은 동방의 정신적, 종교적 생활에 많은 변혁을 일으키기 시작했다. 이러한 변혁이 전통 및 외면적인 형식과 밀접한 관계를 갖는 이슬람 신앙공동체에서 언제까지고 아무런 저항도 받지 않으리라는 법은 없었다. 실제로 아덴에서는 이 음료가 수입된 지 얼마 지나지 않아 여러 가지 적대 행위가 발생했다. 이들 적대 행위 와중에 성직자가 직권으로 이 음료를 비호하는 행정을 시행하도록 결정을 내리는 경우도 흔히 있었다.

그러나 최초의 중대한 공격은 1511년에 발생했다. 당시 아라비아의 지배자였던 이집트의 술탄(회교국 군주) 칸수 알구리는 에밀 카일 베그를 메카(사우디아라비아 서부, 헤자스 지방에 있는 오랜도시로 대상무역의 중심지)의 태수로 임명했다. 억압이야말로 '종교에 관심을 갖게 하는 중요한 케이스가 된다'고 호언한 이 공명심 많은 사나이는 "커피는 사람을 취하게 만들며 또 코란(이슬람교의 교전)이 금하고 있는 것"이라는 이유로 커피를 즐겨마시던 수도승 일단을 모스크로부터 쫓아냈다. 그는 법을 수호한다는 명분하에 사실상 이 음료를 몰아내기 위해 시의 명망가들을 대중들 앞에 세웠다. 이 집회에는 학자와 카디(이슬람의 재판관), 그리고 고결한 인품과 겸허한 품행으로 존경받는 사람들까지 참가했다. 이들의 언설(言說)은 겸허한 품행 따위는 갖추지도 못하고 있는 위정자들에게는 아무런 의미도 없는 것이었다. 태수는 자신이 직접 주도한 이 집회에서 목로 주점이라든가 모스크, 즉 회교성원(回敎聖院)에서 커피를 마시는 데 대해 자신이 알고 있는 것들을 보고했다. 그는 이 음료가 표면상으로는 알라(회교의 유일 절대 신으로 만물의 창조주. 전지 전능한 신이라고 숭앙됨)를 숭배하는 데 도움이 되는듯 보이지만, 실상은 곳곳에서 신성화되고 있다면서 이것이야말로 인류의 적이라고 매도했다. 그에 따르면, 커피는 지혜와 덕을 쌓는 데 도움이 된다는 평가는 있으나, 그럼에도 불구하고 어디까지나 해로운 음료이며 시민들은 이런 사실을 모르고 있다고 주장했다. 태수는 참가자들에게 죄와 악덕, 그리고 부정과 싸우도록 명령한 예언자의 말을 상기시키면서 청중들의 의견은 들어보려고도 하지 않은 채 현재의 커피 남용을 종식시키겠다는 결의를 굳혔다.

집회 참가자들은 태수의 이 같은 고발에 따라 목로 주점에서 커피를 마시려고 모이는 행위는 금지되어야 한다는 결론에 도달하게 되었다. 요컨대 커피 애음가의 모임은 결국은 신실하지 못한 신앙을 조장하게 되며, 믿음의 관습을 절멸시킬 위험성이 있다는 것이었다. 그러나 그들은 "신은 우리를 위해 이 세상에 있는 온갖 것을 만드셨다."라는 예언자의 말에 따라 이 음료를 악으로만 몰면서 저주할 생

▲ 중근동 일대에서 악단이 연주하고 있는 동방 카페하우스. 1850년에 그려진 그림.

각은 없었다. 다만 커피 때문에 심신에 크게 장애가 생길 것 같은 경우에 한해서 커피를 피해야 한다는 결론을 내리게 됐다.

이 결의에 따라 그들은 메카의 유명한 의사인 페르시아 출신의 하키마니 형제를 집회에 불러 그에게 최종 결정을 내리도록 하자는데 의견의 일치를 보았다. 이들 형제는 논리학과 스콜라파 신학에 정통했으며 약학에 관해서도 약간의 지식이 있었다. 그러나 그들은 이미 태수를 옹호하는 쪽으로 마음이 기울어져 있었다. 그도 그럴 것이 이들 형제 중 한 명이 이미 커피를 중상하는 글을 발표한 바 있었기 때문이다. 그들은 유명한 아리스토텔레스의 카테고리(범주)에 따르면, 커피는 건강을 해치는 무미건조한 물질에 속하는 것이라고 확답했다. 또한 커피는 투쟁심을 불러일으키는 동시에 신을 모독케 하며, 그밖에 여러 가지 못된 짓을 하게 하므로 그 음용은 마땅히 금지되어야 한다고 주장했다. 요컨대 커피 자체는 좋은 것이라 하더라도 불미스런 행동을 일으키는 원인이 되고 있는 만큼 인간의 수중에 들어가서는 안된다는 것이었다.

출석자 중 2, 3명은 이에 대해 이의를 제기하며 "유명한 이븐 카티브는 저서를 통해 이 음료는 결코 나쁜 음료가 아니며 오히려 따뜻하고 씁쓰레한 맛을 느끼게 했다고 쓰면서, 그 때문에 현명한 세이크 베레카트는 커피를 마실 때 언제나 물 한 잔을 준비하곤 했다."라고 해명했다. 그러나 대부분의 청중들은 이 이야기가 거짓말이라고 주장하고, 자신들은 허용된 음료로서 커피 본래의 성질에 따라 마시고 있었으나 커피는 알고 보니 감각이나 이성을 뒤틀리게 했을 뿐 아니라 몸에도 큰 해를 입혔다고 고백했다.

이 이야기는 하층 사회의 동조를 받게 되었다. 태수의 추종자들은 이 '이교(異敎)의 와인'이 기도회를 연회로 만들고 종교를 미신과 흡사한 것으로 만든다며 악담을 퍼부었다. 커피를 즐기는 사람들은 부활할 때 커피 용기 바닥보다도 더 검은 얼굴로 나타난다고 말하기도 했다. 게다가 태수의 추종자 한 명은 "커피는 와인처럼 사람들을 취하게 하며 이성을 붕괴시킨다!"고 단언했다. 이 우스꽝스런 도발에 지금까지 침묵을 지키고 있던 사람들 속에서 폭소가 터져 나왔다. 그러자 폭소를 터트린 사람들 가운데 한 명이 태수의 부하에게 잡혀 커피나 와인에 관해 얄팍한 지식만을 가진 자라는 이유로 조형(발바닥을 채찍으로 때리는 것)에 처해졌다.

대부분의 참가자들은 평소에 커피를 마시고 있었으므로 진실을 잘 알고 있었지만, 태수가 격노할 것이 두려워 항거할 수가 없었다. 메카에서 법률학자 겸 설교사로 일하고 있던 84세의 세이크 나일 엣딘만은 자신의 신념을 굽히지 않고 고령자의 권위로 중상자들의 불손함을 나무랐다. 그는 중상자들의 공격을 물리치며 커피는 심신을 쾌적하게 하고, 신을 공경하는 데 기여하며, 신을 숭배하는 데에도 효과가 있다고 솔직히 털어놓았다. 그의 말은 태수를 매우 언짢게 만들었다. 참가자 중 몇 명은 그의 연설 가운데서 꼬투리를 잡아 그를 불성실한 신자로 몰아붙였다. 그들은 그가 커피에 중독돼 사리에 맞지도 않는 말을 하면서 무지한 민중을 혼란에 빠뜨리는 등 신을 두려워하지 않는 사람이라고 헐뜯었다.

율법배반 이유로 커피음용 금지

이처럼 태수의 앞잡이들은 커피가 심신을 파괴하며 코란의 율법에 반하는 중대한 배반이라고 중상했다. 태수는 평결과 심리 과정을 성문화시켜 참가자의 서명을 받은 뒤 이집트의 술탄에게 보냈다. 그리고 그와 동시에 공적으로든 사적으로든 이 음료를 만들거나 파는 행위를 금지시켰다. 커피점은 모두 문을 닫게 되었고 상인들의 창고는 수색을 받았으며 현물은 모두 불태워져 버렸다. 법률 위반자는 그 동안 폭력 사범에게만 적용되던 형벌을 받게 된다고 위협받았다. "이때부터 커피는 모든 시장에서 자취를 감추었다. 사람들은 관헌의 수색을 피하기 위해 모두들 집에서 몰래 커피를 마셨다."라고 아브드 알 카델은 그의 유명한 책에서 언급하고 있다.

태수는 그 저주할 만한 커피에 대해 복수하는 것으로 만족했으나, 그의 승리는 오래 가지 않았다. 커피 음용을 금지시켰다는 통보가 이집트에 도착했을 때 술탄 칸수 알구리는 포고령을 내렸는데, 그 속에는 카이로의 유명한 의사들이 이 음료에 찬동했으며 시의 명망가인 카디들도 커피 음용에 아무런 위법성이 없다는 내용이 담겨 있었다. 다만 이 음료에 마약을 섞거나 다른 방법으로 악영향을 미치는 행위를 한 자는 처벌하는 것으로 규정했다.

이같은 결정에 따라 총독은 중상자들에게 판결을 내렸다. 태수 자신도 위선자이며 민중의 억압자였다는 이유로 같은 해에 직권을 박탈당하고 술탄의 명령으로 이집트의 도시 야우보로 추방되었다. 그는 얼마 후 횡사했는데 자세한 내용은 전해지지 않고 있다. 커피에 대한 판결에 참여했던 페르시아의 두 의사도 마찬가지로 비참한 최후를 맞았다. 1516년 그들은 카이로로 불려가 그곳에서 '반역의 언동과 악의에 찬 중상'을 했다는 죄명으로 사형선고를 받아 목을 베는 참형에 처해진 것이다.

커피의 적대자들이 무서운 재판으로 세상의 덧없음을 경험해야 했던 반면, 메카에서는 커피의 음용을 금하는 법률이 폐기되었다. 이에 따라 커피 음용은 즉시 옛 상태로 복귀되었고, 그때부터 사람들은 자기 집에서 위험을 무릅쓰며 몰래 마시던 커피를 떳떳하게 마실 수 있게 되었다. 사람들은 다시 커피점에 몰려들었고, 승려들은 모스크, 즉 회교 성원(聖院)으로 가서 커피를 즐겼다. 그리고 시인들은 커피를 찬양하는 시를 쓰면서 감격해 했다. "오오, 건전한 이성을 지닌 사람들이여"라고 메디나의 카디 하디브은 말한다. "커피를 마셔라. 허위의 언사를 주절거리며 커피를 헐뜯는 중상자들은 안중에도 두지 말라. 커피를 마셔라. 실컷 맛보아라. 커피 향기는 근심을 날려 버리고, 그 열기에 암울한 마음은 불살라진다."

카일 베그의 후계자이며 커피의 숭배자였던 에밀 코투베이는 커피 파티에 공공연히 참가함으로써 음용이 인정되고 있음을 사람들에게 널리 알려주려 했다. 특히 유명한 사람이 바로 법률학자이자 사서이기도 했던 세이크 코트브 에딘이다. 그는 성스러운 두 도시에서 중요한 위치를 차지하고 있었는데, 그가 커피 애음가였기에 사람들은 그를 높이 우러러보았다.

그럼에도 불구하고 아직껏 커피 음용 금지령이 내려지고 있었던 것은 1525년 메디나에서 발생한 것과 같은 사건 때문이었다. 커피점이 우연히 범죄 현장이 되거나 커피점에서 광적인 반항자가 폭력으로 자기 의견을 관철시키려는 사건 등이 그것이다. 후자의 사건은 1532년 카이로에서 발생했다. 세이크 한 명이 이 음료의 애음을 중상하면서 군중들에게 커피점을 습격하도록 한 것이다. 사건에 관한 증명이 필요해진 세이크 모하메드 하네피는 궁전에 대량의 커피를 준비한 다음 자기 면전에서 길가는 사람들에게 커피를 제공케 했다. 그는 사람들이 어떤 상태에 빠지게 되는지 확증을 얻기 위해 하루종일 그들과 함께 있었지만, 결과적으로 아무런 이상도 발견하지 못했다. 그리하여 그는 이 음료 자체에 아무런 죄과가 없다는 점을 인정해야 했다.

하렘(이슬람교도의 처첩이 거처하는 방)의 어느 신분 높은 여성이 터키의 태수에게 접근, 커피 음용을 금지시키려 시도하자, 그 뒤 메카에서 폭동이 일어났다. 이곳에서도 법률학자들은 커피를 마시는 것 자체는 해로운 것이 아니나 지나치게 남용하거나 커피 음용이 원인으로 증명된 비행은 위법이라고 규정했다. 이 해석에 따라 메카의 야간경비대 사령관이 커피점에 삼삼 오오 모여있던 일단을 습격, 그들을 투옥한뒤, 각각 17대의 태형을 가했다. 표면상의 이유는 그들이 성스러운 라마단 주간을 연회로 더럽혔다는 것이었다.

이같은 갖가지 적대적인 탄압에도 불구하고 아라비아에서의 커피 음용은 더욱 확산되어 갔다. 종래의 커피 음용 습관은 도시 밀집지역에 한정되어 있었으나 점차 지방 변두리 지역에까지 퍼져 나갔다. 대상들이 지나가는 숙박지나 휴게소에까지 커피점이 출현한 것이다. 이른바 모케이야라는 이름으로 불리는 가게는 주로 마을이나 시장 한가운데 있었다. 게다가 멀리 떨어진 지방에서는 모케이야가 순례자나 여행자에게 유일한 여인숙 역할도 했다. 오만(오만 토후국)이나 사막의 유목민이 있는 지방에서도 커피 음용이 일상화 되었다. 대부분의 베두인은 커피를 넣는 용기를 휴대하고 다녔다. 커피콩 주머니, 또는 커피 열매를 말린 가죽으로 된 용기였는데, 이 가죽으로는 부드러운 향기가 나는 '키샤' 라고 불리는 것이 만들어졌고 특히 예멘에서 인기가 높았다.

16세기 후반에 이르자, 커피 음용 습관은 아라비아 반도 전역에 퍼졌다. 커피를 무척 즐겨마신 메디나에서는 상품을 살 때 커피콩으로 값을 치를 수 있었다. 메카의 항구 도시 지다에는 커피점이 14군데나 있었는데 늘 손님들로 붐볐다. 이들 손님 중에는 모카(아라비아의 모카 지방에서 산출하는 질이 좋은 커피)를 드미타스(작은 커피잔)로 2, 30잔씩 마시는 사람도 있었다. 이렇게 마시는 것은 흔한 일이기도 했다. 메카로 가는 길에 자리한 모든 대상들 숙소에는 이미 '카프와' 라는 간판이 붙어 있었다. 이들 숙박소에서는 열 잔에서 열 다섯 잔 정도의 뜨거운 커피가 들어있는, 도자기로 만든 종지를 여행자에게 내놓았다. 이들 종지는 여러 휴게소에서 하루에도 몇 번씩 비워지기 일쑤였다. '마셰라베' 라 불리는 이 음료를 대접받고도 마시지 않겠노라고 거부하는 것은 아라비아인에 대한 최악의 치욕이었다.

커피점은 '지혜의 학교'

술탄 세림 1세가 이집트를 점령한 후 커피의 보급은 콘스탄티노플까지 확산되었다. 1554년, 콘스탄티노플에서는 다마스커스 출신 셈스와 알레포 출신 해킨이 타크타카라 지구에 터키 커피점을 내기로 했다. 이곳에도 카디(회교국 하급재판관), 승려, 문학가, 학생, 교사, 군인, 그리고 이슬람 궁전에서 근무하는 관리 등이 있었다. 그들은 학문적인 대화나 지적인 놀이를 하기 위해 커피점에 모였다. 이같은 새로운 습관은 사람들에게 널리 퍼졌고, '지혜의 학교'라 불린 커피점은 빠른 속도로 그 수가 늘어나기 시작했다. 상층 계급에게는 커피만을 다루기 위해 고용된 자가 있었다. 그들은 카웨기라 불렸는데, 2, 30명이 이 나라의 신분 높은 사람 밑에서 하급 관리로 종사하고 있었다. 외국 대사가 알현하러 왔을 때 그에게 커피 대접을 하지 않는다는 것은 관심이 없다는 것을 암시하는 것이었고, 또한 외국과의 평화 공존이 파기되는 조짐이기도 했다. 그들은 아니스(회향풀), 또는 카르다몬(생강과의 다년초)같은 향료를 섞은 강한 커피를 마셨다. 때로는 용연향(龍涎香)이 들어있는 경우도 있었지만, 설탕이나 우유를 타는 일은 없었다. 예전에 커피는 막자사발 속에서 잘게 부수어져 앙금과 함께 컵 속에 부어졌었다. 그러자 커피는 마치 초콜릿처럼 거품을 내는 것이었다. 니부르는 이 방법이 다른 방법보다 좋다는 것을 발견했다(제 12장 빈의 커피 멜랑거를 상상하면 된다).

1568년, 무프티가 금지령을 발포, 이스탄불(콘스탄티노플의 터키명)과 가라타의 카디에게 다음과 같은 지시를 내렸다.

"이스탄불과 가라타에 있는 목로 주점과 커피점 및 타타르인의 보사[1](맥주 양조장 또는 맥주)는 모두 폐지되어야 한다는 지상명령이 이미 여러 차례 하달된 바 있다. 그럼에도 불구하고 여전히 종래의 방법으로 목로 주점과 커피점들이 영업을 계속하고 있으며 타타르인의 보사가 팔리고 있는 등 악덕이 자행되고 있다. 지상명령은 아직도 그 효력이 유효하다. 그러므로 다음과 같이 명령하는 바이다. 이 명령을 받는 즉시 귀하는 이스탄불과 가라타에서 영업 중인 목로 주점 및 커피점을 모두 폐쇄시키는 한편 저장되어 있는 와인에는 소금을 뿌리도록 하되 이같은 지상명령을 위반하는 자가 없도록 각별히 유의하도록 한다. 복종치 않는 자는 그 명단을 올리도록 하라. 귀하는 이같은 지상명령을 실천하기 위해 부단히 노력할 것이며, 감히 이 명령에 위반하는 자가 없도록 세심한 주의를 기울이도록 한다.”

커피 음용 습관이 이미 널리 퍼져 있었으므로 이런 명령이 구석구석까지 그 효력을 발휘하게 되기란 사실상 불가능했다. 여러 가지 조치가 취해진 후 아무라트 3세 치하에서 커피를 공공연하게 판매하는 것만이 금지되었고, 그 뒤 커피점에 매일 1체피에서 2체피의 특별세가 부과되었다. 그러나 이같은 소극적인 제한도 오래 지속되지는 않았다.

17세기 중엽에 예멘에서 수입된 커피콩은 이미 연간 8만바르(상품의 단위)에 이르렀다. 이들 커피콩은 모카와 지다 그리고 바스라의 주요 시장을 거쳐 수요가 많은 상품과 함께 서남 아시아와 동북 아프리카로 공급되었다. 음용 상승률과 함께 아라비아에서의 커피 재배지도 크게 증가했다. 실제로 예멘 산악부 서쪽에서는 세이크 자바니 시대에 실시되었던 경작이 급속히 확대되었고, 북쪽으로는 하쉬드에서 남부 아덴에 이르는 지역까지 재배지가 늘어났다. 이들 지역은 특히 우덴, 크스마, 그리고 약간 북쪽에 위치한 디에스비의 행정구이며 이 지역의 커피나무는 성장이 좋은 데다 품질도 매우 좋았다. 헤잘판 후사인 에펜디는 이렇게 말하고 있다. “이곳 커피는 버찌와 비슷하다. 다만 잎은 짙은 초록색이며 약간 두껍다. 에레(약 55센티에서 80센티) 높이로 성장하고, 30년간 자라난다. 그 열매는 자스민(목서과의 상록수)처럼 희며, 풍요롭기로는 서양버찌를 닮았다. 맛과 향기와 알맹이로 구분할 수 있다.” 중간 정도의 줄기는 해마다 10파운드나 되는 최고의 커피콩을 만들어냈다. 한편 같은 밭에서 무화과 나무와 레몬이 여물고 나머지 부분에서 극히 소량의 인디고(이 직물에서 퇴색하지 않는 특성을 지닌 염료를 만들었다)와 신맛이 풍기는 카트[2]가 만들어지고 있었다.

아라비아인은 커피나무를 신성한 나무로 숭배하면서 정성껏 손질했다. 예멘의 지배자 중 한 사람이었던 모하디 모하메드는 심신을 강하고 상쾌하게 만들어주는 이 음료에 대한 집착이 대단했다. 어느 날 그는 신분이 높은 한 프랑스 사관에게 자신이 커피를 얼마나 즐기는지 멋진 말로 표현했다. 그는 이 방문자에게 5백 바렌(바렌은 상품을 꾸린 짐의 단위. 여기서는 5백 부대를 말하는 것인지...)의 커피콩을 선물했는데, 이 사관이 루이 14세의 생클루와 베르사이유에 있는 정원을 칭찬하자 모하디 무하마드가 "커피나무는 정원에서 가장 값비싼 장식이 되며 그 고귀한 열매는 신이 만드신 다른 어떤 식물보다도 뛰어난 것"이라고 말했다는 것이다.

커피의 유럽 수입과 때를 같이 해서 위대한 서양의 전통이 시작된다. 유럽 카페의 초기 역사는 자바니의 사후 3백년, 세계에서 한결같이 애음되고 있는 '모카 커피'의 역사이기도 하다. 이처럼 예멘의 커피원은 '아라비아 펠릭스(혜택받은 아라비아. 고대의 아라비아 남부를 지칭하는 명칭)'의 영예를 계속 지녀왔다. 하드시 살렘은 이 영예에 대해 다음과 같이 기록했다. "태양이 그 빛으로 싸움이나 반목, 그리고 격렬한 적개심만 비추고 있는 한, 머리 위에서 빛나는 일은 없었다."

〈원저자 주〉

(1) 보사, 부사라고도 부른다. 보리나 귀리로 양조된 맥주의 일종으로 타타르인들이 즐겨 마셨다.

(2) 1~3미터에 이르는 관목으로 긴 빨간 가지와 작은 흰꽃을 달고 있다. 아라비아에서 가장 중요한 문화적 식물의 하나. 예멘에서는 흥분제로 재배되어 상품으로 매매되었다.

3

베니스와 로마의 향연

역사가 사벨리쿠스는 베니스야말로 세계를 장식하는 작은 상자라고 말했다. 옛 돔(둥근 지붕)과 첨탑 등 절묘한 창조물이 응축되어 있는 이 웅장한 도시를 한 마디로 그렇게 표현한 것이다. 봉건적인 지배체제하에서 세상을 살아가는 지혜와 깊은 사려, 그리고 상인들의 활동 등은 모든 점에서 근대적인 것으로 생각되는 국가제도를 성장시켰다. 귀족제도는 민중을 정치적으로 미숙한 존재로 간주했으나, 지배귀족은 민중이 자신들이 설정한 고도의 목표 속으로 밀고 들어오지 않는 한, 관용의 정신으로 지배하고 있었다. 그리고 상업과 학문과 예술은 각기 독자적인 번영을 이룩했다. 베니스는 국가로서 또는 예술의 성지로서 유명했으나, 사교와 향락, 그리고 경박하리만큼 쾌활한 것으로도 유명했다. '베니스라는 세계' 는 어떤 척도로도 가

늘하기 어려운 문화권이었다. 그들의 웃음 속에서는 모든 즐거움과 행복을 엿볼 수 있었다. 몬태규 부인[1]은 심지어 이곳에서는 어느 누구도 늙어가는 사람을 볼 수 없다고 말했고, 괴테도 이 도시를 떠날 때 "이곳 거리는 모두 마음에 들었다. 그리고 이곳은 모든 것이 풍요로워서 색다른 이미지를 풍긴다."라고 말했다.

게다가 로마에서 이 바이마르의 시인은 마치 주피터(고대 로마 신화의 최고신)의 머리에서 파라스가 태어난 것처럼 베니스는 바다 속에서 태어난 고귀한 기념상이라고 회상했다. 그는 여러 사주(砂州＝해안이나 호안(湖岸)에 생기는 긴 모래톱)를 편력하면서 이 도시가 어떻게 형성되었는가를 눈으로 직접 확인했다. 그리하여 그의 마음 속에 장중한 아름다움이 새겨졌다. 산 마르코 사원의 탑에서 바라본 운하, 곤돌라(이탈리아의 베네치아 명물인 작은 배)에서 들려오는 노랫소리, 금빛 가운을 입은 위풍당당한 총독의 화려한 행렬, 특이한 민중생활, 오딧세이를 상기시키는 활기찬 어시장과 연극구경, 그리고 궁전과 미술관 관람 등이 그의 뇌리에서 떠난 적이 없었다. 그러나 4년 후인 1786년, 그가 대공 부인 안나 아말리아를 방문하기 위해 다시 베니스를 찾았을때, 지난날의 찬란함은 사라지고 말았다. 그는 깊은 환멸을 느꼈다. 불결함과 경박함, 그리고 '이 나라 국민의 처참한 생활상'을 보고 그는 의기소침해졌다. 전에 찾아가 보곤 했던 긴 모래톱은 개구리가 사는 늪처럼 보였고, 도시는 마치 돌과 물로 만들어진 소굴로만 비춰졌다. 또한 가톨릭의 허식에 실망한 나머지, 결국 그는 이탈리아에 대한 자신의 사랑은 죽음과도 같은 충격으로 대체되었다고 고백하지 않을 수 없었다.

카를로 골도니가 기지에 찬 희극을 쓰고 있을 때 이 총독 도시(總督都市)는 이미 쇠락하고 있었음에도 불구하고 사치스러움으로 넘쳐나고 있었다. 이 베네치아인은 우수한 교육을 통해 다져진 독특한 형식으로 사회의 도덕적 퇴폐상을 폭로하는 동시에 비극적인 상황 속에서 주변의 무기력한 인간 군상과 부도덕한 자들로부터 일종의 희극적인 측면을 이끌어낼 수 있었다. 솔직한 성품으로 말미암아 여러 가지 불운을 겪은 데다가 젊었을 때 파비아의 부인들을 조롱한 작품을 썼다가 투옥되었음에도 불구하고 그는 뛰어난 재능 덕택에 민중들의 인기를 얻고 있었다. 그는 자기 자신을 '명예로운 모험가'라고 불렀다. 그리고 자신이 걸어온 삶을 작품화한다면 참으로 흥미롭고도 교훈적인 희극, 심지어 불가사의한 사건으로 가득찬 희극을 관객들에게 제공할 수 있으리라고 확신했다.

골도니가 그 유명한 희극 《라 보테가 델 카페》를 썼을 때, 베니스에서 가장 오래된 카페하우스는 이미 1백년 이상의 전통을 지니고 있었다. 1647년에 개점된 이 카페는 베니스뿐 아니라 유럽 전체에서 가장 오래된 카페였다. 산 마르코 광장의 아케이드 밑에 자리한 이 카페는 비록 설비는 빈약했으나 많은 고객들이 드나들었다. 사람들은 그곳에서 새로운 자극을 찾아 즐기기도 했고, 때로는 내기 같은 것을 하며 지내기도 했다. 훗날 산 마르코 광장과 그 주변에 카페하우스 지역이 만들어졌는데, 이들 카페하우스 중에는 후에 명성을 떨치게 된 '플로리안'과 '콰드리'도 있었다.

점주들로 구성된 동업 조합이 베니스에 결성되었는데, 조합원은 주로 스위스의 산악지방 출신자들이었다. 그들은 17세기 베니스에서 과자 제조업자로서, 그리고 과자와 파이를 만드는 장인으로 활약했고, 이들 직업을 젊은 점주들에게 물려주었다. 그들은 로만슈어(스위스 동부 지방에서 쓰이는 레토로만어의 세 방언의 총칭)중 라딘 방언을 가진 레토로만 사람들이며, 협곡지대에 살면서 여러 외국 군대의 용

▲ 베니스 시장 주변에 있는 카페하우스. 이곳은 사교계의 중심지가 되었다.

병으로 근무하여 생계를 꾸려나가고 있었다. 그들 중 누군가가 성공하면 자기와 비슷한 일을 하고 있는 친척과 친구들을 불러들였다. 말하자면 계절노동자로서 찾아가게 되는 셈인데, 그렇게 찾아갔다가 경우에 따라 완전히 이주하게 되기도 하고, 노후가 보장될 경우 다시고향으로 돌아기기도 했다.

대부분의 엥가디너(스위스의 산악지방 주민)는 군밤장수나 굴뚝 청소부로서 북부 이탈리아 각 도시로 찾아갔지만, 다른 한 편 베니스의 과자점이나 또는 카페하우스 점주로서 17세기에서 18세기에 걸쳐 무제한의 전매권을 가진 사람들도 많았다. 그들은 세금이라든가 관세의 형식으로 국가에 많은 수입을 안겨주었고, 근면성과 착한 성품, 그리고 정성들여 일하는 자세 덕택에 높은 평가를 받고 있었다. 그러나 1766년, 그들과 시의회 간에 분쟁이 일어나는 바람에 80명의 점주들이 베니스에서 추방되었다. 그들 중 대부분은 잇따라 북부 독일 또는 베를린으로 갔다. 이들 중에는 스토파니, 스파르냐파니, 요스티, 그리고 스텔리 같은, 카페하우스의 정통으로 꼽히는 유명한 이름들이 있었다. 이들은 훗날 성공하여 명성을 떨친 후 고향에 돌아가서 죽었는데, 산 모리츠와 실스 마리아 사이에 있는 캄펠이라든가 실바프라나, 바세리아 등지의 묘지에 요란스런 장식과 함께 매장됐다.

베니스만큼 도박사나 게으름뱅이들이 많으면서도 사람들로부터 사랑받은 도시는 아마 세계 어느 곳에도 없었을 것이다. 전설에 따르면, 아레티노는 웃으며 죽었다고 한다. 이 도서 도시는 6개월 동안 카니발을 개최하면서 그 화려함과 우아한 사교형식으로 더욱 유명해졌다. 시민들은 카니발때 뿐만 아니라 총독선거나 보트 경기, 또는 전승기념일과 혼례 때도 가면을 쓰고 행사를 치렀다. 끝없이 이어지는 눈부신 가장행렬이 거리를 누볐고 조그마한 카페들 앞에 사람들이 모여 앉아 왁자지껄하게 떠들어대곤 했다. 그리고 이들 카페 주변에서는 점주들이 매력적인 표어를 쓴 간판을 들고 손님들을 불러댔다.

외관상으로 보면 이런 광경이었지만, 카페하우스 안에 있는 작은 방에서는 갖가지 파티가 열리고 있었다. 이들 작은 방은 일정한 시간 동안 전세내서 빌릴 수 있는 '별실'의 원형이었다. 이들 작은 방에서는 특히 도박이 판을 쳤다. 이런 풍조가 매우 강했기 때문에 10인위원회의 규칙도 지켜지지 않았다. 골도니와 고치, 그리고 카사노바는 시민들의 이같은 생활을 그렸고, 애디슨과 드 브로스, 몽테스키외, 루소 등은 코스모폴리턴적이면서도 감각적인 이같은 놀이를 회상하고 있다. 바이런도 이들 파티에 참석했다. 또 신켈은 많은 카페와 마르크스 광장의 다채로운 생활에 경탄했다. 마르크스 광장에는 카페 네로가 있었는데, 감미로운 음악의 선율이 상쾌한 분위기를 만들어내고 있었다.

카페에서 카드놀이 성행

18세기 이탈리아에서 도박은 광범하게 침투된 악습이었다. 바세티와 옴브라, 그리고 마카오 등지에서 베니스의 명망 있는 가족이 도박 때문에 몰락했다. 특히 좋아한 도박은 프랑스인이 퍼뜨린 파라오였다. 모데나공(公)의 신부였던 18세의 마다미겔라 드 발로이스가 신랑을 만나러 가다가 이 도박에 사로잡혀 이튿날 동이 틀 무렵에야 간신히 떠나는 딱한 꼴을 보이기도 했다. 베니스의 이발소들은 대부분 가게 뒤에 조그마한 방을 가지고 있었다. 이 방에서는 고객들이 주사위 노름이나 카드놀이를 하곤 했다. 경찰은 이 사실을 알면서도 단속은 거의 하지 않았고, 기껏해야 속임수를 쓰는 도박이나 싸움이 벌어졌을 경우에만 단속하는 시늉을 했다. 경관이 그곳에서 운수를 시험해 보는 짓을 하는 일은 없었다. 시 참사회원들과 추기경들은 평판이 좋지 않은 유태인들과 승려들, 그리고 부인들과 어울려 이런 악습을 함께 즐기기 위해 수염을 깎으러 이발소에 찾아오곤 했다. 그 뒤 카페가 이발소에 딸린 도박장을 인수하게 되었다. 이들 카페에서는 큰돈을 거는 도박판이 벌어지곤 했는데, 테이블은 언제나 꽉 찼고, 누군가가 빈털터리가 되면 그 즉시 다른 손님이 빈자리를 채웠다.

엄청나게 늘어난 소규모 도박 카페를 제한하기 위해 나중에 산 모아세에서 10인 위원회가 관영 도박장을 만들었다. 이 도박장은 아름답게 꾸며진 큰 방으로, 담화실과 연회장이 딸려 있었다. 뷔페에서는 커피, 차, 초콜릿, 와인, 그리고 약간의 음식물이 나왔다. '카메라 룽가'라 불린 본래의 도박장에서는 말하는 것이 금지되어 있었다. 그곳은 뭐라 형언하기 어려운 기분 나쁜 침묵이 지배하고 있었는데, 그 침묵을 깨는 소리는 드나드는 사람들의 발소리와 짤랑거리는 돈 소리뿐이었다. 거액의 돈이 움직이고 있었다. 1709년, 가면을 쓴 덴마크의 프리드리히 왕이 노름판의 주인을 격파했다. 엄청난 판돈이 그의 앞에 내밀어지자, 그는 그 돈을 가지고 테이블을 밀어뜨린 뒤, 놀라 어쩔 줄 몰라하는 사람들을 뒤로 한 채 유유히 밖으로 나가 버렸다.

베니스에서 커피가 널리 보급된 지 얼마 지나지 않아 로마에도 커피가 알려지게 되었다. 로마에 맨 처음 커피를 가져간 사람은 아마도 인문주의자인 피에트로 델라 발레였을 것이다. 이 지식인은 28세 때 어느 아름다운 로마 여성에게 반했는데, 그녀의 부친이 반대하는 바람에 뜻을 이루지 못했다. 그 뒤 그는 그람에서 순례자로 서위(敍位)되어 12년간 동방을 순례했다. 그는 귀국하면서 여러 가지 진귀한 물건을 가져 왔는데, 그 물건들 중에 상당량의 커피가 들어 있었다. 훗날 그는 로마에서 학자들과 교제하며 조용히 살았는데, 그가 남긴 54통의 서한 중에는 여행에 관한 기록들도 있다.

로마의 카페 중 오늘날에도 유명한 카페는 그리스의 한 실업가가 콘도티 거리에 세운 '카페 델 그레코'이다. 이 카페는 훗날 '안티코'라는 이름으로 불렸으며, 유명한 외국인이 찾는 카페로 각광을 받게 되었다.

사람들이 아직 테베레 강을 거슬러 항행하고 있었고, 로마로 가는 육로는 노상 강도라든가 전염병 때문에 위험한 모험으로 여겨지던 시절, 골도니라든가 괴테, 티슈바인, 벤자민 프랭클린, 워싱턴 어빙 등은 이 길을 통해 로마에 갔다. 팰릭스 멘델스존은 그레코를 음침한 패거리들과 야비한 민중들이 한데 어울어져 있는 '황폐한 술집' 이라고 표현하고

▲ 로마의 유명한 카페 '그레코'. 1760년에 개점된 이 카페는 유명한 손님들의 초상화, 그림, 스케치를 벽면마다 붙여놓아 '카페하우스의 박물관' 으로 평가되고 있다.

있다. 고골리, 구노, 롯시니, 리하르트 바그너, 쇼펜하워, 월터 스코트, 나다니엘 호손, 그리고 렌바하에서 벡크린에 이르는 나자레파 화가 등 많은 유명인들이 그레코에 머물러 한때를 보낸 것 같다. 그레코는 그 뒤 독일의 예술가와 작가들의 집회장소가 되어 '카페 테데스코(그리스인이라는 뜻의 게르만어)' 라는 별명을 갖게 되었다. 그레코에 드나든 사람 중에는 미국의 사격 명수 윌리엄 코디도 있었다. 그는 '버팔로 빌' 이라 불리기도 했다. 1846년, 이주자의 아들로 오늘날의 아이오와에서 태어난 코디의 인생 행로는 이른바 '포니 익스프레스' 를 호위하는 일에서부터 시작되었다. 포니 익스프레스는 미국 서부를 달리는 급행 우편마차였는데, 도중에 항상 인디언의 습격을 방어해야 했다. 남북 전쟁 당시 그는 북군의 기병 척후로 복무했고, 그 뒤로는 '캔자스 퍼시픽 철도' 를 위해 버팔로 헌터(들소 수렵가)로 활약하기도 했으며, 슈족과 샤이안족에 대적하게 되었을 때는 척후로서

활동했다. 1880년, 그는 최초의 서부 쇼를 기획하여 미국은 물론 유럽까지 원정하며 관객을 끌어 모았다. 이 쇼가 흥행돌풍을 일으킨 덕분에 그는 순식간에 거부가 되었다. 하지만 이처럼 벼락부자가 된 것이 그에게 치명타를 입히게 된다. 그는 무모한 투자로 재산을 모두 날린 뒤, 영락한 몸으로 콜로라도의 덴버에서 죽었다. 그의 나이 71세 때 일이었다.

그레코보다 더 유명해진 카페가 바로 '카페 잉그레세'였다. 이 카페는 19세기 초에 피아자 디 스파냐에 의해 세워졌는데, 견고하게 만들어진 내부의 벽은 잠바티스타 피라네시의 기획에 따라 이집트 스타일의 회화로 장식되어 있었다. 유명한 고객으로는 골동품상 토마스 젠킨스와 고대 예술의 정열적 숭배자인 화가 가빈 해밀턴이 있었다.

이들 외에 점잖지 않아 보이는 사람들도 있었다. 이들은 젠킨스에게 가짜 고미술품을 팔려고 온갖 수단을 다 썼다. 젠킨스는 로마에서 회화 공부를 했으며, 고대 예술에 관한 한 뛰어난 감식안을 지닌 사람이었다. 그의 박식함은 참으로 경탄할 만했다. 빙켈만이나 추기경 알바니 같은 사람도 어떤 일에 확신을 가질 수 없을 때면 그의 도움을 청했을 정도였다. 그는 돈벌이가 좋은 미술상을 운영했고, 나중에는 거대한 환전상을 경영했다. 그는 정선된 고미술품에 대한 애착이 남달라 손님에게 미술품을 팔고 나면 눈물을 보이기까지 했다고 한다. 그런가 하면 팔았던 그의 보물을 훗날 다시 사들인 뒤, 그 사이 그 물품을 가지고 있던 사람을 고객으로 극진히 대접하는 것을 더없는 즐거움으로 삼았다고 한다. 괴테는 그를 통해 맛달레나 리기라는 밀라노 출신의 아름다운 여성을 만나 한눈에 반했다. 그리고 그녀의 요청에 따라 그녀에게 영어를 가르치기도 했다. 재기발랄한 이 처녀는 그 뒤 유명한 동판화가의 아들과 결혼했으며, 도자기 공장 경영자였던 남편과의 사이에 6명의 아이를 두었다.

　로마의 주민들은 특히 '카페 델 베네치아노'를 좋아했다. 이 카페는 유서 깊은 내력을 자랑으로 내세웠다. 창시자는 베니스의 한 상인의 아들이었다. 카페의 외관은 수수했지만, 커피 맛 만큼은 일품이었다. 창문에는 유리창 대신 흰 삼베 커튼이 쳐져 있었는데, 지금도 비가 내리면 그 커튼을 다시 치게 되어 있었다. 그리고 양파 모양의 유리 램프가 심지에서 뭉게뭉게 연기를 내며 실내를 희미하게 비춰주고 있었다. 손님들은 나무 의자에 앉아서 컵에 따라진 커피를 마셨는데, 스푼 하나를 차례로 돌려가며 커피를 휘저었다. 이 카페에는 베니스의 습관에 따라 몇 가지 신문이 갖추어져 있었다. 이들 신문 중 가장 오래되고 또 이 사람 저 사람이 서로 보려고 하던 신문은 크라카스 신문이었다. 이 신문의 창간은 1683년으로 거슬러 올라간다. 이 해는 터키인이 빈을 공격, 전 세계가 빈에 관한 새로운 뉴스에 관심을 집중하고 있던 때였다.

　검소한 설비에도 불구하고, '베네치아노'는 로마의 사교계 인사들이 자주 드나드는 카페하우스가 되었다. 메타스타시오는 로마에 체재하고 있을 때면 빠짐없이 베네치아노를 찾아갔고, 몬티는 이곳에서 프랑스인을 상대로 시를 낭독했다. 파스키노의 짓궂은 14행시도 여기서 탄생된 것이다. 유명한 은행가인 조반니 톨로니아[2]는 베네치아노에서 최초의 곡물거래와 금전거래를 처리했다. 그가 후작으로 서위되기 이전의 일이었다. 훗날 그가 로마 귀족의 반열에 올랐을 때, 그는 성대하게 잔치를 베풀었다.

　당시 로마와 전 교황영지의 난맥상은 참으로 엄청났다. 모든 관직은 돈으로 살 수 있었고, 부정과 전횡이 도처에서 벌어졌다. 사치와

놀이가 베니스에서와 마찬가지로 로마의 귀족을 몰락시켰다. 그럼에도 불구하고 향연과 축제는 그칠 줄을 몰랐다. 부유한 쥐세페 자가노니 후작이 자신의 살롱을 연 것은 5월이었는데, 로마의 모든 유명한 귀족들이 이 살롱의 손님이었다. 볼로냐 출신의 자가노니는 포르타 피아에 호화 별장을 가지고 있었다. 피우스 6세의 연회는 이보다 더한 연회는 없을 것으로 여겨질 만큼 성대한 것이었다. 몬티는 연회 때면 연석(宴席)시인의 역할을 맡았고, 평범한 14행시로 로마 부인들의 매력을 추켜 올렸다. 사람들은 날이 밝을 때까지 잔치를 벌이면서 레모네이드나 솔베트, 람부르스코 등을 마셨다. 특히 많이 찾은 것은 마데라였다. 자가노니는 포르타 피아에 정자를 가지고 있었는데, '카페하우스' 라는 이름으로 불렀다. 그곳에서는 손님들에게 풍성한 뷔페(스낵)가 제공되었다. 로마의 카페하우스는 특히 독일적 특징을 지니고 있었고, 이는 누구나가 잘 알고 있는 일이었다.

18세기로 접어듦과 동시에 유럽 세계의 관습에 커다란 변화가 생겼다. 바로크 시대에는 거의 모든 생활표현에 강한 남성적인 영향이 지배적이었고, 예술은 창조적인 특징을 지니고 있었는데, 이제는 여성적인 요소가 더욱 전면에 나오게 되었다. 로코코 예술에서는 전적으로 새로운 조류가 등장했는데, 그것은 중후함과 화려함에서 가벼움과 부드러움으로의 이행이었다. 외형적 부의 퇴조와 사치, 그리고 건전치 못한 쾌락적 생활이 서로 결합되어 있었다. 이 시대의 사람들이 즐겨 쓴 말은 '철학적' 이라는 단어였다. 사람들은 철학적으로 쓰고, 철학적으로 계산했다. 양화점은 철학적인 방식의 신발을 만들었다. 피에트로 베리는 문학적이고도 철학적인 잡지 가운데 하나를 '카페' 라 불렀다. 그것은 철학의 어떤 영향과 표상이 이 음료의 음용과 결부되어 있었는지를 나타내는 징후이기도 했다. 절도가 없고 무기력하긴 했지만, 이 시대의 이탈리아에는 주목할 만한 정신력의 창조적인 흐름이 있었다. 그리고 이 같은 흐름은 다시금 유럽문화에 많은 영향을 미쳤으나, 그때는 이미 프랑스 문화의 지배하에 있었다.

예술적인 화려한 설비로 치장

그 사이 커피 음용 습관은 이탈리아 전역으로 확산되었다. 단순하고 소박한 카페는 유행하지 않았고, 따라서 더욱 화려한 설비를 갖추게 되었다. 윤이 잘 나는 거울, 유리, 대리석, 도자기, 은, 그리고 현란한 조명이 지배적이었다. 벽에는 예술적인 회화가 걸리게 되었고, 식기류는 모두 순수 도자기 제품이나 은으로 만든 제품이었다. 손님은 성직자, 수도사, 환전상인, 주식 중매인, 도박사, 모험가, 우아한 여자들과 매춘중개인들, 사교(司敎), 수도원장, 화가, 문학가, 음악가 등 다양했으며, 때로는 추기경의 모습도 볼 수 있었다. 또 계절에 따라 많은 여행자들이 찾아왔다. 이들 외국 여행자들은 대부분 박물관이나 화랑을 돌아다니면서 가짜 작품을 사들였다. 또 세계 각국의 행상인들도 볼 수 있었는데, 주로 스위스와 사보이(프랑스 남동부에 있었던 공국), 티롤(오스트리아 서부에서 북 이탈리아에 걸친 지방) 등지에서 찾아온 행상인들이었다. 그들은 양말이니 포목, 약품, 또는 저속한 책 따위를 팔고 다녔다. 특히 이런 저속한 책들은 사람들이 모여드는 카페에서 잘 팔렸다.

18세기말까지 피렌체에서 지낸 에른스트 모리츠 아른트에 의하면, 이탈리아의 여러 도시 중 피렌체에 카페가 가장 많았다고 한다. 이들 카페는 주로 돔 근처 대공(大公)광장이라든가 폰테 베키오의 건너편 강가 같은 번화가에 있었다. 이들 카페는, 말하자면, 민중들의 욕구에 따라 생겨난 것으로, 민중들이 바라는 데 따라 그 모습을 바꾸어나갔다. 언제나 깨끗해 보이는 테이블 위에는 신문들이 놓여 있었다. 급사들은 산뜻한 옷차림으로 손님들이 요청하는 것이면 무엇이든 그 대로 따랐다. 뿐만 아니라 아무 것도 주문하지 않은 채 출입하더라도 싫은 표정을 내비치지 않았다.

　그곳에선 중산계급 사람들의 대화를 들을 수 있었다. 사람들은 절도를 지키는 한, 자신들의 자유를 보장받을 수 있었다. 그곳에는 예컨대 대담하고도 힘찬 카토(로마의 정치가)의 신봉자가 아닌 호라티우스(로마의 시인)적 로마인의 정신이 충만해 있었다. 큰 소리로 말하는 사람도 없었다. 독일의 남작이나 영국 또는 스웨덴의 작가가 반 다스나 되는 펀치를 마시러 왔을 때는 모두들 놀랐다. 값은 무척 쌌다. 커피 한 잔이 5페니히(독일의 화폐단위:100분의 1마르크)였는데, 그것은 펀치 한 잔, 샤벳트 한 잔, 레모네이드 한 잔 등과 같은 값이었다. 많은 가족들이 카페에서 아침 식사를 했다. 이 시간에 거리의 아름다운 미인을 보기 위해 손님이 가장 많은 카페 안을 걸어다니는 것은 수고롭기는 하지만 나름대로 보람 있는 일이었다. 밤이 되면 연극의 시작과 끝 무렵에 가장 생생한 분위기를 자아냈다. 신분이 높은 사람들은 마차를 카페 문 앞에 세워두고 하인에게 커피와 과자를 사오도록 시켰다. 그들은 카페 안에 들어가더라도 절대 오래 머물지 않고 곧 마차를 타고 돌아갔다. 계급에 상관없이 상층이나 하층이나 모두들 카페 고객이었다. 아무리 하층민이라도 약간의 페니히로 저명한 인사들과 마찬가지로 카페에서 지낼 수 있었던 것이다.

〈원저자 주〉

(1) 레이디 · 메리 · 와트리 · 몬태규(Lady Montagu 1689~1762)

대사인 남편과 콘스탄티노플에 체재한 일이 있으며, 런던 교외의 영지에서 재기 넘치는 작가들을 모아 창작활동을 후원했다. 해학과 재치가 넘치며 예리한 관찰력이 돋보이는 〈레터스〉를 간행했다.

(2) 조반니 · 톨로니아(Giovanni Torlonia 1754～1829)

당대에 부를 축적해 후작의 작위를 받아 귀족의 반열에 올랐다.

4

런던시민의 신조

명예 혁명 이후 영국은 유럽 열강 중에서 지배적인 위치를 차지하고 있었으나, 증대하는 정치적 활력과는 달리 문화적인 생활은 쇠퇴 일로를 걸었다. 피비린내 나는 내란이 계속되는 동안, 민중들은 야만 스러워졌고, 교양 있는 계층 사람들마저 악덕하고도 무례한 행위를 예사로 자행했다. 만약 당시 시민들의 여러 관습을 생각해 보려 한다면, 그들의 물질생활이 얼마나 향락이었나를 알아보면 될 것이다. 문학과 예술의 영역도 이같은 이기적인 측면과 관계가 있었다. 해학이나 풍자시에서 볼 수 있듯이, 예술작품에도 시대의 아픔이 반영되며, 그같은 위험한 모습이 현실의 모습을 빌어 그려지고 있다.

이런 세계에서 카페하우스에도 시대적으로 제한된 위치가 부여되었다. 이러한 새로운 습관의 도래는 지극히 기묘한 특징을 통해 찾아

▲ 1763년 로이드의 카페 하우스

볼 수 있다. 유럽 각국의 카페하우스는 먼저 항만도시에 만들어졌다. 그러나 이 섬나라에서는 카페하우스라는 호칭이 기묘하게도 옥스포드라는 지방에만 있게 되었다. 창시자는 시리아 태생의 유태인 서크스 좁슨이었다. 그는 에드먼드 홀과 퀸즈 칼리지 사이에 있는 세인트 피터 교구내 동쪽 지구의 어느 집에 카페 하우스를 개점했다. 안소니 우드가 일기에 기록한 것처럼, 이것은 1650년의 일이었다. 그는 이렇게 쓰고 있다. "이 해에 제이콥이라는 유태인이 동 옥스포드의 세인트 피터 교구 천사상(天使像) 곁에 커피하우스를 차렸다. 새로운 것을 좋아하는 패들이 거기서 커피를 마셨다."

이 시기에는 영국의 가정에서도 이미 커피를 마시고 있었다. 자연에 대한 인간의 지배를 여러 방향으로 확대시키려 한 베이컨은 1624년 《실바 실바룸》에서 커피는 마음과 정신을 강화시킨다고 말했다. 1661년 이후 하트포드 백작령의 재판관직에 있던 헨리 블라운트 경은 "물과 커피 외에는 아무 것도 마시지 않았다."고 증언하고 있다. 그리고 혈액순환의 발견자 윌리엄 하베이는 1658년 6월 3일 사망하면서 매달 한 번씩 자기가 죽은 날마다 런던의 모든 의사들이 한자리에 모여 커피를 마시라는 색다른 유언과 함께 56파운드의 커피를 남겼다.

옥스포드에서 좁슨이 카페하우스를 개점한 지 2년 후, 레반트(동부 지중해 연안지방)의 상인 다니엘 에드워드 밑에서 하인으로 일하던 파스카 로제라는 그리스인이 런던의 콘힐에 카페하우스를 개점했다. 에드워드는 이 그리스인에게 매일 아침 터키식 커피를 만들게 했는데, 이같은 새로운 습관은 그의 집에 찾아오는 많은 친구들을 즐겁게 해주었다. 그러나 친구들이 매일처럼 찾아오자 차츰 귀찮아진 에드워드는 친구들이 찾아오지 못하도록 로제에게 세인트 마이클 앨리에 있는 자기 소유의 집을 빌려주기로 했다. 거기서 로제는 커피 장사를 시작했고, 커피점은 크게 번창했다. 그러자 손님을 뺏겨버린 주변 음식점들이 로제에게 문을 닫으라고 항의했다. 사람들은 이 그리스인이 시민권을 갖고 있지 않다고 트집을 잡았다. 이런 틈을 타서 이 지구의 한 시참사의원은 자기 마부인 보우만을 공동출자자로 등록시켰다. 보우만은 가게를 만드는 데 1천6백펜스를 내야 했으며 그 뒤 가게를 혼자서 인수하게 되었다. 로제가 영국에서 떠나야 했기 때문이다.

4년 후 보우만의 경쟁 상대로서 이발사이자 외과의사인 제임스 파가 나타났다. 파의 '레인보우 커피하우스'는 플리트가에 있는 몇 안 되는 가게 중 하나였는데, 1666년에 일어난 대화재에서도 살아남게 되었다. 파 역시 개점 후 곧 기소되었다. 기소장에는 그가 커피라 불리는 음료의 제조업자 겸 판매인으로서 밤낮없이 카페에서 커피를 끓이기 때문에 불길이 끊이지 않아 인근에 피해를 줌은 물론 매우 위험하다는 요지의 내용이 기록되어 있다. 그러나 그에게는 장사는 하되 앞으로 각별히 주의해야 한다는 의무 사항만 부과되었을 뿐이었다.

주변의 적대적인 분위기에도 불구하고, 그 뒤 런던의 카페는 급속히 발전했다. 1657년 '타바코니스트·커피 맨'으로 불리던 토마스 개러웨이가 《남해의 현혹》과 잡지 《태틀러》(런던에서 문인 리차드 스틸이 주3회 발행한 잡지. 1709-11)로 유명해진 '개러웨이'를 체인지 앨리 3번지에 꾸몄다. 그리고 얼마 후 학자와 학생들이 단골이었던 '라틴 커피하우스'가 만들어졌다. 1666년 대화재 때, 런던의 구 시가지 5분의 4가 잿더미가 되었고, 대부분의 카페하우스도 불타 없어졌다. 이같은 파국은 카페하우스 범람시대에 성급하게 종지부를 찍게 만든 원인이나 다름이 없다.

런던시의 재건은 급속히 진행되었고, 시민 생활도 평소와 같이 활기를 띠게 되었다. 당시 런던 시민은 국토에 음침한 그림자를 드리우고 있던 퓨리턴(청교도)기질을 쫓아내기 시작하고 있었다. 사람들은 사교적인 기질로 변해갔고, 오늘날에 비하면 가정적인 기질들이 아니었다. 이 시대에는 특히 여러 종류의 술집들이 코벤트 가든에서 호평을 받고 있었다. 이 지역에는 많

▲ 런던의 개러웨이 카페 하우스

은 카페하우스가 새로 생겨났는데, 그 중 가장 유명한 카페로는 월의 카페와 바튼의 카페, 그리고 톰의 카페 등이 있었다. 이들 카페하우스는 코벤트 가든과 드루어리 레인 시어터 사이에 있었다. 밤이 되면 사람들은 삼삼오오 카페하우스를 찾아가 '커피라 불리는 검고 쓴 음료'를 마시며 그날 일어난 일들을 서로 얘기하며 보내기를 좋아했다. 1페니 밖에 안되는 자리값을 지불하면 카페에 비치돼 있는 모든 설비를 이용할 수 있었다. 당시의 어느 동판화에는 길다란 도자기 파이프에 불을 붙일 때 쓰는 촛불 앞에서 커피를 가득 채운 커다란 컵을 든 고귀해 보이는 손님들과 우아한 웨이트레스가 너도밤나무가 타는 불길에 주전자를 얹어놓고 데우는 광경이 묘사되어 있다.

당시 인구 50만을 웃도는 도시 런던은 유럽의 수도로 일컬어지고 있었다. 런던의 상업상의 경쟁 상대는 역동적이면서 풍요로운 암스텔담이었다. 찰스 2세의 치세가 끝날 무렵, 런던은 아직 본래의 시티 영역을 벗어나는 일이 없었다. 첼시에는 인구가 천 명 남짓 했다. 메릴레본과 핀즈베리와 이즐링턴에서는 사냥꾼들이 총포를 메고 개와 함께 숲과 벌판을 배회하고 있었다.

운 좋은 사람은 아직도 리젠트 스트리트에서 도요새나 비둘기를 잡을 수 있었다. 시 중심부의 화재 잔해는 놀랄 만큼 신속하게 처리되었으나, 안타깝게도 가옥들은 급히 신축은 됐지만 도로가 좁아 마차나 짐마차가 거의 오갈 수 없었다. 울퉁불퉁한 포장 도로에서는 사람이나 짐승이나 세심한 주의를 기울여야 했다. 비가 내리는 날이면, 차가 지나간 자리가 조그마한 강이 되었다. 수많은 쓰레기통들이 여기저기 널려있어 개나 고양이들이 먹이를 뒤지곤 했다. 통행인들은 서로를 노려보며 험악한 분위기를 자아내기 일쑤였다. 욕지거리는 언제나 들을 수 있었고, 사소한 시비 끝에 서로 멱살을 잡은 채 빈민굴 흙탕물 속에 나뒹구는 일도 있었다. 주택에는 아직 주소를 알려주는 문패 대신 이런 가로에는 어울리지 않는 갖가지 색깔의 화려한 표지가 붙어 있었다. 사라센인(십자군 시대의 아라비아인)의 머리나 떡갈나무, 수컷 염소 또는 금빛 사자, 푸른빛 곰 또는 흰 양, 그리고 괴기한 모양의 그림들이 집집마다 나붙어 있었다.

수수한 영국식 카페하우스

밤에 길거리를 다니는 것은 위험한 일이었다. 그렇게 밤거리를 걷다가는 끔찍한 일을 당하는 경우가 많았다. 다락방에 딸린 창밖으로는 정체를 알 수 없는 오물이 쏟아져 나왔다. 도둑은 시도때도 없이 부지런히 도둑질을 했고, 술 주정꾼은 떼지어 몰려다니며 소란을 피우면서 남의 집 창문들을 때려부수는가 하면 마차를 뒤엎기도 했다. 거기다 여자들까지 괴롭혔다. 이들 조직폭력단 패거리에는 에드문즈파, 티티아 튜파, 스카우러스파, 니클러파, 호쿠비튼파, 모호크파 등이 있었으며, 왕정 복고 이후, 전 지역에서 폭력을 휘두르고 있었다. 야간의 치안 유지를 위해 1천 명 이상의 위병이 배치되었지만, 그들은 현명하게도 집에서 노닥거리거나 선술집이나 식당에서 한 잔 하면서 기름을 팔곤 했다. 찰스 2세(1685)의 치세 말기까지도 밤거리는 캄캄했다. 이 무렵 에드워드 헤밍이라는 사람이 종교의식을 치르는데 너무 지장이 많다면서 달이 없는 밤에는 6시부터 12시까지 열집 건너로 등불을 켜게 하는 권한을 얻기도 했다.

당시 악평이 자자했던 화이트 프라이어스 지역의 카르멜파의 수도원은 그야말로 악당의 소굴이었던 것 같다. 이 수도원은 가난한 자들이 찾아오는 쉼터 역할을 하고 있었는데, 그 뒤 범죄자, 매춘부의 정부, 위증인(범죄자를 위해 위증해 주고 돈을 받는 자), 도둑, 전과자 등 악당들의 집합 장소로 변해 버렸다. 평판이 좋지 않은 여자들이 이런 악당들을 따라 이 은신처로 찾아들었다. 이런 장소의 질서를 유지하는데는 어떤 시민법도 소용이 없었다. 관헌이 직무를 수행하러 들어가거나 돈놀이꾼이 빚 독촉을 하러 갈 경우, 살인을 예사로 하는 패거리들이 날붙이나 곤봉을 들고 달려들었고, 여자들은 여자들대로 욕지거리를 하며 몽둥이들을 들고 덤벼들었다. 침입자들은 얻어맞거나 의복을 찢기는 등 혼이 나기 일쑤였는데, 그렇게 혼줄이 나면서도 용케 달아날 수 있었다면 그것만으로도 다행한 일이라 할 수 있었다. 영국 상급재판소의 체포명령 마저도 1개 중대나 되는 소총병의 지원 없이는 아무런 효력이 없었다. 매콜리(영국의 정치학자·역사학자)의 기록에 따르면, "서머스가 역사와 법률을 배운 방 근처에서, 틸러트슨이 설교하고 있던 교회 옆에서, 드라이덴이 시와 영국에 관해 기지에 찬 비평을 하고 있던 커피하우스에서, 그리고 왕립협회가 아이작 뉴턴의 천문학상의 학설을 시도하고 있던 홀에서 얼마 떨어지지 않은 곳에서, 이같은 야만스런 폭력사태가 벌어지고 있었다."

당시의 동판화를 통해 영국의 카페하우스가 어떻게 꾸며졌는지 그 구조와 시설을 들여다 보면, 화려하다기 보다는 시대에 맞게 수수하게 꾸며진 것으로 보인다. 유리 랜턴이 가게 앞면을 비추고 있고, 아름다운 철제 간판이 지나가는 사람들에게 카페하우스의 소재를 알려주고 있다. 신분이 높은 사람들은 일층과 상층에 각기 개인용 방을 가지고 있었으나, 대부분의 사람들은 한 방에서 즐겼다. 벽에는 그림과 더불어 손님들이 지켜야 할 '준수사항'이 걸려 있었다. 음료의 효능에 대해서도 쓰여 있었는데, 이를 테면 '과음과 좋지 못한 술버릇 등에 효능이 있습니다.' 라는 내용이었다. 커피하우스에서는 이미 "술이 취했을 때 커피는 모랄리스트의 교양이나 여러 학문, 또는 계

▲ 1841년 세인트 마틴에 있던 올드 슬로터의 커피하우스

몽주의보다 훨씬 강력한 억지제 구실을 한다."는 미라보(프랑스의 정치가·웅변가. 혁명 당초의 국민의회를 지도했다)의 의견이 지배하고 있었다.

손님이 시끄러운 거리에서 도망치듯 카페 안으로 들어오면, 웨이트레스는 언제나 "뭐 재미있는 일 없었나요?"라는 물음과 함께 손님을 맞아들였다. 손님은 웨이트레스에게 모자를 약간 들어 인사한 뒤, 1페니의 자리값을 내놓고 앉을 자리를 찾는다. 이 시대의 한 풍자작가가 당시 영국의 카페를 상세히 묘사하고 있다.

"나가는 사람, 들어오는 사람, 뭔가를 쓰고 있는 사람, 지껄여대는 사람, 마시는 사람, 담배 피는 사람, 말다툼 하는 사람… 실내는 마치 선원들의 선실처럼 연기로 가득 차 있다. 길다란 테이블 저쪽 끝에 성경책이 펼쳐진 채 놓여 있고, 그 곁으로 도자기로 만든 조끼(손잡이 달린 맥주잔) 두 서너 개가 있다. 그리고 이런 잡다한 것들 앞으로 커피포트가 올려져 있는 화로에서 불이 활활 타고 있다. 병과 용기, 그리

고 얼굴을 희게 만든다는 미안수(美顔水)에 관한 기묘한 광고와 함께
나란히 세워져 있는 책장에는 음주나 주문(呪文)에 대한 법령이 걸려
있다. 사방 벽에는 대장간에서나 볼 수 있을 것 같은 도금된 선반들
이 달려 있다. 이들 선반에는 신주(神酒)라든가 불로불사의 약, 금빛
이 도는 영액(靈液), 유행되고 있는 환약, 코담배, 미안수, 이 닦는 가
루, 기침방지 봉봉이라는 기묘한 물건 등이 있다. 이런 잡다한 물건
들은 사람들의 근심 걱정을 없애주는 것들이라고 할 수 있다. 만일
내 친구가 나에게 이곳이 커피하우스라고 말해 주지 않았다면, 나는
아마 이곳이 가짜 의사의 진찰실, 또는 광맥을 찾는 유명한 광산가의
상담실쯤 되는 것으로 생각했을 것이다.

매콜리는 그 시대의 카페하우스는 하나의 중요한 정치적 시설이며
민중의 생생한 목소리를 들을 수 있는 장소였다고 말했다. 여러 가지
도발적인 언동이 있었음에도 불구하고, 정부는 이들 장소를 폐쇄시
키거나 하지 않았다. 한번 폐쇄시키면, 1665년 말처럼 구체제로 되

돌아갈 수밖에 없다는 점을 잘 알
고 있었기 때문이다. 당시 외국인
들은 이미 카페가 런던 시민의 진
정한 고향이라는 사실을 잘 알고
있었다. 1페니의 자리값만 지불하
면, 어느 누구든 이곳에서 쫓겨나
는 일은 없었다. 그러나 카페하우
스마다 각기 그 정취가 달랐으므
로, 사람들은 각자의 기호에 맞는

◀ 런던에 있던 그리스 카페 하우스.
1776~1843년까지 있었다.
이 그림은 1809년에 그려졌다.

카페하우스를 선호하였다. 예컨대 올드 슬로터에는 체스 애호가들이 모여 들었다. 역사가인 알렉산더 커닝햄은 이곳에서 드라이바우에른 감비츠(장기에서 말을 버림으로써 자신을 유리하게 이끄는 수법)의 아이디어를 짜냈다. 법률가들은 난도 또는 그레샨에서 토론했고, 상인들은 로이드나 개러웨이, 또는 조나단에 모였다. 성직자들이 찾아가는 곳은 트루비와 차일드였고, 올드 오더 영맨에는 군인들이 단골이었다. 휘그당원들은 세인트 제임스와 스미르나, 보수당원들은 카카오 트리와 오친다를 찾았다. 스코틀랜드인이 찾는 곳은 포리스트와 브리티시 커피하우스였고, 프랑스인은 자일즈와 올드 슬로터, 도박사는 화이트, 작가나 문예 애호가는 윌, 바튼 또는 그레이트 러셀가의 톰을 활동 근거지로 삼고 있었다. 외국 대사나 은행가는 로빈이나 로슈포르에서 쉬었고, 체인 워크의 돈 살테로에는 예술 애호가들이 모였다.

추측이긴 하지만, 17세기말 무렵의 런던에는 약 2천 군데의 카페가 있었던 것으로 추산되고 있다. 이들 대부분의 카페는 경영자의 이름으로 불리웠는데, 고시나 광고 또는 우편물에 무슨 커피하우스 바로 옆이라는 식의 표시를 해주면 그 장소를 쉽게 알 수 있을 만큼 유명했다. 예를 들어 '인쇄 및 판매는 코벤트 가든의 커피하우스 톰 밑에서'라는 식으로 표시하면 되었다. 사람들은 카페에서 마시거나 먹거나 떠들어대는 일뿐 아니라 상담이나 상거래를 하기도 했고, 드라이덴이나 스틸, 스위프트, 그리고 많은 사람들이 한 것처럼 편지의 답장 등을 자기집 대신 카페 앞으로 보내도록 했다.

이런 장소에서는 종교적인 대화가 금지되어 있었다. 복권은 허용되지 않았으나 5실링까지의 도박은 재미로 허용되었다. 정열적인 끽연 습관은 초콜릿점과 웨스트 엔드의 고급 주점에서는 제한되고 있었다. 커피는 보통 블랙으로 마셨으나, 때로는 계란을 타거나 브랜디를 타서 진하게 만들어 마시기도 했다. 몇몇 카페에서는 존 래드클리프 박사 같은 고명한 의사의 조언을 들을 수 있었다. 래드클리프는 런던에서 가장 유명한 의사였는데, 주식 입회시간이 되면 바우스트리트에 있는 개러웨이로 가서 특별히 마련된 자리에 앉곤 했다. 그러면 외과의나 약제사 또는 환자들에게 둘러싸이게 마련이었다. 때때로 정치적인 연설을 하려는 연사들도 등장했다. 사람들은 그들의 연설에 열심히 귀를 기울이다가 박수를 치는가 하면 불쾌해 하는 표정을 짓기도 했다.

영국의 카페하우스에 반대하는 적대자는 항상 자신들이 뒤처지고 있다고 생각할 뿐 아니라 남자들의 밤의 행동을 못마땅히 여기는 여자들이었다. 뚜렷한 결론을 끌어내지 못하고 냉전을 계속하던 1674년, 그녀들은 익명의 팜플렛을 간행했다. 이 팜플렛에는 지나친 커피 음용이 성생활에 지장을 가져온다는 취지의 글이 쓰여져 있었다. 그녀들은 커피 음용이 불임을 촉진한다는 옛날 주장을 내세우면서 이러다가 우리의 자손들은 머지않아 원숭이나 다름없는 짐승이 되어 쇠망할 것이라고 예언했다. 그러자 남자들은 의젓한 태도로 '팜플렛을 통한 그녀들의 부당한 중상'에 대해 회답했다. 커피에 관한 여자들의 공격은 진지하게 고찰할 만한 가치는 없었으나, 결과적으로 특정 분야의 남녀평등을 이끌어냈다. 어쨌든 그 뒤 여자들도 카페하우스의 쾌적함을 남자들 못지않게 이용하게 된 것이다.

카페는 이제 우연한 유행의 산물이 아니었다. 사회적으로 필연적인 공간이었을 뿐 아니라 지배적인 생활 관계 속에서 중요한 변화를 이끌어내는 공간이었던 것이다.

카페하우스의 문화사

5

윌과 바튼

스튜어트 왕조 복고 후 세력을 얻은 영국 시파(詩派)는 퓨리탄니즘(청교도주의)의 종교적, 정치적 운동을 청산하고 고유의 고전문학을 창출했다. 이 문학에서는 카페하우스에 본질적인 의의가 부여되고 있었다. 시적 언어의 남성적 요소는 궁정이나 살롱의 아름다운 풍조 이상으로 시대의 습속에 영향을 미쳤다. 《태틀러》도 그 창간사에서 밝혔듯이, 위선적인 예술, 즉 교활함과 무의미, 그리고 선정적인 것 등 외관에만 편향된 예술은 도태되려 했다. 대신 소박한 아름다움이 사람들의 말투, 의복이나 행동거지 등을 통해 드러나고 있었다. 세련성이 결여됨에 따라 이미 영국 문학과 프랑스 문학은 커다란 차이를 보이게 되었다. 랑부이예 부인의 살롱과 이 살롱의 계승자들 중에서 재기가 번득이는 여자들의 영향력이 대단한 효력을 발휘했고, 대립된 의견을 요란스런 허식으로 내세웠다. 게다가 영국 남자들은 거칠고도 난폭한 말을 내뱉으며 서로 반목했다. 말만으로 모자랄 때는 주먹이 오갔다. 로체스터 백작(시인 존 윌모트를 말한다)은 불량배들을 동원해서 시인인 존 드라이덴을 두들겨 팼다. 드라이덴이 무대에서 성공한 것이 못마땅했기 때문이다. 드라이덴이 버킹엄공[1]에게 사기꾼이니 광대니 하고 불렀을 때, 버킹엄공은 윌의 카페에 있던 드라이덴에게 직접 폭력을 가했다. 뿐만 아니라 이 야인은 어떤 팜플렛 문제로 문학적 원수가 되어 버린 자가 사주한 깡패에게 폭행당할뻔 하다가 간신히 위기를 모면한 적도 있었다. 그 뒤 그에게 사형 판결이 내려졌다. 로빈의 카페에서 그가 일으킨 말썽으로 주먹다짐이 오가는 와중에 손님 한 명이 중상을 입었기 때문이다. 그는 왕의 특명으로 어려운 상황에서 벗어날 수 있게 되었으나 왕의 그런 배려를 그다지 고맙게 생각하려 하지 않았다.

영국의 카페하우스가 문학적 의의를 갖게 된 것은 대강 1680년경이며, 예컨대 존 드라이덴 무렵에 정점에 이른다. 이들 카페하우스는 정치 클럽으로 변모하면서 그 영향하에서 많은 것을 잃기도 했으나 이같은 영향은 1730년에는 완전히 소멸되었다. 반세기 동안 카페하우스는 '질서 있는 인생의 포괄적인 학습'의 장을 제공하며 고유의 문학을 가져오는 원천이 되었다. 밀턴은 자신이 최상의 창작력을 발휘하고 있던 시대에 터크스 헤드 카페하우스에 문학적 '로타 클럽(Rota club)'이 만들어졌음에도 불구하고 카페하우스에는 완전히 등을 돌리고 있었다. 제임스 해링턴[2]에 의해 설립된 이 '재기 넘치는 신사들의 자유롭고 해방된 클럽'에는 그 유명한 사뮤엘 피프스[3]경도 끼어 있었다. 그의 비밀 일기에는 런던의 카페하우스와 관련된 갖가지 흥미로운 이야기들이 기술되어 있다. 심지어 그곳에서 구입한

▲ 1718년 무렵 바튼의 커피하우스에 모인 지식인들. 호가스란 화가의 스케치에는
원쪽사람이 유명한 알렉산더 포프라고 그려져 있다.

책이름이라든가 어느 부호의 미망인과 나눈 대화에 대해서, 또는 강
연에 대해서, 페스트(흑사병)가 암스테르담에서만 유행했다는 사실에
대해서 등 얼핏 보기에도 무척 사소한 일에 대한 것까지 꼼꼼히 기록
되어 있는 것이다. 1660년 3월 15일, 그는 처음으로 윌의 커피하우
스에 찾아왔다. 그는 이 가게를 '위대한 커피하우스' 라고 불렀고,
"이 곳엔 찾아 올 만한 가치가 있다. 왜냐하면 여기에는 기지에 찬
즐거운 대화가 있기 때문이다."라고 말하고 있다.

　이 시대의 카페하우스 중에서 윌의 카페는 가장 돋보이는 위치를
차지하고 있었다. 윌이라는 이름은 소유자인 윌리엄 어윈에서 유래
했으나, 민중들은 큰 카페하우스 또는 단순히 위트있는 가게라고 부
르곤 했다. 이곳에서 '위티 클럽(Witty club)' 이 개최되었기 때문이
다. 일찍이 그레이트 러셀 스트리트와 에크 바우 스트리트 북서쪽에

▲ 호가스의 그림에 그려진 의사, 문인들이 모여 담소하는 모습.
　왼쪽으로부터 알렉산더 포프와 존 아버스노트.

'장미'라는 목로 주점을 겸한 여관이 있었다. 이 여관은 1660년에
카페하우스로 개조되었다. 대부분의 숙박객들은 이른바 식당으로 불
린 크고 밝은 방을 좋아했다. 이 방의 난로 옆에는 나중에 유명해진
귀빈석이 있었다. 여름 동안에는 특히 발코니의 테이블을 좋아했다.
카페에서의 생활은 아침부터 시작되어 한밤중까지 계속됐다. 특히
극장이 파한 후에는 '청색과 초록색 명주 리본'을 단 런던 신사들의
사교장이 되었다. 그리고 유명 인사들은 마치 자신들의 특권일랑 집
에 두고 오기라도 한 것처럼 자기 주위에 있는 사람들과 허물없이 환
담하곤 했다.

　윌의 커피하우스에서는 세 가지 성격의 서로 다른 클럽이 열리고
있었다. '그레이브 클럽'과 '래블' 그리고 '위티 클럽'이 그것이었
다. '그레이브'의 회원은 유명한 정치가들이었고, '래블'에는 이른

바 하층 사회 시민이 속해 있어서 다른 두 클럽과는 서로 거리를 두고 있다는 것을 자랑으로 삼고 있었다. 이 클럽의 창시자는 유명한 도박사이자 멋쟁이인 캡틴 스완즈였다. '위티 클럽'은 매우 중요한 의미를 지니고 있었다. 이 클럽에는 드라이덴, 스위프트, 포프, 애디슨, 스틸, 콩그리브와 같은 저명한 문인들을 비롯해서 시대를 한발 앞서가며 기지에 찬 잡담으로 젊은 세대에게 영향을 미치던 다른 많은 사람들이 출입하고 있었다.

월의 카페에 출입하는 손님 중 존 드라이덴은 중요한 위치를 차지하고 있었다. 1674년 이후 그는 어윈의 카페하우스 단골이었는데, 43세에 이르러 시인으로서, 비평가로서 영국 전역에서 명성을 떨치고 있었다. 그의 의자는 겨울이면 난로 곁에 놓여지고 여름에는 발코니에 놓여졌다. 그는 이 의자들을 가리켜 각각 겨울의 거처, 여름의 거처라고 불렀다. 이 의자에 앉아 그는 인간과 만물에 관한 자신의 견해를 밝혔는데, 그가 이렇게 강연할 때면 그의 신봉자들이 항상 그를 둘러싸고 경청하는 것이었다. 이들 신봉자들에게 그는 일종의 스핑크스이며 또한 프로메테우스와 같은 존재였다. 그는 오전 중에는 집에서 일했으며 그 밖의 시간은 카페하우스에서 보냈다. 이런 환경에서 그가 어떻게 쾌적함을 느끼면서 지낼 수 있었겠는가. 따라서 그는 여기서 잡일을 처리하거나, 편지를 쓰거나, 배우에게 지시하거나, 출판사와의 거래 등을 주로 했다고 한다. 편지에는 언제나 '커피하우스에서'라고 썼고, 이 습관은 죽을 때까지 계속되었다.

이 클럽 사람들은 공통의 문학적 관심사로 서로 굳게 뭉쳐 있었다. 그러나 그들은 나이도, 출신 계층도 서로 달랐다. 그들 중에는 왕정 복고 시대 내내 유명한 이름도 있었으나 드라이덴의 견해가 언제나 뛰어났으므로, 이 서클에서 이설(異說)을 제기하려면 특별한 논거가 필요했다. 에피고넨이 그에게 논평을 가했는데 그 논평이 수용될 때면 모두들 '축하한다'고 말했다. "그들은 그의 위병이며, 그가 건방진 비평가로부터 공격당할 경우, 언제든 그를 대신해서 무기를 들 준비가 되어 있었다. 그들은 그를 꼭 닮은 그림자였다."라고 철학자 샤프츠베리는 말하고 있다.

드라이덴은 새로운 영국문학의 창시자이자 수령이었으나, 그의 교황적 서클이나 문학적 지론에 항거하는 적대자들이 많았던 것도 사실이다. 그러나 시인이며 의사였던 리차드 블랙모어경의 거듭되는 공격에서 볼 수 있듯이, 드라이덴의 문학적 요새가 쉽사리 무너질 그런 요새는 아니었다. 《아더 왕자》의 대부분을 카페하우스에서 쓴 블랙모어는 1699년, 위티 클럽과 그 주둔부대에 대한 풍자시를 썼다. 대립하는 두 클럽의 반목이 격심해졌고, 이는 드라이덴의 사후에도 수습되지 못했다. 벌집에 떨어진 참새처럼 참패를 당한 블랙모어는 위트 클럽 회원은 물론 어느 누구도 자신을 좋아하지 않는다는 것을 인정하지 않을 수 없었다. 그가 훗날 《엘리자》를 간행했을 때는 아무런 반향이 없었고 그 뒤 세상에서 잊혀지게 되었다.

영국 문학에서는 카페하우스, 특히 윌의 카페하우스에서의 회합이 '머메이드 태번(Mermaid Tavern)'과 곧잘 비교되어 왔다. 그곳에서는 일찍이 셰익스피어, 보먼트, 플레처, 벤 존슨 같은 작가들이 카나리아 산 와인을 마시며 회합했다. 당시 고주망태가 되도록 마신 악습은 아직껏 영국 사회에 광범위하게 남아 있다. 이런 관점에서 보더라도 카페하우스는 음주 악습에 크나큰 영향을 미쳤다고 하겠다. 카페하우스 덕택에 작가들은 일상생활에서 현실성을 지닌 여러 인물들과 밀접하게 접할 수 있었고, 그 결과 주로 궁정이나 지배자들만을 묘사해 오던 작품세계에서 벗어날 수 있었다.

《케임브리지의 역사》에는 다음과 같은 교훈적인 서술이 있다.

"왕정 복고 시대까지는 작가나 독자나 진정한 대화를 갖는다든가, 간결한 문체 등에 대해 익히지 못하고 있었다. 대중에 영합하는 것만을 유일한 목적으로 삼고 있던 내시나 데커, 그리고 롤랜즈 같은 소위 팜플렛 작자들마저도 평소 자신들이 구사하던 소탈한 문체에도 불구하고 탁상공론에서 해방되지 못하고 있었다. 글을 쓸 때 여러 가지 문장이나 묘사를 시도하던 많은 문학도들도 언어유희와 착상의 바탕이 되는 일상의 회화를 작품 속에서 모방했다. 이들은 자신들의 학문적 관심사를 책에 국한시켰고, 그 결과 그들의 문체는 어색하고 꾸밈이 많았다.

궁정사회에서도 장황한 표현에 대한 논의가 있었다. 이같은 논의가 카페하우스로부터 영향을 받아 이루어지게 되었음은 두 말할 나위도 없다. 사람들은 카페하우스에서 자선사업과 함께 문학적 사고를 자유롭고 세련된 스타일로 전개하는 방법을 배웠다. 회화라는 것은 깨어나려는 사상에 대해 수수께끼 같은 엄청난 힘을 지니고 있다. 의견 교환으로 자신의 사고를 훈련시키는 자는 독서를 통해 이해력을 키우려는 자보다 유연성이 있고 민감하다. 그는 간결하고 짧은 문장으로 얘기하려 한다. 귀는 눈과 달리 장시간동안 이미지를 쫓을 수 없기 때문이다. 중류계급은 이렇게 자신들의 교육을 완성시켜가기 시작했다. 카페하우스는 그들에게 의견교환의 장을 제공했을 뿐 아니라 계급의식에 관한 여론형성의 길을 터 주었다. 카페하우스는 새로운 휴머니즘의 확대를 위한 우애를 매개하는 매체가 되었다. 그리고 작가는 이같은 집회장소에서 그 시대의 사상과 정서를 접할 수 있었다."

17세기의 개막과 함께 카페하우스는 영국의 문학생활에서 더욱 중요한 위치를 차지하게 되었다. 드라이덴과 더불어 특히 스위프트는 이러한 영향에 크게 공헌했다. 콩그리브[4]에게 소개되었을 당시, 그는 약관 20세였다. 드라이덴과 친교를 맺었음에도 불구하고, 그는 곧 드라이덴과 사이가 틀어졌다. 그의 초기의 송시(頌詩) '사촌, 스위프트여, 그대는 결코 시인이 되지 않으리!' 에 관한 가혹한 비평에 마음이 상한 듯하다. 그리하여 그는 일찌감치 자기 길을 걸어갔다. 그리고 윌의 카페에서 나눈 회화라든가 거만한 태도, 빈곤한 정신적 산물에 대해 거침없는 의견을 토해냈다. 문학사가인 세인츠베리의 말대로 그 시대의 가장 위대한 인간의 뒤를 쫓아 그들의 숨통을 끊어 놓을 수 있는 자는 모두들 같은 타입의 사람들 뿐이었다.

재기에 찬 바튼의 커피하우스

스위프트는 뒷날 인간혐오주의자가 된다. 당시 그는 이미 이같은 인간혐오 증세를 보이기 시작함으로써 드라이덴의 곁을 떠나기로 작정하고 윌 맞은 편에 있는 '바튼의 커피하우스' 로 옮겼다. 여기서 그는 윌의 카페에 모였던 패들처럼 긴밀한 결속 같은 것을 하지는 않았으나 윌의 커피하우스와 마찬가지로 재기에 넘치는 대화를 사랑하는 사람들의 서클에 참여했다. 그들 중에는 알렉산더 포프를 비롯, 아버스노트, 새비지, 의사이며 시인이기도 했던 사뮤엘 가스경(卿), 그리고 뤼벡 태생의 화가인 고드프이 넬러경이 걸출한 인물들이었다. 기묘하게도 젠틀맨 강도로 불린 제미 매클레인이 간혹 얼굴을 보이기도 했다. 그는 탄탄한 체격을 가진 매우 매력적인 사람이었다. 스위프트는 바튼의 카페에 자주 들르다가 유명한 의사이자 풍자작가인 아버스노트[5]와 친해졌다. 그의 기지에 찬 착상과 뻔뻔스러움이 친교를 맺게 된 계기가 되었다. 스위프트는 항상 주위 사람들을 놀라게 했다. 어느 날 아버스노트가 급히 편지를 쓰게 됐는데, 다 쓰고 보니 종이에 잉크가 번진 곳이 있었다. 그래서 번진 곳을 깨끗이 없애려고 번진 자국을 지워주는 모래를 찾았지만 마침 갖고 있는 것이 없었다. 그래서 그는 옆에 앉아 있던 스위프트에게 말했다. "이봐, 미안하지만 모래 갖고 있는 것 없나? 잉크가 번져서 말이야."그러자 스위프트는 진지한 표정으로 대답했다. "죄송하지만 갖고 있는 게 없습니다. 하지만 결사(結砂:신장에 쌓이는 모래의 뜻)라면 갖고 있습니다. 그 편지를 제게 잠깐 넘겨주신다면 제 오줌으로 깨끗이 지워드리겠습니다."

스위프트는 마음에 드는 활동 장소를 찾다가 펠멜가에 자리한 '세인트 제임스 커피하우스'를 발견했다. 그 뒤 그는 점주인 엘리엇과 무척 친해졌다. 그가 출현함으로써 이 커피하우스는 여러 모로 명랑한 분위기가 됐다. 그는 이 커피하우스에 불쑥 나타나곤 했다. 일단 커피하우스에 들어서면, 그는 모자를 벗어 테이블 위에 올려 놓은 뒤 아무 말 없이 한 시간 정도 점내를 왔다갔다했다. 그렇게 거니는 동안에는 주위에서 무슨 일이 일어나든 개의치 않았다. 그러다 돈을 지불한 뒤, 역시 아무 말 없이 나갔다. 이런 광경을 몇 번 본 사람들은 그에게 '이상한 땡중'이라는 별명을 붙였다.

어느날 밤, 스위프트는 언제나처럼 커피하우스를 찾아와 한 차례 주변의 사람들을 둘러 보았다. 그리고 나서 분명히 시골에서나 올라온 듯한 승마화를 신은 한 사내에게 불쑥 말을 건넸다.

"실례하오, 잠시 묻고 싶소만, 지금껏 살아오면서 활짝 갠 날씨를 만났다고 생각되는 시절이 있소?" 돌연한 질문을 받은 사나이는 사람들의 호기심에 찬 눈초리를 한 몸에 받으며 어안이 벙벙해진 채로 이렇게 대답했다. "물론입쇼. 그런 날이 있었다고 생각되는데요". 그러자 스위프트는 상대방을 꿰뚫는 듯한 눈초리로 사나이를 응시하며 말했다. "거참, 썩 근사한 일이군요. 난 덥지도 않고 춥지도 않은, 구질구질하거나 건조한 날씨 같은 건 기억나지 않는데… 신이 어떻게 하든, 늘그막엔 만사형통하게 되는 것을".

스위프트는 '세인트 제임즈'에 출입하던 일을 스텔라에게 편지로 알리거나 일기에 기록하고 있다. 그는 그곳에서 애디슨, 스틸, 존 반브러, 그리고 그의 일당에 속하게 된 많은 사람들을 만났다. 평소 침착성이 없는 성격이기도 했지만, 그는 여기서도 불안정한 심리상태를 드러냈다. 이미 1710년 10월 8일에 세인트 제임즈는 마음에 들지 않게 되었다고 기록하고 있다. 프레스토라는 별명으로 쓰여진 한 통의, 기다리고 기다리던 편지가 며칠 후 그를 다시 세인트 제임즈로 이끌었다. 에스터의 소식을 알 수 없을 때면, 그는 하루 종일 맥을 놓고 있었다. 세인트 패트릭 사원의 그의 전임자인 대주교 윌리엄 킹에게 답장을 직접 카페하우스로 보내도록 지시해 두었던 것이다.

대주교는 실제로 이렇게 주소를 썼다. '스위프트 박사, 펠멜가. 세인트 제임즈 커피하우스 전교(轉交).' 1710년 10월 19일, 그는 스틸과 함께 값비싼 음식을 먹으면서 점주인 엘리엇의 아들에게 세례를 받게 했다. 두 작가는 이 식사를 즐기면서 '용렬한 사회의 한가운데'에서 밤새 커피가 들어있는 단지를 차지하고 있었다. 그는 대화가 점점 빈곤해지는 것을 한탄하고 있었다. 그토록 커피에 열중하고 있었음에도 불구하고, 그는 그 뒤 카페하우스에 출입하지 않게 되었다. 바네사에게 보낸 편지에서 그는 이 음료가 깊은 맛이 있는 철학적인 음료라고 말했다. 그리고 에스터에겐 그녀가 경탄할 만한 학자가 되고, 또 훌륭한 보모가 되고, 또 위대한 커피 애호가가 되기를 바랐다. 그는 부유함이야말로 열 가운데 아홉을 차지하는 가장 좋은 것으로 보았고, 열 번째로 좋은 것은 건강, 열한 번째는 되도록 오랫동안 커피를 마실 수 있는 것이라 생각했다.

알렉산더 포포는 스위프트와 마찬가지로 젊었을 때 친구인 위철리[6]에 의해 윌 가게의 문학서클에 소개되었다. 당시 드라이덴은 이미 사망한 뒤였으므로, 이 조숙한 천재는 의미심장한 말을 구사하면서 사람들의 주목을 끄는데 성공했다. 1713년경 그는 윌의 카페에서 친구들과 문예비평 등을 하면서 커피를 마셨다고 기록하고 있다. 그 뒤 건강상의 이유로 그는 생활습관을 바꿔야 했다. 헨리 크롬웰에게 편지로 알렸듯, 그는 생활무대를 도시에서 시골로 옮겼다. 윌의 카페하우스에서 윈저 숲으로 옮긴 것이다. 잠시동안 포프도 바튼의 가게에서 이른바 소평의회(小評議會) 멤버로 지냈다. 그는 지나친 자존심 때문에 작가 서클과 반목하곤 마침내 결별하게 되었다. 1719년, 그는 트위크넘으로 옮겼고, 1744년 세상을 하직할 때까지 자기 주위에 문인과 예술가들을 모아들였다.

〈원저자 주〉

(1) 조지 빌리어즈 · 버킹엄 공작(George Villiers Buckingham 1628~1687)
크롬웰의 가장 강한 적대자였고 왕정복고후에는 찰스 1세의 총신이 되었다. 해학적 희극 〈리허설〉을 성공시켰다.

(2) 제임스 · 해링턴(James Harrington 1611~1677)
옥스포드 대학에서 교육을 받고 찰스 1세의 궁정에서 종사했으나 열렬한 공화주의자였다. 그의 대작 〈오세아나〉는 그가 이상으로 여긴 공화국을 묘사한 것으로 크롬웰에게 바쳐졌다. 그의 작품은 아주 유명해졌으나 이내 발매금지 처분됐다. 그는 자유주의 정신을 떨치기 위한 로타 · 클럽을 설립했으나 반역자로 몰려 런던탑에 유폐되었고 발광끝에 사망했다.

(3 사뮤엘 피프스(Sir, Samuel Pepys 1633~1703)
해군성과 해군본부에서 비서관으로 근무. 그가 발명한 속기술로 쓴 일기는 세계문학

수준에 든다. 이 일기는 아프리카 태생 미국여류시인 호이트리에 의해 발견·해독되었다. 이 일기속의 스케치는 시대의 뛰어난 풍속화를 남기고 있다.

(4) 윌리엄 콩그리브(William Congreve 1670~1729)

궁정고위직에 종사하고 있었으나 재기에 넘쳐 저속한 희극을 많이 썼다. 대표작 〈사랑에는 사랑〉은 1694년에 간행됐다.

(5) 존·아버스노트(John Arbuthnot 1677~1735)

아바딘에서 의학을 배우고 런던에서 개업했다. 1709년에 왕비 안나의 시의가 되었으나 왕비가 죽은 후 우울증에 빠졌다. 1714년에 포프, 스위프트와 함께 〈멀티누스 스크리 프리레스의 회상〉을 간행했다. 그는 탁상의 학문을 조소했는데, 그의 사후 많은 학문적 노작과 함께 풍자적인 작품전집이 간행됐다.

(6) 윌리엄 위철리(William Wycherley 1640~1716)

찰스 2세의 궁정에서 일했다. 그의 풍속희극 속에는 당시 상류사회의 생활이나 행동이 잘 묘사되어 있다. 그의 희극은 위트에 넘친 대화로 유명하다.

6

도덕적 주간지

애디슨과 스틸은 디오스쿠로이(그리스 신화에 나오는 제우스와 레다의 쌍둥이 아들 카스토르와 폴룩스를 말함)로 불리고 있었다. 애디슨은 옥스퍼드에서 수학하던 시절에 이미 카토(고대 로마의 대정치가)라는 존칭을 받게 됨으로써 드라이덴과 유대 관계를 맺었다. 훗날 드라이덴이 블랙모어와 반목하게 되었을 때, 그는 드라이덴의 편에 섰다. 애디슨은 재무부장관인 몬태규와 서머즈경의 배려로 정부의 자금 지원을 받으며 프랑스와 이탈리아를 여행했다. 윌리엄왕의 죽음으로 이 자금지원이 끊기자, 브렌하임 전투에 관한 시를 씀으로써 휘그당(17~18세기 영국의 민권을 주장한 정당. 자유당의 전신)의 호의를 받게 되었다. 애디슨은 핼리팩스경의 수행원으로 하노바에 다녀왔고, 핼리팩스경의 천거로 차관보가 되어 아일랜드 정부의 여러 대표 기관에 중용되었다. 드

▲ 로이드 카페 하우스 전면에 붙여진 홍보물 그림. 1763년에 그려진 이 스케치는 최신 신문기사를 놓고 정치적 토론을 벌이고 있는 모습을 담고 있다.

라이덴의 사후 짧은 기간이긴 했으나, 한동안 그는 위티 클럽 내에서 지도적인 위치에 앉게 되었다. 이것이 계기가 되어 무대는 월의 카페에서 바튼의 카페로 옮아갔다. 1712년, 워릭 백작 부인의 하인이었던 다니엘 바튼으로 하여금 월의 맞은편 신축 가옥에 카페하우스를 열게 한 사람은 바로 애디슨이었다. 그리고 이 카페에는 위티 클럽에 소속된 대부분의 사람들이 출입했다.

그의 정신적, 현실적 인간 관찰은 주로 바튼에서 이루어졌다. 그의 관찰 결과는 도덕적 주간지로 불린 '태틀러'와 '스펙테이터' 그리고 '가디안'에 게재되었다. 스틸 또한 월보다는 바튼이나 세인트 제임 즈와 관계를 맺고 있었는데, 태틀러 창간호에서 그는 슬픔을 머금은 채 월에서 보낸 좋았던 시절을 회상하고 있다. 그 무렵엔 아직 드라 이덴이 군림하고 있었다. 모두들 자기 나름의 문학작품이나 경구, 풍 자시를 손에 넣고 있었다. 오늘날로 말하면 카드놀이나 도박을 할 때 의 페어 플레이에 관한 재치있는 잡담 같은 것들 말이다.

여러 클럽의 다양한 의견 표현

스틸은 사교계 사람들의 타입을 구체적으로 묘사했다. 그는 여러 클럽에 소속되어 있었고, 목로 주점에서 많은 사람들과 교제했으며, 10여 군데나 되는 카페하우스를 규칙적으로 찾아다니곤 했다. 이렇 게 여러 카페하우스를 돌아다니다가 그는 우연히 스코틀랜드의 선원 알렉산더 셀커크란 사나이를 만나게 되었다. 후안 페르난데스 섬에 서 보낸 이 선원의 운명이 스틸로 하여금 짧은 르포르타즈를 쓰게 하 는 계기가 되었고, 이를 바탕으로 다니엘 데포가 대작 《로빈슨 크루 소》를 쓰게 된 것이다. 스틸은 다른 동시대인처럼 카페하우스의 의 의를 인정하지 않았다.

'태틀러'의 많은 지면은 카페하우스에 관한 기사로 채워지고 있었 다. 첫 호에서 그는 즐거운 뉴스와 월에서의 문예론, 그레시안에서의 학문론, 그리고 세인트 제임즈에서 듣게 된 외국이나 가정의 변화상 같은 색다른 아야기 등을 정리해서 간행해야 된다는 의견을 밝혔다. 게이에 따르면, 스틸의 죽음은 2개월 후에 《스펙테이터》가 간행되고 나서야 비로소 국민적으로 장례복상을 입은 것과 같은 감정을 불러일으켰다고 한다. 스틸은 결혼 후 베리 스트리트에 집을 지었다. 자기가 좋아하는 장소에서 멀리 떨어지고 싶지 않았기 때문이다. "그런 장소에서 그는 우편배달부 외엔 어느 무엇에도 관심을 기울이지 않은 것 같았다. 그리고 한편으로는 손님들과의 대화에서 매우 흥미로운 결론을 얻어내고 있었다."

애디슨은 이른바 일급 사냥개나 다름없었다. 스틸처럼 광범하게 인맥을 치거나 하지는 않았으나, 말하자면 그는 문학적 샬록 홈즈였다. 그는 바튼의 서클에만 참여하고 있었다. 바튼은 그의 고유의 무대이기도 했다. 특히 워릭 백작부인과의 결혼이 불행한 결혼으로 변모한 후 그는 언제나 바튼에 앉아 있었다. 그가 바튼에서 동료들과 오랫동안 유대를 가질 수 있었던 것은 그의 섬세한 감정과 매력적인 화술에 힘입은 바 크다고 할 수 있다. 자신의 명성을 가장 중시하고 있던 알렉산더 포프는 동시대의 어느 누구보다도 자신의 화술을 높이 평가하고 있었다. 그 때문에 그의 친구들은 포프의 너무나 재치있는 유머를 테렌츠(로마의 희극시인 테렌테이우스)나 카툴(로마의 서정시인)과 비교하는 것을 서슴치 않았다. 때때로 그는 애용하는 도자기제 파이프를 물고 남들이 얘기하는 것을 아무 말 없이 몇 시간이고 듣곤 했다. 깊은 대화는 두 사람 사이에서만 이루어지는 것이라고 그는 말한 적이 있다. 그는 종종 무엇엔가 깊이 침잠하고 있는 듯한 모습을 보이곤 했는데, 그럴 때면 그는 동시대 사람들의 내면을 들여다보고 있었다. 그리하여 그는 직접적인 인간 관계를 거쳐 커벌리, 하니콤, 그리고 프리포트와 같은 현실적인 피가 통하는 여러 인물들을 스펙테이터에 게재했다. 그가 바튼 서클의 정신적 지도자라는 사실은 의심의 여지가 없었다. 매콜리도 그는 참으로 탁월한 사람이었다고 주장하고 있다.

도덕적 주간지 간행과 함께 스틸과 애디슨은 영국 문학의 영역을 넘어서는 활동을 했다. 그에 따라 이미 전부터 정신세계에 있어 프랑스의 전제지배에 맞서는 효과적인 성과를 올리고 있었다. 스틸은 1701년에 이같은 새로운 방향을 '크리스챤 히어로'를 통해 만들었다. 두 사람 모두에게 결과적으로 매우 바람직한 공동체가 주어진 셈이었다. 이때 그들은 중류계급의 문학적 욕구에 따라 기지에 찬 에세이와 유머가 넘치는 생활습관을 묘사하는 가운데 이들 계급에 부유한 시민계급의 상인적 인생관을 제공하고 있었다. 그와 동시에 그들은 또 옛 문학이 지닌 불후의 가치를 사람들에게 인식시켰다.

태틀러에서 카페하우스는 전체를 파악하는 데 도움이 되었으나 스펙테이터에서는 여러 가지 사건으로 말미암아 전체를 파악하는 데 도움되는 것이 없었다. 이때 많은 사람들이 현실적으로 제대로 형체를 갖추지 못한 채 작품 속에 등장하게 되었다. 그들이 정신적인 깊이와 내용의 풍부함, 그리고 일상적인 고뇌 등을 얻은 것은 선량하고 인간적인 애디슨의 덕택이었다. 외부세계가 지닌 불안과 그의 직접적인 결속이 독자와의 개인적인 접촉을 강하게 만들었다. 스펙테이터 최종호에서 그는 카페하우스가 자신의 모임장소이며 정신적 시야의 육성 장소였다고 강한 어조로 지적하고 있다.

가디안에서는 최종적으로 바튼의 카페가 애디슨과 밀접한 관계를 맺고 있었다는 점에서 관심의 표적이 되었다. 이 작가의 마지막 작품에는 리자드 일족, 용감한 네스터 아이언사이드, 그리고 특히 유명한 사자 머리가 등장한다.

크게 벌린 사자의 입은 독자의 편지에 대해 위엄마저 있어 보인다 (독자들의 편지는 이 입 안에 투함되었을 것이다). 《사자의 포효》에서 비평은 애디슨의 계획대로 녹다운 당하는 게 고작이었다. 이 작품

▲ 18세기 말 로이드 카페하우스 안에서 증권을 거래하는 모습

은 대검을 찬 군인들의 횡포에 대해, 카페하우스의 연설자에 대해, 그리고 여성이 자신의 매력을 소홀히 하는 데 대해 자극적으로 다루었다. 사자 머리는 영국에서 커다란 반향을 불러일으켰고, 급기야 일반인들의 생활에도 몇 가지 변화를 가져왔다. 1713년, 이 사자 머리는 풍속화가 호가스의 손에 의해 이집트의 라이온을 모방하여 바튼의 카페 서쪽에 설치되었다. 거기에는 "짐승은 힘센 목덜미와 날카로운 발톱을 위해 단 한마리 선택된 먹이를 포식한다."는 마르티알리스(로마의 풍자시인)의 시구가 새겨져 있다.

다니엘 바튼은 사람들에게 자기 카페를 찾아오는 방법을 가르치는 데 열심이었다. 여러 종류의 안내장이나 편지들이 탐욕스럽게 입을 벌리고 있는 우편함 속에 투함되곤 했다. 편지통 열쇠는 네스터 아이언사이드가 개인적으로 보관하고 있었다. 1719년, 바튼이 죽은 뒤 카페하우스가 허물어지게 되자, 사자 머리는 코벤트 가든의 '셰익스피

▲ 성화물이 된 사자머리

어 헤드 태번'의 소유가 되었으나, 그 뒤 《인스펙터》의 편지통으로 사용되었다. 1804년, 찰스 리차드슨이라는 호텔 경영자가 경매를 통해 17파운드 10실링으로 이 사자 머리를 입수했다. 찰스가 죽은 후 그의 아들이 사자 머리를 물려 받았으나, 1827년 베드포드 공작의 소유물로 바뀌었고, 공작은 이 사자 머리를 문학적 성물(聖物)로서 워번 대수도원[1]에 보존케 했다.

당시 영국 문학이라는 하늘에 반짝이던 별들 중에는 드라이덴, 스위프트, 포프, 애디슨, 스틸 외에도 위철리, 콩그리브, 월터 모일, 딘 룩키어, 헨리 크롬웰 등 기라성 같은 이름들이 있었다. 그들은 각기 그들 나름대로 윌의 카페와 바튼의 카페 서클에 속해 있었다. 위철리의 경우, 그 명성이 어찌나 높았던지 윌의 카페에서 간혹 그가 앉아 있던 팔걸이 의자마저 역사적인 명품이 되었다. 콩그리브, 피프스, 의사 가스경[2] 또한 드라이덴과 친밀한 관계를 맺고 있었다. 피프스는 '파드론 미오'로 그에게 높은 평가를 받았다. 그리고 그를 몇 차례 자기 집에 초대하여 샐러드를 곁들인 냉닭고기 요리를 대접했다. 닥터 가스는 드라이덴의 묘에서 애도 연설을 했는데, 그의 연설은 참례자들의 마음 속에 깊이 새겨졌다. 기지에 찬 이 닥터 가스에 관해 다음과 같은 에피소드가 있다. 언젠가 그가 윌의 카페에서 급히 편지를 쓰고 있을 때였다. 그의 뒤에 서 있던 어느 아일랜드인이 그가 쓰는 편지 내용을 일일이 소리내어 읽어내려갔다. 가스는 그 편지에 다음과 같은 추신(追伸)을 써 넣었다. "좀더 많은 얘기를 쓰고 싶지만 내 등 뒤에 서 있는 뻔뻔스러운 아일랜드인 한 명이 내 편지를 들여 다보며 소리내어 읽고 있어 더 이상 쓸 수가 없군요." 그러자 뒤에 서 있던 그 아일랜드인이 화를 내며 버럭 소리를 질렀다. "아니, 내 가 언제 선생 편지를 읽었다는 겁니까?" 가스는 조용히 대답했다. "난 자네에게 아무 말도 한 게 없는데……." "그야 그렇습죠. 하지만 선생이 지금 그런 식으로 쓰지 않았습니까?"

빛나는 '문학의 별'들 탄생

딘 록키어가 17세 때 처음 런던에 왔을 때, 그는 머리칼이 더부룩 한 촌놈이었다. 그는 드라이덴의 비평을 듣기 위해 윌의 카페에서 살 다시피 했다. 드라이덴은 당시 자신의 '맥 플렉노'를 자랑삼아 내세 우고 있었다. 이 시가 최초의 이행대운시(二行對韻詩)였기 때문이다. 록키어는 용기를 내서 자신이 같은 운율로 쓴 초기의 시 몇 편을 드 라이덴에게 보여주었다. 그러자 드라이덴은 그 시를 읽어본 후 몇 군 데 수정할 부분을 지적해 주었다. 그 뒤 피터버러의 목사가 된 이 남 자와 드라이덴은 평생 동안 우정을 나누게 된다. 헨리 크롬웰은 주목 할 만한 감정 이입 능력으로 완성시킨, 톤슨 전집에 실릴 오비즈의 《비가(悲歌)》를 번역했는데, 이에 대해 포프가 특별히 관심을 보여준 것을 무척 기뻐했다. 사실 그는 포프보다 30세 위였다. 게이는 그를 가리켜 문학적으로 괴상한 멋쟁이라면서 '빨간 바지에 모자를 쓰지 않은 존경할 만한 크롬웰'이라고 썼다. 크롬웰은 언제나 많은 여성 들과 교제했는데 여성과 함께 있을 때면 항상 모자를 쓰지 않은 채 손에 들고 있었기 때문이다. 크롬웰이 단골로 다닌 카페는 프린세스 스트리트 끝에 있는 '햄블던 커피 하우스'였다. 그의 일상생활은, 동시대인의 보고에 의하면, '여자와 문학, 무대연습, 리뷰와 커피 시음, 그리고 브라질산 코담배로 짜여져 있었다. 그가 하는 농담들은 런던의 사교장에서 밤의 이야기거리가 되곤 했다. 어느날 그는 서섹스 출신의 얌전한 귀족 한 명을 데려 왔다. 존 아바서스라는 이름의 이 귀족은 드라마와 시 애호가로서 문학적 세례를 받기 위해 윌의 카페하우스를 찾게 된 것이었다. 콩그리브가 월터 모일[3]에게 보낸 편지에 따르면, "돈 키호테의 기사 서임식이나 카피틀 언덕에서 있었던 페트라르카(이탈리아의 시인.1304~74)의 대관식 이래 존 아바서스의 봉헌(奉獻)처럼 장엄한 대관식은 일찍이 없었으니, 하나님, 당신이 원하신다면 나는 윌의 카페하우스에서 일어난 갖가지 유쾌한 사건을 당신과 함께 즐기고 싶습니다. 이 카페하우스는 세상에서 제일 즐거운 곳이랍니다. 말하자면 아프리카와 같은 곳이지요. 이곳엔 매일 괴물이 출현하곤 한답니다."

리차드 새비지는 비극적인 인물을 만들어냈다. 그는 특히 자신의 감동적인 자서전 《사생아》로 세상의 주목을 끌었다. 새비지는 자신의 출생이 수수께끼 같다는 사실로 인해 항상 괴로워했다. 그는 자신이 맥스필드 백작부인과 리바스경 사이에 태어난 사생아라고 믿고 있었다. 그러나 두 사람이 이를 부인했기 때문에 그의 출생의 비밀은 밝혀지지 않았다. 유모에 의해 자라난 그는 신발 가게에서 일하면서 매우 빈곤한 생활을 꾸려나갔다. 사뮤엘 존슨은 "새비지는 고기 냄새를 맡고도 그게 무슨 냄새인 줄 모를 만큼 배를 곯았다"고 쓰고 있다. 그의 친구 한 명이 그를 위해 익명으로 어느 카페하우스에 약간의 옷가지를 맡긴 적이 있었다. 그러나 그는 그것을 악의적인 소행으로 여기곤 그 옷가지가 눈에 띄지 않게 될 때까지 그곳에 발을 들여놓지 않았다. 카페에 빚진 돈이 8파운드가 되던 어느날, 카페 여주인이 그를 고발하는 바람에 그는 저녁 식사 도중 체포당했다. 그는 뉴게이트(런던의 더시티 서문에 있었던 감옥. 1902년에 철거되었다.)로 보내졌으며 그 뒤 그곳에서 기억 상실증에 빠진 끝에 세상을 하직했다.

1700년, 드라이덴의 사망으로 번영 일로를 걷던 윌도 시들어져 갔다. 카페는 그 뒤로도 2, 30년간 존속하였고, 고명한 인사들이 더러 들르기도 했으나, 고작 과거의 좋은 날들만을 회상해 보는 장소에 지나지 않게 되었다. 빚을 짊어지게 된, '현명한 윌'로 불리던 카페 주인 윌리엄 어윈은 채권자들의 등쌀에 화이트프라이어즈로 도망쳐야 했고, 거기서 1695년에 죽었다. 이에 대해 존 데니스[4]는 월터 모일에게 보낸 편지에서 이렇게 말하고 있다.

"당신은 콘월의 강가에서
그 소리를 들은 적이 있는가?
현명한 윌은 이제 이 세상에 없다네."

어윈의 위대한 라이벌 다니엘 바튼도 비참한 상태에서 죽음을 맞았다. 그는 전부터 세인트 폴 교구의 도움으로 생계를 유지했으나, 1719년에 빈민매장에 부쳐졌다. 애디슨의 죽음, 그리고 스틸의 은퇴와 함께 런던의 카페하우스는 점차 그 의의를 잃어갔다. 이들 많은 카페하우스는 완전히 사라지거나 개인적인 클럽으로 변해 갔다. 런던 상업세계에서 특별히 돌봐 준 카페하우스가 가장 오래 존속했다. 예컨대 '에드워드 로이드[5] 카페'가 그것이다. 이곳에서는 특히 상업이나 선박업에 관한 정보가 교환되었고, 뒷날 세계 최대의 보험업 사무소로 성장했다.

오래된 '그레시안'도 한동안 영국왕립학회 사람들의 집합장소로서 높은 명성을 얻고 있었다. 지체가 높고 이름난 사람 중에는 대영 박물

▲ 1763년 스케치로 나타난 런던 롬바드가의 로이드 카페하우스. 이 곳에서는 처음 주 3회로 항해와 보험회사 근무 사원을 위한 신문을 발행했으나 이후 매일 신문을 발행했다.
이 카페하우스에서 오늘날 세계에서 가장 큰 로이드 보험회사가 탄생했다.

관의 창시자였던 한스 슬론과 천문학자 하레이, 월터 모일, 아이작 뉴턴 등이 있었다. 그들은 이른바 '학자 클럽'에 속해 있었는데, 이 클럽에서는 학문적인 강연이 있었다. 슬론은 그 당시 '열매가 되는 이국의 나무'를 정밀하게 검사케 했다. 그리고 어느 여행자 편에 아라비아에서 조그마한 커피나무를 갖고 오는데 성공했다. 사람들은 커피나무를 보고 매우 감탄했다. 언젠가 그들이 밤 집회를 열고 있을 때 테임즈 강에서 잡은 돌고래가 해부되기도 했다. 두 젊은 학자가 어떤 그리스어 발음에 관한 논쟁을 하다가 검으로 결투를 벌였는데, 불행하게도 한 명이 부상을 입어 그 자리에서 죽는 사고가 일어나기도 했다. 나중에 그곳에선 올리버 골드스미스가 법석을 떨곤 했는데, 그의 주위에는 아일랜드와 랭카셔 출신의 법률학도들이 모여 있었다. 때때로 그들은 호이스트(트럼프 게임의 일종)와 플룻 연주를 즐기곤 했다. 골드스미스는 두 가지를 모두 다룰 수 있었다.

골드스미스 시대에 영국인들은 이미 카페하우스의 전통과 결별하고 있었다. 그들은 '파괴적이며 지옥처럼 검은 음료'에 등을 돌리고 보수적인 차와 형제지간의 인연을 맺었다. 이 기호품에 어울리는 멘털리티나 민족의 정신적 실질과의 밀접한 관계에 대해 말하자면, 새시대 인권투사들이 자유의 도가니로서 선택한 곳이 프랑스냐 영국이냐로 의문을 품고 있던 시기에 영국인들이 커피를 마시고 있었다는 것이 특별히 다르다고 할 수는 없겠다.

홍차를 즐기는 영국은 힘이 유지되고 있는 안전한 성채에서 성장했다고 하겠다.

〈원저자 주〉

(1) 워번(Wobum - Abtei)

영국 베트포드 백작령의 교구. 1747년 시토회 수도원이 있던 자리에 축조된 듀크 오브 베트포트성이 있고, 또 워번 수도원이 있다. 이곳에는 유명한 회화 콜렉션이 있다.

(2) 사뮤엘 가스경(Samuel Garth 1660~1719)

케임브리지 대학에서 배우고 1691년 의학학위를 받다. 찰스 4세의 시의가 되고 군의 총감이 되었다. 풍자적 작품으로 일약 유명해졌다.

(3) 월터 모일(Walter Moyle 1692~1721)

정치가, 교사, 휘그당원. 윌 카페의 단골. 루키아노스(그리스의 풍자작가)의 4작품을 번역했는데, 후에 드라이덴 주재로 간행된 〈Life of Lucian〉에 게재되었다.

(4) 존 데니스(John Dennis 1657~1734)

케임브리지에서 배우고 극문학연구에 종사했다. 아디린과 대립했을 뿐 아니라 포프와 스위프트로부터도 심한 비판을 받았다.

(5) 에드워드 로이드(Edward Lloyd)

1696년 자신의 카페하우스의 손님을 위해 주간신문 〈로이드 뉴스〉를 간행했다. 그러나 이 신문은 그의 정치적 태도 때문에 곧 발매금지 되었다. 1716년 그는 〈로이드 리스트〉라는 새 제호로 다시 신문을 냈다. 이 기관지는 특히 해운업에 관한 이익이나 보험업에 큰 역할을 담당했다.

7

앙시앵 레짐 시대

그리스인들이 마살리아라 불렀던 마르세이유는 갈리아와 스페인의 해안지대에 고유의 식민지를 가진 귀족 정체의 번영된 자유국가였다. 그리고 일찍부터 기독교의 호의로 로마 황제의 지배하에서 사교구(司教區)의 지위를 갖고 있었다. 프로방스 승원(僧院)생활의 창시자였던 성 카시아누스는 그 땅에서 420년경에 유명한 대수도원 성 빅토르를 창설했다. 그러나 차례로 모든 권리를 잃게 된 끝에 마침내는 프랑스의 지배하에 병합되었다. 동방으로 트인 지리적 조건으로 인해 옛부터 마르세이유는 레반트 교역(지중해 동부의 연안지방)을 위한 중요한 물자의 집산지였다. 외부 세계와의 밀접한 관계와 활발한 선박왕래, 그리고 외국인의 활동으로 상당한 부와 함께 자유로운 상인 정신도 도시의 벽 속에 스며들었다. 이같은 전제조건 때문에 프

▲ 18세기 파리의 카페하우스 풍경

랑스에서는 도시에 대해 커피를 수입함과 동시에 전파할 수 있는 길이 열리게 되었다.

이미 1650년, 마르세이유의 부유한 상인 장 드 라 로크는 공사로서 콘스탄티노플에서 귀국할 때 많은 양의 커피 샘플을 가져왔다. 차츰 드 라 로크뿐 아니라 그의 사업 동료들도 이 음료에 익숙해졌다. 커피가 떨어질 때쯤 되면 그들은 레반트의 상인들에게 부탁해서 보충시키곤 했다. 1671년, 이 상인들의 서클이 마르세이유의 거래소 인근에 카페하우스를 차렸다. 드 라 로크의 아들이 기록한 바와 같이 그 뒤 상인들과 선원들로 카페가 크게 번창하면서 많은 카페하우스들이 생겨났다. 이들 카페는 모두 거래소 곁에 있었다.

마르세이유에 커피가 수입된 지 약 5년 후, 유명한 동방 여행자 장드 데브노에 의해 최초의 커피 샘플이 파리에 전해지게 되었다. 그러나 그 양이 적어서 이 학자의 아주 가까운 친구들에게도 충분히 나누어줄 순 없었지만, 이 친구들은 커피에 관한 기록의 한 가지를 증명하는 역할은 할 수 있었다. 루이 14세가 1669년에 술탄 모하메드 4세의 전권대사인 터키의 솔리만 아가를 궁정에 맞아들였을 때, 파리 사람들은 커다란 자극을 받게 되었다. 두 정당이 서로 중요시하고 있던 서구의 지배권 획득 계획이라는 프로젝트가 이 대사와 밀접한 관계를 가지고 있었기 때문이다. 기껏 결성된 연합도 정치적 상황 변화로 무너진 반면, 커피는 프랑스와 터키의 구애 관계를 유지케 했다. 솔리만 아가는 전권대사로 부임하면서 동방의 온갖 진기한 물건들 외에 많은 양의 커피콩을 가져왔다. 그는 이 음료 없이는 단 하루도 견디기 힘들어 했다. 그는 궁정의 영향력 있는 사람들의 마음을 사로잡기 위한 수단으로는 이 음료가 안성맞춤이라는 사실을 깨달았다. 그의 우대를 받은 사람들은 마치 보답이라도 하듯 커피 타임이라는 것을 만들고 각기 자기 친구들이나 지인들에게 이같은 새로운 음용 습관을 가르쳐 주었다. 그리하여 이 음용 습관은 먼저 궁정에서부터 확산되었다.

파리 자체는 이러한 새로운 커피숭배국이 되기에는 아직도 갈 길이 멀었다. 아르메니아인 파스칼은 케 드 레콜에 터키 카페하우스를 차렸으나 얼마 지나지 않아 문을 닫아야 했다. 이 장사가 일반적인 수요에 어울리지 않는 것으로 생각되었기 때문이다. 그는 일정 기간 동안만 생제르망의 섣달 대목장에서 커피점을 열었다. 2년 후, 역시 아르메니아인 말리반이 드 부시 거리에 똑같은 카페를 차렸다. 그 뒤 파리에서 레모네이드(레몬즙에 설탕을 넣은 청량음료)와 리큐르(알콜에 설탕과 각종 향료를 넣은 과실주)를 취급하는 카페 조합이 생겨나게 된 것으로 보아 말리반의 시도는 다른 동업자들에게 활기를 불어넣은 듯하다. 그 자신은 훗날 파산처분을 받고 네덜란드의 라이덴으로 잠적했다. 그러나 시대의 흐름과 함께 장소는 많이 바뀌었으나 그와 같은 나라 출신의 그레고와르에 의해 가게는 존속되었다.

프랑스 카페하우스의 창시자로는 피렌체 출신의 프로코프 쿨텔리의 이름을 들 수 있다. 그는 작은 키의 침착한 사람으로 1660년에 이탈리아에서 아이스크림을 발명한 인물이다. 그는 초산 칼륨을 냉각시켜 냉동 레모네이드를 만들었다. 그 뒤 커피나 초콜릿 또는 바닐라와 레몬을 첨가함으로써 세련된 맛의 아이스크림을 만드는 데 성공했다. 1689년, 그는 코메디 프랑세즈 앞에 '카페 프로코프'를 개점했다. 이 가게는 전에는 욕실이 딸린, 남녀 동반으로 투숙하는 여관이었다. 쿨텔리는 그 동안에 사용된 터키풍의 가구 집물 대신 유럽인의 기호에 맞는 시설을 갖추기 위해 자신이 쓰던 거울과 대리석 판자등 가구들을 이용했다. 이 설비는 그 뒤 수세기 동안 여러 가지 시대 양식의 차이와는 별개로 프랑스의 특징으로 남게 되었다.

문학애호가들의 보고로 성장

'카페 프로코프'는 파리 문학애호가들의 보고로 성장했다. 그리고 18세기의 문학 카페 중에서 뛰어난 위치를 차지하게 되었다. 이 명성은 코메디 프랑세즈가 포부르 생제르망의 뤼 드 란시안느 코메디에서 팔래 르와이얄로 옮긴 1770년까지 이어졌다. 문예비평가들은 프랑스 정신사에서 이 카페가 얼마나 중요했는지 강조하고 있다. 볼테르와 루소는 프로코프에서 친교를 맺었으며, 젊은 크레비용과 마르키 드 비에브르도 이 카페의 단골이었다. 또한 마르몬텔, 라모트, 레티프 드 라 브르톤느도 때때로 찾아왔다. 브르톤느는 여기서 현실적인 파리인의 타입을 작품 속에 구현했다. 이때부터 프랑스 대중의 생활이 비평을 받게 되었고, 새로운 연극과 오페라에 관한 의견들이 속출하게 되었다.

프로코프는 가장 세련된 측정기로서 증명되는 성실성의 기준이며 파리의 참된 신문이라는 평가를 받고 있었다. 코메디 프랑세즈가 이

전한 후, 프로코프의 명성은 서서히 희미해져 갔다. 그럼에도 불구하고 그곳에서는 당통이나 마라와 같은 혁명 용사들을 볼 수 있었다. 마라의 집은 바로 곁에 있었다. 그는 그곳에서 샤롯 코르데에게 살해당했다. 그 뒤 프로코프는 앙크로와야블르라든가 메르베이에즈(모두들 18세기 프랑스의 멋쟁이 남자와 멋쟁이 여자), 그리고 혁명정부 시대의 멋쟁이나 유행을 따르는 여성들의 만남의 장소가 되었고, 나중에는 까르티에 라탱의 학생들과 허튼 계집 또는 배우들이 지내는 장소로 변했다. 그러나 프로코프는 1872년에 25명 째로 점주가 바뀐 뒤 마침내 문을 닫게 되었다.

앙시앵 레짐, 즉 구체제 시대 프랑스 궁정에서의 커피 음용에 대해 조사할 때면, 루이 14세의 동생인 오를레앙 필립 1세와 결혼한 엘리자베드 샬로테[1]가 쓴 편지들이 풍부한 자료를 제공해 준다. 역사가 랑케가 '배타적인 독일인 기질'을 지닌 여성이라 칭한 이 팔쯔 선제후의 딸은 베르사이유 궁정의 분위기에 전혀 호감을 갖지 않았다. 그녀의 백모가 되는 하노바 선제후(選帝侯) 부인 소피, 그리고 팔쯔의 백작부인이자 이부(異父) 자매 사이인 루이제와의 왕복 서한에는 프랑스 궁정을 둘러싼 노골적인 묘사 등 그 시대의 구조에 대한 흥미로운 통찰이 담겨 있다.

그 프랑스적 환경에도 불구하고 모든 국민적인 것에 대해 갖고 있는 그녀의 편견은 거의 감동적이기까지 했다. "성실하고도 정직한 독일인은 어떤 영국인보다도 뛰어납니다. 독일은 독일을 아는 사람들의 찬탄을 받고 있는 가장 훌륭한 나라입니다. 독일인은 누구보다도 존경받고 있으며 누구보다도 잘 교육되고 있습니다. 금전욕이 없다는 점에서는 프랑스인이나 영국인은 따라가지도 못합니다. 웬만한 독일인의 혈통은 프랑스 왕의 혈통보다 더 뛰어납니다. 독일인은 사악함이나 방탕함 등과는 거리가 멉니다. 왜냐하면 독일인은 그처럼 사악한 인간이 되기 위해 태어난 것이 아니기 때문입니다." 단순히 사람들만이 아니라 독일의 것, 특히 팔쯔의 것은 무엇이든 좋은 것들이었다. 공기도 좋고 과일도 좋다, 의상은 물론이거니와 특히 독일 요리는 맛있고 훌륭하다… 제법 나이가 들어서도 그녀는 구운 소시지가 따라나오는 브로콜리, 또는 베이컨이 딸린 브로콜리 샐러드를 잘 먹었다. 커피 음용 습관에 대해서는 찬성하지 않았다. "여기서는 많은 사람들이 차를 마시거나 커피를 마시고 있습니다. 하지만 나는 그런 것을 마시고 싶은 생각이 나지 않습니다. 건강에 나쁜 것임을 알고 있기 때문입니다."

그녀는 또 이렇게도 말하고 있다. "나의 생활에는 차도, 커피도, 초콜릿도 필요가 없습니다. 이런 미지의 음료에 나는 익숙해지지 않았습니다." 이 음용의 습관이 확산될수록 그녀는 더욱 불쾌해졌다. "차는 마소에 주는 여물 같기만 합니다. 커피는 마치 검댕이 같고 초콜릿은 너무 달아 싫습니다. 그러니 이런 것들 때문에 괴로워하고 싶지가 않은 것입니다." 친척들이 커피를 마시기 시작했다는 것을 알게 되자, 그녀는 그 습관을 버리게 하려고 애썼다. "우리 백모님이 차도 마시고 초콜릿도 드시곤 하는데, 고약한 커피에만 물들지 않는다면 차 같은 건 금방 끊을 수 있을 겁니다. 그런 음료는 혈통을 타락시킵니다."

그녀는 자매인 루이제에게도 이렇게 경고하고 있다. "사랑하는 루이제, 네가 커피를 마시게 되었다는 걸 알고 얼마나 걱정이 되는지 모르겠구나. 이 세상에서 커피만큼 몸에 해로운 것도 없단다. 이곳에서도 나는 그런 사람을 매일 보고 있어. 그들은 커피를 마시지 말아야 해. 그렇게 마시다간 곧 병에 걸리고 말테니까. 크리스티안 폰 비르캔펠트 후작의 딸도 커피를 마시던 끝에 죽고 말았어. 죽은 그녀의 위 속에 커피가 남아 있는 것이 밝혀졌거든. 커피는 여러 가지 질병의 근원이 된단다." 그러나 그뒤 그녀도 의사의 지시에 따라 약으로 이 음료를 마셔야 했다. 커피가 그녀의 건강을 위해 좋은 것이었음에도 불구하고 그녀는 커피 맛을 달갑게 생각할 수 없었다. "나는 매일 커피를 한 잔씩 마시고 있습니다. 병을 쫓아내고 살이 찌는 것을 막기 위해서죠. 하지만 그 맛은 도저히 좋아할 수가 없군요."

낡고 소박한 습관이 새로운 기호나 유행의 방향과 만나 빚어지는 충돌이 뛰어나게도 자기 중심적인 개성 속에서 전통적인 것을 수호하는 자를 날카롭게 부각시키고 있다. 그녀는 커피에 대한 비난과 똑같은 방식으로 도박이나 끽연, 그리고 동시대 사람들이 받아들이기 시작한 여러 가지 즐거움까지 함께 공격했다. 그리고 그녀는 그런 상황 속에서 시대가 쇠미해지는 것으로만 느끼고 있었다. 커피와 라신(프랑스 고전주의의 대표적 극작가)에 대해 양자는 모두 일시적인 현상이라고 주장했다는 유명한 세비네 후작과 마찬가지로, 그녀 역시 착각하고 있었다. Tempora mutantur et nos mutamor in illis.(시대는 변하고, 우리도 시대와 함께 변한다.)

커피, 특히 커피를 따라주는 새로운 사교장의 외적인 생활형태라든가, 그에 따라 시민의 습관이 승화되는 것을 어느 누가 부정할 수 있겠는가. 카페하우스가 증가함에 따라 술집이나 목로 주점에서의 사교생활은 점차 사라지는 추세였다. 그에 따라 왕정 복고 시대라든가, 30년 전쟁 시대에 보여 주었던 저급하고 상스러운 연회 따위도 자취를 감추어 버렸다.

카페하우스는 많은 정신적 자극을 전파했을 뿐 아니라 갖가지 이질적인 관심사를 갖게 하는 매체 구실도 했다. 그곳에서 사람들은 장기를 즐기거나, 신문을 읽거나, 정담을 나누거나, 문학 서클과 친교를 맺거나, 비평하거나, 진기한 얘기를 듣거나, 영국의 생활습관을 배우고 있는 외국인들의 이야기에 귀기울일 수 있었다. 그리하여 사람들은 제각기 일상생활에서 해방될 수 있는 공간을 만들어내고 있었다.

커피는 행복한 생활의 혁명

역사가인 쥴 미슐레[2]는 프랑스에 커피가 건너간 것은 행복한 혁명이며 새로운 생활형태를 가져오게 하는 등, 18세기의 빛나는 정신 각성에 중요한 공헌을 했다고 기록하고 있다. 그는 저서 《프랑스사》에서 다음과 같이 말하고 있다.

"모든 약국에서 커피가 판매되고, 카운터에서 커피를 따라주는 나라를 상상해 보라. 수도원마저도 돈벌이가 되는 이 장사에 한몫 끼어 문지기 여자가 예비수녀와 함께 커피를 한 잔 서비스하고 있는 고아원을 상상해 보라. 프랑스에서는 오늘날처럼 사람들이 희희낙락하며 대화를 주고받은 적이 없다. 그러나 당시의 대화나 레토릭(수사, 수사학)은 1789년에 비해 빈곤한 것이었다. 루소는 아직 태어나기 전이었고, 사람들은 인용할 만한 명문구를 모르고 있었다. 정신적 풍요는 각기 자신들이 창출해 내야 했다. 이같은 빛나는 정신적 풍요가 위대한 새로운 습관을 만들어내어 사람들의 기질마저도 변형시키는 것은 의심할 여지가 없는 일이었다. 이는 커피 출현에 따른 결과라 하겠다. 커피의 영향은 이루 헤아릴 수 조차 없다. 그것은 코담배 냄새로 약화되거나 중화되지는 않았기 때문이다, 코담배는 선호했지만, 끽연은 거의 없었다. 요리집, 즉 루이 14세 당시 방종한 남녀들이 나무통 사이에서 왈츠를 추며 놀기도 한 목로 주점은 권위를 잃게 되었

▲ 1789년 카페 '카보'의 그림이 당시의 출판물에 그려져 있다.

다. 밤마다 시끄러웠던 노래소리가 거의 들리지 않게 되었고, 도랑 속에서 술에 곯아 떨어져 자던 신사도 볼 수 없게 되었다."

미슐레는 대담한 상상력으로 프랑스에서의 커피 시대를 세 가지로 구분하고 있다. 첫째는 아라비아 커피를 마시던 시대였다. 이 시대에는 미모의 귀부인들이 깨끗한 컵에서 풍기는 좋은 냄새를 맡으면서 터키의 궁전이나 술탄의 이발사, 또는 아라비안나이트에 관한 것을 몽상하곤 했다. 그녀들은 따분하기만 한 베르사이유를 애써 동양의 낙원과 비교해 보려 했다. 뒤이어 부르봉 섬의 화산지대에서 서민적인 값싼 커피가 나돌기 시작했다. 커피는 섭정정치와 새로운 정신을 폭발시켰다. 그 뒤 커피는 가브리엘 드 클류[3]에 의해 마르티니크에 이식되어 풍부한 열매와 수확을 가져오게 되었다.[4]

루이 14세의 통치 초기, 파리의 카페하우스 수는 3백80여군데였다. '매트르 디스틸라테르'로 불린 점주들은 조합을 결성했고, 그들

회원을 위해 국가는 보상을 고려했다. 목로 주점에서도 그랬지만, 일반 가정과 궁정의 사교계에서도 차츰 커피를 존중하는 풍조가 일어났다. 루이 14세 자신이 이 음료의 정열적인 숭배자였는데, 그는 자신이 재배한 콩으로 이 음료를 만들곤 했다. 그는 관련 도구까지 갖추고 있었다. 예컨대, 궁정의 보석 세공인 듀보를 시켜 만들게 한 황금 식기류, 알콜 정제기, 그리고 금도금이 된 작은 화로 등이었다. 정원사인 르나르망은 식물원(현재의 비닐하우스같은 것)에서 항상 약간의 커피나무를 키워야 했다. 그리고 황제가 직접 그 열매를 달인 것이다. 그는 귀한 손님들에게 이 커피를 음료로서 대접했다. 마담 듀바리는 이럴 때 커피를 마시고 있는 술탄 황후의 포즈를 취하면서 화가에게 초상을 그리게 했다.

앙시앵 레짐 시대의 사교장

혁명 전의 파리의 카페하우스를 자세히 관찰하면 시민사회에 의해 형성된 독특한 개성을 엿볼 수 있다. 귀족계급은 주로 살롱에 모였다. 그들은 월요일과 수요일에는 마담 조프랑의 집에 초대되었고, 화요일에는 엘베티우스의 집에, 목요일과 일요일에는 홀바하 남작댁, 그리고 금요일에는 뤼 드 클레리에 있는 호텔 르블랑, 볼테르에 의해 '아름다운 이파티아'로 불린 마담 네카의 집에 초대되는 식이었다. 이들 사교인들은 의식적으로 시대의 풍조를 기피하고 있었으나, 그들 상당수는 카페하우스 출입을 싫어하지 않았다.

앙시앵 레짐 시대에 많은 사람들이 모여들어 사교장이 된 카페로는 '카페 카보'가 있었다. 카페 카보의 정원 아케이드 앞에는 크고 설비도 잘 된 텐트가 있었다. 여기서는 1백 명 이상의 사람들이 앉을 수 있는 자리가 제공되었다. 카보에는 글룩라든가, 니콜라 피치니,

앙드레 그레트리, 그리고 피리도르란 이름의 장기 명수로서 반세기에 걸쳐 세계적으로 유명했던 오페라 작곡가 프랑스와 앙드레 다니캉이 출입하고 있었다. 미식가들은 '카페 쿠지네' 나 '카페 하디' 가 단골이었다. '카페 샤르트르' 에는 독일인이나 영국인을 위한 신문이 비치되어 있었다. 작가들은 '카페 파르나스' 나 '카페 부레트' 에 모였다. 배우들은 '카페 앙글레' 에 모였고, 음악애호가들은 '카페 데자르' 에 모였다. 이들 카페하우스에는 각기 특징과 개성이 있었다. '카페 데자베글레' 에서는 맹인으로 구성된 오케스트라가 연주를 맡았고, '카페 메카니크' 에서는 프리드리히 대왕이 식탁을 놓는 방식(대왕과의 친밀 정도에 따라 대왕 곁에 자리가 마련된다)에 따라 테이블을 배치했다. 손님은 메카폰을 통해 주방에 주문했고, 주문한 요리가 지하 조리장에서 올라오면 손님은 테이블 한쪽에 장치돼 있는 덮개 구멍에서 주문한 것을 끄집어내는 것이다.

맹인으로 구성된 악단 연주

카페하우스에서 지불되는 대금은 그 시대의 일반적인 생활기준에 상응하는 싼 값이었다. 리큐르 한 잔, 또는 물병에 든 레모네이드는 6수였고, 커피 한 잔도 같은 값이었다. 고급 카페하우스에는 커다란 방이 있었다. 의자나 타불렛(의자 등이 없는 낮은 의자)에는 빌로드나 명주천이 씌워져 있었고, 그밖에 대리석 테이블, 샹들리에, 그리고 깨끗이 닦여진 거울이 있었다. 사람들은 장기나 도미노, 트릭트랙(주사위 놀이의 일종)을 즐겼다. 품위가 없는 카페에서는 도박이 성행했다. 급사들은 잘 훈련되어 있어 손님이 계산을 잊고 그냥 나가더라도 손님의 뒤를 쫓아가거나 하지는 않았다. 다만 그 손님이 나중에 또다시 계산하는 것을 잊거나 할 때면, 급사는 그 사람에게 두 번 다시 서비스하지 않았다. 카페의 창조적 정신에 의심을 품고 있는 사람은 마담 부레트 퀴레의 예가 의심을 풀어줄 것이다. 그녀는 뤼 크로와 데 프티 샹에서 카페하우스를 경영하고 있던 레니에라는 사람과 결혼했다. 그가 죽은 후 그녀가 영업을 맡아서 했고, 다른 사람과 재혼한 후에도 40년간 카페를 관리했다.

마담 샬롯은 몽마르트르의 카페하우스에서 문학가들만 단골로 삼았을 뿐 아니라 그녀 자신도 시와 소설 창작에 전념했다. 그녀는 《뮤즈 리모나디에르》(카페점주라는 뜻)라는 타이틀로 1755년에 2권의 책을 간행했다. 이 책은 주로 프리드리히 대왕을 칭송하는 내용을 담고 있었다. 그녀의 말에 따르면, 창작을 할 때 그녀는 거의 몰아지경에 빠졌다. 이윽고 그녀는 자신이 많은 고귀한 인물들의 칭찬을 받고 있다는 사실을 알게 되었다. 프리드리히 대왕은 그녀에게 금으로 만든 담배케이스를 선물로 보냈다. 볼테르는 그녀에게 값진 물주전자를 선사했다. 《죽은 자와의 대화》의 저자 폰트넬은 그녀의 시를 읽고 감명을 받아 그녀에게 자신의 전집을 양도하기까지 했다. 그녀에게 호의를 보이지 않았던 재기 발랄한 폰 그림 남작은 '시 같지도 않은 시를 쓰고 있는 커피 점주'라고 빈정거렸다. 그나마 괜찮은 작품 두세 권도 그녀가 쓴 것이 아니라고 혹평했다.

체스(서양 장기)의 명수들이 자주 모인 곳은 팔래 르와이얄 광장 근처에 있던 '카페 드 라 레정스'였다. 그곳에는 볼테르, 루소, 리슐류 공작, 폰 작센 원수, 프랭클린, 샹포르, 그림, 마르몬텔, 갈리아니 등이 출입했다. 그곳에서 필리도르는 스승인 레갈에게 승리함으로써 체스의 새시대를 열었다. 필리도르의 테이블에는 언제나 많은 구경꾼들이 모여 있었다. 그가 대담하게 수를 쓸 때는 긴장감이 감돌았다. 루소는 1루크의 핸디캡을 극복하기 위해 그에게 집요하게 도전했다. 그는 공명심에 사로잡혀 체스 책에 있는 정석을 암기하느라 몇 달을 보냈다. 3개월 후, 다시 레정스를 찾았을 때, 그는 과로로 피부가 노래지고 몸도 바싹 말라 있었다. 그러나 아무리 도전해본들 이길 수가 없자, 그는 의기소침한 상태로 두 손을 들었다. 볼테르도 체스 게임에서는 도저히 승리할 수가 없었다.

로베스피에르도 그뒤 권력을 장악하고 있던 시기에 레정스에서 어떤 젊은이와 몇 차례 승부했지만 한 번도 이긴 적이 없었다고 말하고 있다. 그때 그는 젊은이에게 판돈은 어떻게 걸겠느냐고 물어보았다. 그런데 알고 보니 젊은이는 남자로 변장한 여자였으며, 그녀는 자기 연인이 감옥에 갇혀 있는데 자기가 이기면 연인을 석방시켜 달라고 말했다. 그뒤 그 연인은 석방되었다.

필리도르의 경우, 로베스피에르와의 인연이 그리 향기롭지만은 않았다. 때때로 로베스피에르가 보여준 어두운 시선이 거장에게 최악의 미래를 예감하게 했다. 필리도르는 이내 야음을 틈타 도망, 런던으로 탈주했다. 그는 런던에서 죽을 때까지 망명생활을 계속했다.

당시의 커피 판로를 추적해보면 주목할 만한 사실을 알 수 있다. 원료는 18세기 초까지는 주로 바스라, 다마스커스, 알레포, 그리고 이스탄불을 거쳐 유럽에 도착했다. 서양에서 커피나무를 촉성재배실에 이식하고, 또 자국의 식민지에 이 식물을 이식하여 이익을 얻을 수 있다는 사실을 안 것은 네덜란드인이 처음이었다. 이같은 제안은 당시의 유명한 암스테르담 시장이었던 니콜라스 위트센에 의해 이루어졌다. 그의 지시로 1710년경에 커피나무가 최초로 자바에 식수되었다는 것이다. 그 뒤 프랑스의 해군사관 가브리엘 드 클류가 커피 나무를 마르티니크로 가져왔다. 그리고 큐바, 브라질, 중부 아메리카, 서인도 제도, 실론, 수마트라로 가져가게 되었다. 유럽에서의 수요 증대와 함께 반세기 동안에 경지 확대와 더불어 생산지역도 크게 늘어났다.

〈원저자 주〉

(1) 엘리자베스 샬롯테(Elisabeth Charlotte 1652~1722)

선제후 칼 루드비히의 딸로 1671년 루이 14세의 동생 오를레앙 필립 1세와 결혼, 오를레앙 공작부인이 되었다. 프랑스 궁정을 둘러싼 노골적 묘사를 포함한 흥미깊은 편지가 네덜란드에서 7권으로 출판되었다.

(2) 쥴 미슐레(Jules Michelet 1798~1874)

에콜 · 노르말의 교사를 거쳐 제국문서관 과장이 되다. 1838년이래 콜레쥬 · 드 · 프랑스의 교수. 1851년 민주주의자로서 정치활동을 했다는 이유로 실직. 주요 저서는 「프랑스사」 「프랑스 혁명사」가 있다. 그의 묘사는 예술적으로 활기에 찬 스타일이 특징.

(3) 가브리엘 · 드 · 클류(Gabriel de Clieu 1686~1774)

젊은 시절 해군에 입대. 커피재배 때문에 유명해졌다.

(4) 〈라네 · 리테레르〉의 편집부 앞으로 보낸 편지에서 클류는 다음과 같이 쓰고 있다.

「나는 1720년에 마르티니크 보병부대 대위였다. 나는 40년간 이 섬에서 커피를 자생시키는 시험재배를 했으나 거의 성과를 거두지 못했다.

그러나 나는 좌절하지 않았고, 왕실의 정원에서 이 식물을 얻어내기 위해 새로운 시도를 시작했다. 이 델리키트한 식물 때문에 나에게 긴 세월의 항해를 시킨 저 미치광이들과 질투와 시기에 가득찬 인간들의 손으로부터 이 식물을 지키기 위한 노력에 대해 더 이상 자세히 기술할 필요는 없겠다.

이들 인간들은 내가 조국에 공헌하는 것을 허락하지 않았으며, 다만 커피나무 한가지만 끊어 주었을 뿐이다. 나를 실어다주는 배에서는 물이 대단히 귀중한 것이어서 승선자에게 각각 조금씩 밖에 나누어 주지 않았다. 나는 물을 아끼고 아껴 나의 사랑하는 식물에게 뿌려주었다. 마르티니크에 하선한 다음 나는 애지중지한 이 식물을 자라기가 알맞은 땅에 심었다. 이 식물은 드디어 내가 체험한 위험 덕분으로 이제 값비싼 귀물이 되었다. 18개월 내지 20개월 후에 풍요로운 수확을 할 수 있게 된 것이다. 이 열매는 그 값어치를 잘 알고 있는 신심깊은 여러 주민들에게 골고루 나누어 주었다. 이 나무는 여기저기서 증식되었다. 마르티니크에서 커피재배가 급속히 확대된 것은 예외없이 카카오 나무가 병균에 엄습된 때문이었다. 섬은 예전에는 카카오 나무로 파랗게 덮여있었으나, 이제는 3년 안에 커피 나무로 덮어 버릴것 같다. 커피는 섬 주민의 4분의 1에 부를 가져다 주는 원천이 되었다.」

8

혁명 시대의 카페하우스

1788년, 루이 14세가 마침내 국민의회 소집을 선언했을 때, 프랑스 국민들은 믿을 수 없는 기쁨으로 흥분에 빠졌다. 왜냐하면 이 의회야말로 국가를 위협하는 파산을 피하고 약체화된 정부의 헌법을 쇄신할 수 있는 수단이었기 때문이다. 국민의회에 대한 국민의 기대는 매우 뿌리 깊은 것이었다. 선거 규정에 따르면, 의원은 민중에 의해 직접 선출되는 것이 아니라 예비선거 선거권자에 의해 선출되었다. 예비선거에는 일정한 범위 내의 사람들만 허용되었다. 자격요건은 자기 주거가 있고 연간 7프랑 이상의 세금을 내고 있으며, 관직명이 확실한 지위 등을 갖고 있어야 했다. 경제적 상황이 좋지 않은, 즉 재산이 없는 계층의 사람들에게는 선거 결과에 대한 영향은 거의 없었다.

▲ 1789년 프랑스 혁명 초기 카페 '포와'에 작가를 비롯한 지식인들이 모여 토론하는 모습.
정치인 아베(왼쪽)는 『제 3의 위치』란 저서로 명성이 있었다.

 프랑스의 곤궁은 그 동안 계속된 흉작으로 말미암아 파국적인 상황으로 치달았다. 여름은 건조하기 이를 데 없었고, 겨울엔 일찍이 체험한 적 없는 혹한이 계속되었다. 두 달 동안 국토는 눈과 얼음으로 뒤덮여 있었고, 굶주림과 질병마저 엄습했다. 이런 추위는 파리의 모든 건축활동을 중단시켰다. 봄이면 부활되리라는 희망은 헛된 바램이었다. 급격히 확산된 위기 앞에서 기업가들이 새로운 투자를 삼가게 되었기 때문이다. 대부분의 기업에서는 실업사태가 발생했다. 공업과 수공업은 경제 정체 속에서 판로를 잃고 조업을 중단했다. 증대하는 위기는 특히 마른과 세느강의 회조업(回漕業:배에 의한 운송)에 타격을 주었다. 일거리를 찾는 노동자들이 하역 등으로 얼마 안 되는 돈을 벌어 가족들의 입에 풀칠을 해주려고 매일 부둣가로 나갔다. 결과적으로 이런 여러 가지 원인들이 얽혀 민중들을 선동하는 꼴이 되었다. 이같은 사회적 혼란은 마침내 서민들의 모든 생활 영역에까지 미치게 되었다. 이런 상황하에서 지난날 정치와는 거리가 멀었던, 양호한 경제적 조건하에서 평안을 누리며 살아왔던 주민들마저 혁명에 참여하게 되었다.

1789년, 파리에는 교외를 포함, 약 60여만 명의 주민들이 살고 있었다. 이들 주민들 중에는 많은 프롤레타리아 지식인들이 있었다. 그들은 경제적 불황으로 압박을 받아 지방에서 쫓겨 나온 것이나 다름 없었다. 왜냐하면 그 고장에서는 생계를 꾸려나갈 수 있는 아무런 가능성도 찾아볼 수 없기 때문이었다. 대부분 일거리를 잃은 변호사나 의사, 예술가, 작가, 그리고 학생들이었다. 그들은 주로 다락방 등에서 지내고 있었는데, 할 일이 없다 보니 오직 혁명의 필요성만 절감하게 되었다. 그들 중 몇 사람은 언변이 좋았다. 그리하여 그들은 매일 배부되는 선동 삐라(대중에게 행동을 촉구하는 격문)를 사람들 앞에서 풀이해 주었을 뿐 아니라 이같은 해석에 대해 나름대로 자신들의 정치적 견해를 피력하기도 했다. 도로 등이 오물 투성이에다 협소했으므로, 집회 장소로는 광장이 이용되었다.

그중에서도 특히 논쟁하기 위한 무대로서 뜰이 딸린 카페가 많은 팔래 르와이얄이 이용되었다. 커다란 건물들로 둘러싸인 뜰에서는 매일 이른 아침부터 늦은 밤까지 인민집회가 열리는 등 이른바 계몽 논쟁이 활발히 실시되었다. 변호사이기도 한 혁명가 카뮈 데물랭은 부친에게 보내는 편지에 이렇게 쓰고 있다. "……팔래 르와이얄에는 밤마다 깨진 종 같은 소리를 내는 사람들이 모여듭니다. 그들이 테이블 위에 올라서면, 사람들이 모여들어 그들의 이야기에 귀를 기울이죠. 그들은 그날 인쇄된 사건 중 가장 강렬한 내용을 사람들 앞에서 낭독합니다. 사람들은 숨죽이며 듣고 있다가 연설자가 힘을 주며 말하는 대목에 이르면 브라보! 하고 환성을 지르곤 합니다. 애국자들이 외칩니다. 지성이 있고, 직업 훈련도 잘 받았던 사나이가 환성을 지르며 인부의 어깨 위에 무등을 타고 반나절에 무려 20번은 정원의 주변을 돌곤 한답니다. 함성들이 더욱 커집니다. 이건 프랑스 인민의 결의다! 폴리냑을 파리에서 백마일 밖으로 추방하라! 콩테를 추방하라! 다르트와도 추방하라! 여왕도 추방하라! 더 이상 아버님께 말씀 드릴 수가 없을 것 같습니다."

혁명의 역사에 중요한 역할

많은 카페하우스들은 프랑스 혁명사에 남을 중요한 역할을 부여받았다. 무엇보다도 이들 카페하우스는 산책자들에게 큰 도움이 되었다. 커피 타임이 되면 그들은 이들 가게 뜰에서 산보의 피로를 풀었다. 저녁이 되면 유복한 파리 시민이 카페를 찾아와 한데 어울렸다. 선거와 베르사이유 '살르 데 뮤뉴'에서의 장엄한 국왕의회가 끝난 후부터는 이 카페 사교계에 수상한 자가 끼어들었다. 그들은 여러 그룹을 만들었고, 이들 그룹에서는 특히 지배계급의 정세에 불만을 품은 일당이 연설하고 있었다. 무엇이든 새로운 것을 알려고 드는 건달이나 불량배들은 그곳에서 세상이 흘러가는 여론을 알게 되었다.

당시의 파리에서 신문은 아직 보기 드문 것이었다. 무미건조한 '가제트 드 프랑스'와 '주르날 드 파리'가 있었을 뿐이다. 이들 신문은 관공서의 통지문에다 재미도 없는 사회면 기사, 문화면 기사 등과 함께 흥미를 끌지 못하는 기사로 채워져 있었다. 대부분의 시민들은 이들 신문에서 유익한 정보를 얻어내지 못했다. 신문을 읽지 못했기 때문이다. 이런 계층의 사람들을 위해 연설자는 일상적으로 일어나는 일을 전해주는 매개자이자, 기사 내용을 보충 설명해 주는 해설자, 그리고 시대 조류의 산증인으로서 기능했다.

리슐류와 마자랭에 의해 만들어지고 후에 필립 에갈리테에 의해 다시 고쳐진 팔레 르와이얄의 오를레앙의 단골 자리에는 매일 많은 게으름뱅이들이 모여들었다. 30여 도박장, 그리고 많은 매춘굴과 함께 여섯 채의 카페하우스가 여인숙으로서의 기능도 하고 있었다. 이 여섯 채의 카페하우스는 오를레앙 공이 1780년 이래 부실한 재정상태를 회복시키기 위해 여러 점주에게 세를 준 것들이었다.

그중에서 '카페 드 포와'는 매우 중요한 위치를 차지하고 있었다. 이 가게는 7개의 아케이드를 가지고 있었고, 주된 고객은 관리와 상인, 군인, 그리고 학자였다. 후에 이곳은 혁명적 지식인, 특히 왕권이 붕괴될 때 프랑스 정신이 회생될 것을 확신하고 있던 급진파 지식인들의 집합장소가 되었다. 일반 고객들로서는 이 혁명의 왕궁에 친숙해지기가 어려웠다. 왜냐하면 혁명을 표방한 배우들이 자신들의 정치적 입지 강화를 위해 노상 치고 받는 모습을 보였기 때문이다. 연설자 중에 마르키 드 생튀뤼그는 영락한 귀족으로서 영국에서 재산을 탕진하고 프랑스로 돌아온 사람이었다. 또 작가인 엘리체 루스탈로와 카뮈 데물랭도 있었다. 루스탈로는 급진파인 자코뱅 당원이었고, 부유한 서점경영자 루이 프뤼돔과 공동으로 설립한 주간지 《레볼류시옹 드 파리》에 자신이 쓴 기사를 낭독했다. 그는 위대한 신념의 소유자로서 언제나 기지에 찬 표현을 구사해서 자기 견해를 밝혔다. 그러나 사람들은 카뮈 데물랭의 박력있는 정념에 의해 더욱 크게 자극받았다. 그가 말하고 있을 때는 파리에 위험이 다가오고 있었다. 혁명 기간에 많은 우여곡절을 겪었고, 뒷날 당통과 함께 처형된 피카르디 출신의 이 젊은 변호사는 데마고기(민중을 선동하기 위한 정치적인 선전)와 신선한 선동술의 거장이었다. 그는 전세계와 자기 자신을 잔인한 체제의 희생자로 보고 있었다. 그는 이렇게 기록하고 있다. "나는 이 나라의 자유를 위해 죽을 각오를 하고 있다. 이러한 각오가 사람들을 격려하게 될 것이다. 풍부한 사냥감은 결코 승리자를 기다리고 있는 것이 아니다. 4만의 궁전, 호텔, 성, 그리고 프랑스의 5분의 2에 해당하는 재산을 배분하라! 우리의 정복자라고 큰 소리치고 있는 자들이야말로 정복될 것이다. 국가는 정화되고, 서민보다 더 그 번영을 향수하는 사악한 부르조와 이방인들은 근절될 것이다."

▲ 변호사 출신의 혁명가 카뮈 데뮬랭이 '카페 드 포아' 에서 파리 시민들에게 '무기를 들고 일어나라'고 열변을 토하는 그림(J·N·지거의 스케치)

1789년 7월 12일, 이날은 일요일이었다. 재무장관 네카의 해임이 공표된 후, 데뮬랭은 '카페 드 포아' 앞에서 파리 시민에게 무기를 들라고 호소했다. 이에 호응하여 거대한 데모 대열이 네카의 흉상을 쳐들고 팔레 르와이얄에서 파리 시내로 진입했다. 근위연대는 루이14세 광장으로 후퇴하였고, 봉기한 민중들과 교전해서는 안된다는 명령을 받고 있었다. 폭도들은 이런 사실을 모르고 연대가 허약해서 교전을 기피하는 것으로 알고 욕지거리를 하거나 투석하거나 피스톨을 쏴대면서 공격을 시도했다. 근위연대의 사령관은 성실하고 또한 모든 도발행위에 반대하는 브잔발 남작이었다. 그는 자신이 도무지 어떻게 해 볼 도리가 없는 난감한 처지에 놓이게 된 것을 알았다. "시시각각 증대하는 무질서로 말미암아 나는 너무나도 곤혹스러웠다."라고 그는 기록하고 있다. "어떻게 해야 되는 것일까. 파리에 병사들을 진입시키면 내란에 불을 붙이게 될 것임에 틀림없다. 그렇게 되면 어느 쪽이든 간에 피를 흘리게 되고 이는 또한 공적인 질서 유지에 아무런 이익도 되지 않는다. 사람들은 내 눈 앞에서 연대를 공격했다. 나는 그들로부터 경고를 받았다. 베르사이유는 내가 어떤 처지에 놓여있는지 잊고 있었다. 그리고 30여만 명이 일으킨 반란을 반동으로 보고, 혁명을 폭동으로 간주하려 했다. 이런 모든 상황을 고려할 때 나는 연대를 철수케 한 후 파리를 이들에게 넘겨주는 게 상책이라고 생각하게 되었다. 그때가 새벽 한 시였다."

'용감한 파리 시민들이여, 일어나라'

7월 14일, 바스티유 감옥이 무너졌다. 이날 파리는 전세계적으로 급작스레 유명해졌다. 그것은 그레이브 광장에 있는 가로등 때문이었다. 흥분한 군중들이 포로가 된 근위연대 포병 두 명을 묶어 교수형에 처한 것이다. 이 가로등은 루이 13세의 흉상이 자리하고 있어서 '왕의 길모퉁이 가게'라는 이름으로 불린 집 앞에 세워져 있었다. 데물랭은 이 가로등에 대해 《디스쿠르 드 라 랑테른 오 파리지앵》에서 이렇게 기록하고 있다. "용감한 파리 시민들이여, 내 어찌 그대들에게 감사의 말을 전하지 않을 수 있겠는가? 그대들은 나로 하여금 여러 가로등 밑에 내 이름을 거룩하게 내세울 수 있게 해주었다. 여기서 디오게네스(고대 그리스 철학자)와 나를 비교해 보건대, 디오게네스의 가로등이란 과연 무엇이었던가? 그는 오직 한 사람의 인간을 찾았고, 나는 그대들 2만 명을 발견하였다. 나의 이웃인 루이 13세와의 위대한 투쟁에서 나는 그에게 내가 '정의의 인간'이란 이름을 얻게 되었다는 것을 고백케 한 것이다… 즉 나는 가로등의 여왕이다."

7월 14일 밤 이후 '팔레 르와이얄'의 카페 뜰에서 항구적인 인민 재판이 벌어졌다. 이 인민재판의 판결에 따라 파리 시장 플레셀이 최초로 처형되었다. 마찬가지의 포고가 아르토아 백작, 브로글리 원수 브잔발 남작, 조셉 풀론 등을 비롯한 여러 사람들에게도 내려졌다. 열거된 사람들의 목을 '카페 카보'에 가져온 사람에게는 상금이 주어졌다. 이 인민재판에서 가장 끔찍하게 당한 희생자 중 한 사람은 추밀원 고문관 풀론이었다. 그는 폰텐느블로에서 스파이에게 잡혔다. 그가 빈민을 위해 6만 프랑을 기부한 것이 증명되었음에도 불구하고, 폭도들은 그에게 "프랑스인은 말보다도 못하며, 먹을 것이 없으면 말의 여물까지도 먹어치운다"라는 말을 억지로 하게 했다. 7월 22일, 74세의 이 노인은 머리에 여물이 얹혀지고 목에는 엉겅퀴 목걸이, 입 안엔 여물이 쳐넣어진 채 파리로 끌려왔다. 시청 앞에서 베일리와 라파이에트가 법에 따라 그를 다루자고 요청했으나, 폭도들은 "놈을 교수형에 처하라"라고 외쳐댔다. 그는 그레이브 광장에 있는 가로등 쪽으로 끌려왔다. 그리고 교수형에 처해지면서 밧줄이 단단히 고정돼 있지 않은 바람에 두 번씩이나 포장도로 위에 떨어졌다. 잠시 후 그의 목은 장창에 찔린 뒤, 이 거리 저 거리로 끌려다녔다. 파리 지방총감의 사위인 풀론도 인민재판 끝에 팔레 르와이얄에서 비참하게 목숨을 잃었다. 1789년 8월말, 국민의회가 헌법과 국왕의 거부권 문제에 관한 심의를 채택했을 때, 다시금 팔레 르와이얄의 카페 뜰은 궁정에 상정할 결의안을 논의하는 장소가 되었다. 8월 30일, 흥분한 군중이 생튀뤼그의 선동에 따라 '카페 드 포아'에서 국민의회를 향해 데모 행진을 했다. 새로운 시당국은 이같은 정보를 재빨리 입수, 국민군에게 모든 출입구를 봉쇄케 했다. 루스탈로와 데뮬랭은 이에 대항해 무기를 들고 봉기하라고 촉구했다. 국민군의 신사령관인 라파이에트 후작이 몇몇 봉기자들을 체포한 후 무장한 병사들을 카페 드 포아 안으로 들여보냈고, 그 결과 카페 안에서는 피비린내 나는 살육전이 벌어졌다. 군중들은 도망치느라고 창가로 쇄도했다. 국민군의 단호한 공격은 효과를 보았다. 얼마 지나지 않아 정적이 찾아온 것이다.

카페 드 포아를 유명하게 만든 것은 이른바 '혁명의 아마존'이라 불린, 미인이면서도 경박한 모험을 좋아한 여성 테오린 드 메리쿠르였다. 본디 그녀는 안나 조셉 터웨인이라는 이름으로 불리고 있었다. 그녀는 영국에서 2, 3년간 캄피네이도스 백작부인 행세를 하며 방종한 생활을 하고 있었다. 테오린 드 메리쿠르라는 이름은 그녀가 파리에 온 후 바꾼 이름이었다. 그녀는 베르사이유에로 그 악명 높은 여자 데모행진 때 보여준 역할 덕택에 혁명가 동료중 최초의 월계수를 받았다. 이 데모 행진은 매춘부, 여자 생선장수, 행상녀, 여장한 부랑자 등 2천여 명의 여자들이 노상이나 특히 성 앞에서 못된 장난을 하기 위해 고안된 것이었다. 이같은 엉뚱한 행동을 한 후, 그녀는 재능있는 선동가라는 명성을 얻고 팔레 르와이얄의 카페 뜰에서 볕을 쬐며 정열적인 말로 청중을 열광시키는 일을 맡고 있었다.

이윽고 그녀는 뤼 불로이의 그루노블 호텔에 살롱을 열었다. 이 살롱에서는 아베 셰이에, 바르나브, 미라보, 마리 조셉 셰니에, 그리고 그녀가 존경하는 카뮈 데물랭이 그녀를 에워싸고 있었다. 리바롤[1]은 《아크트 데자포트르》에서 즐거운 마음으로 이 모임에 대해 기록하고 있다. 그는 풋내기인 이 혁명의 여자 영웅을 당의 마녀라고 부르면서 그녀의 얼굴 모양과 몸매, 여자다운 친절한 마음씨 등을 묘사하고, 그녀는 자유를 사랑하는 마음으로 혁명의 대가들을 고무하는 데모크라시의 여신이라고 말했다. 자코뱅 당원들이 피비린내 나는 살육을

▲ 틸레리엔의 어느 카페 – 1800년의 한 스케치에서

감행하자, 그녀는 지롱드당의 진영으로 가게 되었는데, 그때 그녀는 증오의 일념으로 특히 로베스피에르를 추궁했다.

1792년 4월 12일, 그녀는 '카페 오토'에서 행한 열정적인 연설에서 이 독재자와 콜로 데르보아에게 혁명의 배신자라는 딱지를 붙였다. 로베스피에르가 자코뱅당의 클럽에서 청중들에게 "그녀의 연설은 참으로 가소로운 것이었다"고 말하는 순간, 화가 난 그녀는 목책을 뛰어넘어 승마 때 사용하는 채찍을 들고 로베스피에르에게 달려들었다. 놀란 청중들은 그녀를 객실에서 밖으로 쫓아냈다. 얼마 지나지 않아 그녀의 적 몇 명이 매우 짓궂은 방법으로 그녀의 복수심을 잠재웠다. 어느날 아침 그들은 틸레리엔 궁전 테라스에서 그녀를 붙잡은 뒤, 그녀의 머리를 스커트로 둘러 감은 후 사람들이 보는 앞에서 허옇게 드러난 그녀의 엉덩이를 호되게 때린 것이다. 이처럼 잔혹한 수치를 당하자, 그녀는 발광하여 정신병원으로 보내졌다. 이 사건 덕분에 그녀는 그 뒤 자기 친구들과 적들이 겪게 된 단두대의 운명에서 가까스로 피할 수 있었다.

1792년 2월 26일, 시인인 앙드레 셰니에는 《주르날 드 파리》에서 자코뱅당에 대해 언급했다. 그는 자코뱅당을 '프랑스를 붕괴시킨 혼란의 뿌리'로 보았다. 그는 카페의 뜰이나 카페에서 뻔뻔스럽게

재판관의 역할을 맡고, 멋대로 선고하고, 재산을 몰수하고, 약탈을 선동하고, 상업이나 공업에 대해 범죄의 낙인을 찍고, 유혈행위와 살인을 교사하고, 자신들의 사악한 행위에 추종하기를 바라는 등의 후안무치한 행위를 한 독재자들을 철저하게 혹평했다. 이 날카로운 발언이 진실이었음에도 불구하고, 그로 인해 시인에게는 부당한 판결이 내려졌다. 생명의 위협을 느낀 그는 베르사이유에 몸을 숨긴 채 루브시엔느의 푸라 부인을 거의 매일처럼 찾아가 기분을 전환시켰다. 그의 송가에 때때로 등장하는 파니는 푸라 부인의 딸이었는데, 그는 그녀와 깊은 애정을 나누고 있었다. 그러나 그는 1794년 3월 7일에 파리에 간 것이 화근이 되어 불행히도 체포되고 말았다. 그는 생 라자르의 감옥에 투옥되었다가 로베스피에르가 실각한 지 3일째 되는 날 처형당했다.

새로운 시대 상황 맞아 성업

카페 드 포아는 혁명의 격동 시대를 살아남았으나 공포 시대가 시작되기 전에 그 빛을 잃고 있었다. 국민회의가 베르사이유에서 대주교궁으로, 그리고 거기서 다시 왕립승마학교로 이전함에 따라, 틸레리엔에 있던 많은 카페하우스도 팔레 르와이얄의 같은 장소로 따라갔다. 그리하여 파리 시민 생활의 새로운 중심이 되었다. 카페 드 포아는 그동안 반동가들의 안전한 잠복장소로 변모해 갔다. 그리고 이 카페는 귀족들의 깃발 아래에서, 사향당[(2)](사향은 사향노루 수컷의 배꼽과 향낭을 말린 향료를 말함) 아래에서, 왕당파 신봉자들 밑에서 그 수명을 다하게 되었다.

틸레리엔에서는 먼저 왕궁 정원에 꾸며진 '카페 오토'가 새로운 시대상황하에서 번창하고 있었다. 고객 중에는 국회의원들과 방청객들, 진정인들도 보였다. 이들 진정인들에게 국회는 첫째로 자신들의 개인적인 소망을 충족시켜 주는 법정으로 인식되고 있었다. 자코뱅 당원들도 인근에 있는 자신들의 주재관사 성(聖)자코프 도미니크 수도원에서 쾌적한 이 카페로 옮겨왔다. 그곳에서 그들은 서로 의회보고에 관해 토론하거나 의회에서 벌어진 사건들에 대해 논평했고, 선전선동을 위한 새로운 슬로건을 결정하기도 했다.

카페 오토와 함께 솔이 경영하는 기업은 틸레리엔의 카페 중에서 매우 중요한 위치를 차지하고 있었다. 사업 의욕이 왕성한 이 사나이는 정기(어떤 약품을 알콜로 묽게 한 액체)와 연고를 취급하는 사업으로 크게 돈을 벌고 있었다. 그전에는 바스티유 함락 후 정치적인 선동가가 되어 승마학교의 방청석 감독으로 있었다. 그는 왕궁관리부에 청원, 승마홀 맞은편에 카페하우스를 개점할 수 있는 허가를 받았다. 이 교섭은 그에겐 일석이조의 이익을 가져다 주었다. 방청석의 감독이라는 위치 때문에 늘 여러 가지 정치적 음모에 말려들게 되었으나 이들 음모에 관해 그는 언제나 정보 제공자의 위치를 지키게 되었다. 때문에 정보를 얻고자 돈으로 그를 매수해 보려는 방문자들도 많았다. 급진주의자들도 그에게서 여러 가지로 얻는 것이 많았다. 그러나 이 평판도 오래 지속되지는 않았다. 국민공회(國民公會)가 지배하게 되면서 몇 가지 부정사건으로 방청석 감독 직무를 뺏기게 되었기 때문이다. 그에 따라 그의 정치적 후광도 사라져 버렸다. 국민공회가 회의 장소를 직접 틸레리엔 왕궁으로 옮기고 승마학교 앞 광장을 폐쇄시켰을 때, '카페 솔'은 완전히 그 의미를 잃게 된 것이다.

루이 14세가 처형된 후, 자코뱅당의 많은 신봉자들이 재차 팔레 르와이얄로 되돌아 왔다. 그곳에서는 '카페 코라짜'가 관심의 대상이 되었다. 격조 높게 만들어진 이 카페는 지난날에는 파리에 사는 이탈리아인의 집합장소였다. 거기에는 맛있는 음식과 음료가 있었을 뿐아니라 많은 판돈이 걸린 도박판이 벌어지고 있었다. 그것은 사실 파리에서는 예외적인 일이었다. 국민공회가 지배하게 된 후, 샤보와 콜로 데르보아 아래서 지롱드당의 붕괴에 관해 토의하고 있던 자코뱅당의 새로운 지도부가 카페 코라짜에 모여 있었다. 법무장관 가라의 메모에 의하면, 카페 코라짜에서 파리 교외에서의 5월 봉기와 국민공회를 포위하기 위한 갖가지 준비가 이뤄지고 있었다. 그곳에서는 또 에베르파(국민공회 내부의 좌익인 산악파의 좌파)의 자금공급자였던 구즈만이라든가 드 코크 형제, 그리고 어딘가 색다른 데가 있던 독일 출신의 몽상가 드 클루 남작 등이 요주의 인물이 되고 있었다. 자칭 무정부주의자인 클루는 각 민족이 하나의 대가족으로 통합되어야 하며, 이성적 종교로 그리스도교를 대신하는 종교가 있어야 한다고 주장했다. 그는 자신을 '인류의 설교사'라고 말하면서 애매모호한 이념을 전유럽에 확산시키고 있었다. 그를 비롯한 이상주의자들이 현실로 일어나고 있는 사건들의 잔혹성을 목도하고 다시금 눈뜨게 되었음은 잘 알려진 사실이다. 클루도 이같은 냉엄한 인식에 따르지 않을 수 없었다. 그도 에베르가 실각한 후 체포되어 처형당했다.

혁명 모의를 위한 장소로 이용

혁명을 모의한 여러 장소 중에서 특히 자코뱅 당원이 모인 곳으로, 앞서 열거한 카페 외에 생토노레 거리에 있는 '카페 시네', 중국 목욕탕이 있는 카페하우스 '카페 마들렌느', 그리고 '슈레티엔'이 있었다. 테르미도리스트들(텔테르미도르는 프랑스 혁명력, 1793년 제정)과 논쟁하는 동안에 자코뱅당의 많은 신봉자들은 파리에서 도주, 수도 주변에 잠복해 있었다. 제 5집정내각이 특사를 발표했을 때 '카페 슈레티엔'에서 새로운 정치적 음모의 화덕에 불을 붙이기 위해 그들은 다시 은신처에서 기어나왔다. 비밀 모의에 참여한 인사는 초기의 육군장관 부쇼트, 공안국장관 바디에르, 국민공회 대표 부르동과 칸본, 루이 14세 체포에 공로를 세운 우편국장의 아들 장 드루에, 그리고 많은 편집자들과 저널리스트, 쇼메트와 에베르의 추종자였던 선동가들이었다. 이 결사로 판테온 클럽이 결성되었고, 초대 회장에 바디에르가 선출되었다. 운동의 목적은 1793년의 헌법 회복이었고 〈쿠리르 드 파리〉에 표현되어 있는 것처럼, 새로운 자코뱅 당원의 자켓을 맞추기 위해 노력하는 것이었다. 그들은 사실상 몽상가와 이상주의자의 집단이었으며, 그들의 캐치프레이즈도 현실과의 유대를 상실한 것이었다. 집정내각 정부는 에이전트에 의해 '카페 슈레티엔'에서의 활동에 관해 정보를 얻었으나 어떤 조치를 취하진 않았다. 그 자신 한번이긴 했으나 어쨌든 혁명법정의 구성원이었던 슈레티엔은 사향당 청년들의 습격에서 몸을 보호하기 위해 강력한 경호원을 고용하지 않을 수 없었다. 마침내 보나파르트 원수는 1796년 2월 26일, 클럽의 존속을 종식시켰고, 그 구성원들에 대해서는 장기간에 걸친 재판 후 추방 또는 투옥시켰다.

사향당의 집합장소는 5년 전에는 무정부주의자들이 출입하고 있던 팔레 르와이얄의 같은 카페였다. 현재는 '평등의 궁전'으로 불리지만, 전에는 '카페 드 사르트르'로 불린 '카페 드 카노니에르'로서 전혀 다른 견해의 결사를 수용하고 있었다. 그곳에서 혁명법정의 숙청이라든가 공안국의 재건, 그리고 낭뜨(프랑스 서부, 로알강 하구에 있는 항만도시)의 사신(死神)으로 불린 잔인한 카리에[3]의 체포와 처형이 지령되었다. 또 하나의 조치는 '성 마라' 예찬에 대한 것이었다. 그를 그대로 본뜬 것으로 알려진 인형이 불태워진 후 단지에 넣어져 '클로크 몽마르트르'에 버려졌다. 공안국은 그뒤 모든 카페하우스와 극장에서 마라의 흉상을 제거시켰으며, 판테온에서 그의 유골을 끌어냈고, 플라스 드 카루셀에서 그의 기념비를 치워버렸다. 프랑스 역사의 새로운 시대가 시작된 것이다.

〈원저자 주〉

(1) 안뜨와느 리바롤(Rivarol 1753~1801)

    1780년경, 뛰어난 재기와 위트에 넘치는 화술로 상류 사회에 화려하게 등장. 최초의 명저〈Discours sur lúniversalité de la langue frangaise〉로 베를린에서 표창을 받기도 했다. 궁정에서 환대를 받았으며, 1808년에 5권으로 된 전집이 출판되었다.

(2) 사향당(moschusstinker)이란 이름은 당시 인기리에 판매된 사향제 향수에서 유래한다. 반혁명적인 심정을 갖고 있는 파리의 젊은이들에 대한 모멸적 표현.

(3) 쟌 바프리스트 카리에(Carrier 1756~1794)

    검찰관으로 1792년이래 국민공회의 일원이 되었다. 산악당에 가맹, 낭트 국민공회의 인민위원이었을 당시, 인민재판을 통해 많은 대중을 처형함으로써 악명 높은 사람이 되었다. 예를 들어 죄수들을 배에 태워 바다로 나간 뒤 배 밑바닥에 뚫어놓은 구멍으로 사람들을 떨어뜨려 처형하는 등, 이른바 '수직유형' '공화주의자의 결혼'이라고 부르는 처형을 했다. 그는 낭트에서 4개월 사이에 1만 6천여명의 인명을 빼앗았다고 전해지고 있다. 로베스피에르 몰락 후 공범자들과 함께 길로틴으로 처형되었다.

9

파리의 사교장

혁명과 관계 있는 유명한 장소는 많았으나, '카페 드 포아'와 '카페 코라짜'만이 나폴레옹 시대로 옮겨갔다. 카페 코라짜는 매우 우아한 여성 지배인에 의해 명성을 얻고 있었다. 그녀는 멋쟁이들의 존경을 받아 언제나 그들에게 둘러싸여 있었다. 그와 동시에 이 카페에서는 훌륭한 식사와 파리 최고의 커피가 제공되었다. 이 카페는 바라가 집정내각 기간 중 그곳에 스파이망을 치고 있을 때 바라를 위해 여러 모로 도움이 되었다. 바라는 교제라는 명목하에 주야로 그곳에서 식사를 했다. 그곳에서 그는 또 툴롱 포위시대부터 인연을 맺어온 나폴레옹과의 우정을 더욱 돈독히 했다. 야심꾼인 이 코르시카인은 전쟁투기꾼인 이탈리아 출신 무기상인 피에르그의 소개장을 갖고 있었다. 피에르그는 프랑스군에 독점적으로 무기를 공급한 덕택에 거대한 부를 축적했다. 바라는 왕정주의자들

▲ 왕정시대의 우아한 댄스홀 – 1807년 카페 '프라스카티'에 스케치된 그림.

의 봉기가 타도된 후, 그를 공직에 앉힌 다음 이탈리아 주둔군 총사령관
으로 임명했다. 그러나 그 때문에 이 독재자는 스스로 자기 무덤을 파게
되었다. 권력을 장악한 후, 나폴레옹은 그의 해임을 지령, 그를 파리에서
지방으로 추방했다. 아직 장군에 임명되기도 전에 나폴레옹은 때때로 코
라짜에서 연설을 했다. 연설을 통해 일찌감치 파리 시민의 관심을 사려
했던 것이다.

팔레 르와이얄이나 틸레리엔과 함께 바야흐로 불바르(한길, 도로 등의 뜻)
카페가 더욱 전면에 나서게 됐다. 불바르 뒤 탕플은 이미 18세기에 수많
은 소규모 카페하우스의 번영을 자랑하고 있었으나, 그 최성기는 제2제
국과 더불어 찾아왔다. 그 무렵에는 '카페 앙글래', '토르토니', '카페
드 파리', '메종 도레' 등이 명성을 떨치고 있었다. 포부르 몽마르뜨르와
불바르 포와소니에르의 길 모퉁이에 있던 '카페 블레방'은 알렉산더 듀
마, 사르두, 공쿠르 형제, 르낭, 아부, 그리고 옥타브 페이에를 중심으로

한 문학가들이 모였다. 호인인 블레방은 때때로 신용대부를 했기 때문에 문학정(文學亭) 주인으로 불리곤 했다. 이른바 그랑16(트럼프 용어)으로 불린 '카페 앙글래' 1층에서는 제국의 장군들이 승리를 축하하고 있었다. 그곳에서는 또 알렉산더 2세와 그 후계자인 알렉산더 3세, 그리고 프로이센 왕이 주도한 그 유명한 '3황제의 디너'라는 만찬회가 열리고 있었다. 그 뒤로는 비스마르크가 종종 앙글래의 손님이 되곤 했다. 그는 프로이센 공사 자격으로 동료들과 함께 '외교관 코너'에서 최근의 정치적 사건에 관한 의견을 교환했다. 애당초 그는 파리 생활이 그다지 유쾌하지 않았다. 궁정은 그가 보기에 지나치게 우아했고, 그곳에서 교제해야 하는 영국인들은 겉보기에는 너무나도 무지했다. 그는 영국인들이 일본이나 몽골에 대해 모르는 것 이상으로 프로이센에 관한 지식이 전혀 없다고 불평했다. 그가 볼 때 파리의 부르조와지는 룸멜스부르크라든가 슐라베의 시민보다 촌스럽게 느껴졌다. 그러나 얼마 후 그도 새로운 생활환경에 익숙해지면서 서민층 주거지에서 비단갓(불상·관에 씌우는 갓)이 달린 침대에서도 잠들 수 있게 되었다고 아내에게 보낸 편지에 쓰고 있다.

파리의 도서관원이었던 프레데릭 술리에는 스릴이 넘치는 모험소설을 많이 썼다. 그리고 이 세느강 거리 카페하우스에 관한 여러 가지 흥미로운 이야기도 쓰게 되었다. 그는 '카페 앙글래'의 고객으로서 정부고관들, 주식 중매인들, 극장감독들, 연간수입 2만 프랑 이상의 독신자들, 그리고 연금만으로는 먹고 살기 어려운 연로한 대령이나 장군들에 관한 예를 들고 있다. 이 고객들은 술리에가 파리에서 가장 센스 있는 가게로 묘사하고 있는 맞은편 '카페 드 파리'의 고객들과는 구별되었다. 멋쟁이들은 거기서 식사하기를 좋아했다. 거울에 비치는 자기 모습이 통행인들에게도 보였기 때문이다. 이런 고객은 행동거지가 경박스럽다는 핀잔 을 들었지만 사상이나 표현의 자유는 보장되고 있었다. 여기서 표현된 인상적인 의견들은 훗날 많은 사람들의 입에 오르내리게 되었다. 인도에서의 영국의 전쟁이나 틸의 정책은 이 카페하우스에서 비판되거나 칭찬받거나 하면서 토론의 대상이 되었다. 라파이에트(프랑스의 군인·정치가. 미국독립전쟁 당시 독립군의 소장으로서 활약, 귀국후 프랑스 혁명과 함께 '인권 선언'을 기초, 국민군을 지휘)가 죽었을 때, '카페 드 파리'에서는 그런 위대한 인물이 유언도 남기지 않고 세상을 떠났다는 것은 믿을 수 없는 일이라는 소리가 높았다. 일단의 학생들이 그의 임종을 지켜본 것은 잘 알려진 사실이다. 그때 그는 이들에게 다음과 같이 말했다. "제군은 나보다 행복하다. 왜냐하면 제군은 약속의 땅(가나안)을 볼 수 있기 때문이다." 이 말은 오페라 극장의 로비에까지 전해졌고, 저널리즘은 이튿날 파리는 물론 전 프랑스와 전세계에 이 말을 알렸다.

파리의 사교계와 긴밀한 다리

정신적으로 중요한 파리의 사교계와 카페하우스 사이의 긴밀한 유대는 19세기의 각기 다른 시대에 영향을 미쳤다. 샤토브리앙, 빅토르 위고, 뮈세, 테오필 고티에, 베를렌느, 졸라 등은 여론이 중시되는 풍조가 지배적인 지역이 있음을 알게 되었다. 한편으로 그들은 오랜 전승이 전해지고 여러가지 새로운 이념이 탄생되는 카페라는 장소를 중시했다. 천재란 비현실적인 이론의 세계에서 유래하는 것이 아니라 내적이고 외적인 여러 요소에 의해 구성되는 대립과 극단적인 현실에서 유래한다. 브릴라 사바랭이 음식 예술에 대해 풍요로운 정신으로 충만한 잠언을 썼을 때, 그리고 콩스탄과 샤토브리앙이 레카미에 부인의 살롱에서 과거의 그림자를 의식 속에 불러일으켰을 때, 황금의 젊은이들(프랑스 혁명 당시의 반혁명적 청년집단의 호칭)은 불로뉴의 숲속에서 총포를 쏘아대고 있었다. 그들은 결투 중에 자신들의 중요한 인생의 내용을 바라보고 있었던 것이다.

장사에 열심인 토르토니는 자기 카페에 이들 결투자들을 위한 방을 마련해 놓고 있었다. 왜냐하면 이들 싸움닭들이 속으로는 샴페인으로 화해하고 싶어한다는 것을 잘 알고 있었기 때문이다. 바야흐로 사람들은 자기 식으로 살아가는데 필요한 생활 영역을 넓혀가고 있었다. 용솟음치는 힘과 활력으로 넘쳐나게 된 사회는 활동을 위한 나래를 펴기 시작한 것이다.

왕정 복고 시대의 유명한 '카페 토르토니'는 상류사회 사교계의 중심적인 위치를 차지하고 있었다. 창립자인 벨로니와 토르토니는 세기 초에 나폴리에서 파리로 왔는데, 토르토니는 아이스크림 제조로 유명해졌다. 카페하우스를 만든 후 벨로니가 폐렴으로 죽자, 토르토니는 근면하고도 신중한 경영으로 이 카페하우스의 이름이 유럽 전역에 알려질 정도로 사업을 번창시켰다. 제국이 끝날 무렵, 다시 말해 부르봉가의 지배하에서 부르조아지 필립왕의 시대에 이르자, 카페의 큰 객실은 항상 손님들로 만원을 이뤘다. 그곳은 정치적 책모를 하느라 마치 벌집처럼 늘 시끄럽

▲ 파리의 카페 '토르토니'의 테라스에서 - 1856년 갤러드의 스케치.

기 짝이 없었다. 특히 극장이나 오페라가 끝난 후에는 궁정이나 상류계급 사람들의 마차로 북적거렸다. 그 시대의 파리에는 클럽이 없었기 때문에, 토르토니가 그 역할을 도맡아 한 셈이다. 이 카페하우스에는 찬 고기를 넣은 파이와 생선, 달걀, 사냥으로 잡은 고기, 새고기, 송아지 콩팥찜과 구이, 그리고 세계 곳곳에서 모아들인 샴페인과 리큐르가 있었다. 베리 후작 부인은 젊은 왈레우스키 백작 및 시중꾼을 동반한 채 거의 매일 같이 카페에 나왔다. 왈레우스키 백작은 경기병 연대의 기병대위이자 나폴레옹의 사생아였다. 이런 배경에다 용모마저 준수해서 그는 부인들 사이에서 인기가 높았다. 아침 식사 때는 돈벌이가 되는 일거리를 찾는 상인들과 퇴역군인들이 모여들었다. 그곳에서는 놀기 좋아하는 부인들과의 교제가 간단히 성립되는 예도 흔했다. 어느날 밤에는 보보의 왕녀가 중류계급 살롱에 있던 손님 모두를 무도회에 초대하기도 했다. 왕녀의 딸들은 마치 댄서처럼 익숙한 몸놀림으로 춤을 추었다. 당시 가장 선호된 춤은 미뉴에트나 가보트, 그리고 모나코였다. 멋쟁이가 같이 춤을 추다가 그럴듯한 말솜씨와 재치라도 부리게 되면, 호화 주택에 초대받는 것은 틀림없는 일이었다.

토르토니에 출입하는 손님 가운데 파이오라는 희한한 손님이 있었다. 그는 결투자로서, 프랑스에서 복고주의자 중 가장 유명한 챔피언이었다. 그는 아비뇽에서 홀어머니에 의해 양육되었는데, 어머니는 1793년 단두대에서 처형된 그녀의 남편의 복수를 하도록 그를 키웠다. 부르봉가가 재차 왕위에 오르자, 파이오는 파리로 찾아갔다. 파리에서 그는 기묘한 행동거지와 복장 등으로 사람들의 시선을 끌었다. 평소에 그는 하루종일 초록색 프록코트에 흰 셔츠를 입고, 목에는 넥타이를 매고 있었다. 거기다 가죽제 판탈롱을 입었고, 신발은 늘 헷센(독일의 헷센 주를 말함)의 장화를 신었으며, 모자는 언제나 귀까지 덮어썼다. 1814년, 그는 런던을 방문하여 거기서 틸버리(지붕이 없는 이륜마차)와 말을 샀다. 그리고는 매일 파리의 거리를 퍼레이드했는데, 언제나 라피트 거리에서 출발하여 마들렌느 광장까지 간 다음 다시 같은 길을 되돌아왔다. 매일밤 그는 토르토니에서 시간을 보냈으나 때때로 '카페 실브'에도 갔다. 이 카페하우스에서는 나폴레옹 지지자들과 부르봉가 지지자들이 언제나 회합하고 다녔다. 그는 왕가에 대해 비방하는 자는 그 자가 누구든 간에 무기로 싸울 준비가 되어 있다고 공언하고 있었다.

젊은이들의 결투장소 되기도

덕분에 그는 자연히 싸움을 도맡게 되었다. 그는 총을 앞세운 결투에도 뛰어났지만 검술을 이용한 결투에도 뛰어난 기량을 발휘했다. 그는 2년여에 걸쳐 30여 차례나 결투했으나, 중상을 입은 적은 한번도 없었다. 그는 나폴레옹 밑에서 가장 뛰어난 기병사관으로 알려진 무법자 푸르니에 장군을 뒤쫓아다녔다. 푸르니에는 그 시대에 이미 한 다스가 넘는 많은 양가 출신 젊은이들을 해치우는 등 못된 짓을 했기 때문에 모두들 그를 증오했다. 어떤 사관과 결투했을 때의 일이다. 그 사관이 쏜 총탄이 빗나가자, 그는 그 즉시 사관 앞으로 다가가 "자네 어머니가 불쌍하게 되었군."이라고 말하며 그 사관을 사살했다고 한다. 장군이 파이오를 두려워하고 있다는 것은 잘 알려져 있었다. 그는 한 번 검으로 싸우다가 손에 중상을 입었다. 파이오는 그에게 욕을 퍼부으며 프랑스를 뒤지다시피 하면서 그를 찾아다녔다. 푸르니에라 불리는 그 '암살자'의 목숨을 뺏기로 결심했기 때문이다. 그러나 1830년의 혁명과 장군의 죽음은 파이오의 끈질긴 추적을 헛되게 만들었다.

어느날 밤 파이오는 극장에서 '게르마니쿠스'라는 연극을 관람했다. 그런데 연극 도중 황제의 몰락과 관련된 대사가 나오자, 나폴레옹 지지

자들이 일제히 박수를 쳤다. 이때 파이오는 자신이야말로 정통파의 투사라고 큰소리로 외쳤다. 그러자 소동이 벌어졌다. 사람들이 사방팔방에서 그를 향해 카드를 던진 것이다. 그는 날아온 카드들을 모두 주워 모자 속에 집어넣었다. 연극이 끝나자 그는 토르토니로 가서 자기집 주소를 2, 3백 개 정도 적은 다음 길가에 지나가는 사람들에게 나누어 주었다. 그 쪽지에는 매일 아침 11시에서 12시 사이에 자기가 볼로뉴숲 샘물 가에 있으니, 볼일이 있는 자는 찾아오라는 내용의 글이 적혀 있었다. 신사 한 명이 시종을 거느리고 결투하기 위해 모습을 나타내기까지는 이틀이 걸렸다. 그는 유명한 바스크 사람인 하리스프 장군의 아들이었다. 파이오는 단 한 방으로 상대방의 무릎을 쏘았다. 그리고는 모자를 약간 들어 인사를 한 뒤, 마차를 타고 유유히 토르토니로 돌아왔다. 그곳엔 호기심으로 가득 찬 사람들이 그가 돌아오기를 기다리고 있었다. 1830년, 혁명이 끝나자 파이오는 고향인 아비뇽에 돌아가 괴짜로 한평생을 지냈다.

토르토니가 전성기를 맞고 있을 때, 갑자기 그는 강한 추적망상증에 사로잡히게 되었다. 그는 당시 전 프랑스에 뿌리를 내리고 있던 모반자들에게 자신이 희생당하게 되리라고 생각하고 있었다. 어느날 밤 그는 손님들이 모두 돌아가자 지배인 테레즈에게 말했다. "이 세상과 작별할 때가 온 것 같아." 그리고 집으로 돌아오자 그는 커튼레일에 달린 끈으로 목을 졸라매고 죽었다. 그가 죽은 후, 카페하우스는 수많은 변천을 겪었다. 1830년의 혁명과 동시에 사교계의 상류계급은 모습을 감췄다. 그럼에도 불구하고 여전히 그곳에서는 유명인의 이름을 찾아볼 수 있었다. 로스차일드라든가 그밖의 벼락 귀족들과 함께 빅토르 위고, 라마르틴느, 소피 게이, 그리고 알렉산더 뒤마 등이 그들이었다. 차차 그 명성이 사그라들긴 했지만, 토르토니라는 이름은 훌륭한 아이스크림 덕택에 아직은 사람들에게서 잊혀지거나 하지 않았다.

프랑스의 카페하우스를 통해 유명한 동시대인에 관한 일화들을 알게 된다 하더라도, 이들 손님들 속에서 발자크 같은 인물을 추적하는 것은 어려운 일이다. 그의 불안정한 감정이 그로 하여금 이 음료를 몹시 좋아하게 만들었으며, 그 때문에 때로 구토까지 했었다는 것은 잘 알려진 사실이다. 죽기 전에 "원칙적 절제, 그것이 무엇이든 간에 모든 종류의 기호품을 피할 것"이라고 기록한 보들레르처럼, 발자크도 만년에는 모든 흥분제에 대해서 자제하기로 결심했다. 창작력이 왕성했던 시기에 발자크는 다른 음식은 먹을 수도 없을 정도로 무한정 커피를 마셔대면서 자신의 정신을 각성시키고 있었다. 시간과의 무서운 싸움이 그를 공적인 사교계에서 따돌림당하게 했다. 집필 중에 그는 일종의 소모열에 시달렸다. 한밤중에 일어나면, 그는 새벽 1시부터 이튿날 오후 1시까지 쉴 새 없이 써내려 갔다. 거의 알려지지 않고 있는 그의 논문 《현대의 흥분제》에서 그는 20일 동안 계속해서 터무니없이 많은 양의 일을 해낼 수 있는 능력이 주어진 상태에 관해 매우 현실적으로 묘사하고 있다.

▲ 파리의 카페 '드 밀 콜론'의 여주인 – 1813년 동판화에서

발자크는 '커피광'

"어떤 종류의 놀라운 물질을 발견했다. 나는 이것을 대단한 힘을 가진 남자들에게만 권할 수 있다. 이 남자들은 검고 억센 머리칼을 갖고 있으며, 황토색과 주홍색 손, 그리고 루이 15세가 앉는 옥좌의 기둥 같은 모양의 발을 가지고 있다. 커피 음용에 관한 얘기다. 이 커피는 잘게 빻아 추출한 엑기스이며, 거의 물을 타지 않고 마시게 된다. 커피는 위 속에 흘러 들어가고, 위 속이 비어 있을 때는 일종의 음식물이 된다. 그리고 이 음식물은 위액을 필요로 한다. 커피는 마치 말을 채찍질하는 짐마차의 마부처럼 위장 내부를 손상시킨다. 신경은 흥분하고 그 불꽃은 뇌까지 튀어 오른다. 그리하여 머릿 속은 텅 비게 된다. 갖가지 상념이 흡사 대부대처럼 행진하며 전투를 시작한다. 여러 가지 회상이 성난 파도처럼 바람에 휘날리는 깃발을 앞세우며 밀려온다. 비유(比喩)의 경기병 연대가 화려한 질주를 선보인다. 논리의 포병대가 탄약통을 이끌고 급히 지나간다. 정신의 대열이 흩어진 상태로 진격해 온다. 종이는 잉크로 뒤덮인다. 왜냐하면 경비(警備)는 검은 물의 흐름으로 시작되다가 끝나기 때문이다. 그것은 마치 전투가 검은 화약으로 시작되고, 그러다가 끝나는 것과 같다. 나는 이튿날 넘기기로 약속된 일을 하려는 친구에게 이 음료를 권한 적이 있다. 그는 독약을 마신 줄 알고 침대 위에 길게 누운 채 꿈쩍도 하지 않았다. 그는 몸집이 큰 사나이로 금발에다가 종이 호랑이를 만드는 데 쓰이는 종이처럼 작은 위를 가진 사나이였다. 내가 그만 잘못을 저지르고 만 것이다."

발자크의 성공은 루이 필립 시대의 것이었다. 7월 혁명과 함께 그의 별은 상승했고, 2월 혁명과 더불어 다시 몰락해 갔다. 그는 서민 사회의 상황을 묘사함으로써 사람들의 마음 속에 깊이 침투할 수 있었다. 부의 영광도, 우러러보는 귀족들도 등장인물들의 벼락출세 근성을 애매하게 만들 수 없었다. 적나라한 리얼리즘은 정신의 지배자 역할을 맡게 된다. 인간의 행위는 궁극적으로 소유욕이나 이기주의에서 표출된다. 또한 이는 고도의 정신활동에서는 아무런 의미도 지니지 못한다. 여주인공으로는 고급 창녀나 요부 또는 매춘부나 금전에 욕심이 많은 귀족 여자들이 우세한 반면, 남주인공은 구두쇠라든가 이혼남, 좀도둑이나 사기꾼, 유산횡령자나 음모자, 투기꾼이나 노름꾼으로 구성되고 있다. 음모자들의 모습은 문학적 판타지의 산물로는 너무나도 현실적인 양상을 보이고 있다. 그리고 여기에는 재생산되고 있는 시대의 취약함과 악만이 있다.

팔레 르와이얄과 틸레리엔 사이에 있는 일반 카페하우스에서는 고리오라든가 고브세크, 랑베르, 보트랭, 샤베르 등을 생생하게 머리 속에 그려내기 어려울 것이다. 그동안에 팔레 르와이얄에서는 갖가지 묘한 변화가 발생했다. 나폴레옹은 파리에서 각자가 제멋대로 사용할 수 있는 궁전을 그의 방식대로 분배했다. 예컨대 집정관들은 틸레리엔을, 원로원은 룩셈부르그를, 입법부는 팔레 부르봉을, 상급 재판소는 팔레 르와이얄을 갖게 되는 식이었다. 특히 후자의 기관은 프랑스인들의 입에 오르내리게 되었다. 이미 이 카페는 이 집회에 좋지 않은 조짐을 보이고 있었다. 전에 자코뱅 당원의 집회장소였던 이곳에서는 여전히 매춘 등이 성행했기 때문이다. 상급재판소는 실제로 아무런 위력도 발휘하지 못하는 상태에 놓여 있었다. 나폴레옹은 그런 재판소를 정리해 버렸다. 팔레 르와이얄은 항상 혁명가들의 안전한 은신처가 되었다. 특히 막후 인물들이 '카페 랑블랭'에서 회합한 1848년과 1849년의 봉기 때는 카페의 뜰이 또다시 정치적 사건의 초점으로 부상되었다. 그렇다면 카뮈 데물랭 시대이래 어떤 변화가 일어났던가. 랑블랭의 10개 테이블에는 혁명에 동조하는 패거리들이 앉아 털실 모자를 푹 뒤집어쓴 채 음침한 눈초리로 바라보고 있었다. 알렉산더 헤르첸[1]은 이들에 관해 이렇게 기술하고 있다. "그들은

▲ 1870~71년 전쟁중 어떤 파리 카페 풍경. 군사, 정치 문제를 토론하는 광경을 그린 목판화.

혁명적 페넬로페(오딧세이의 아내)의 구혼자들이다. 여러 가지 정치적 시위에 참여하는, 멀리서 보면 영국인들을 도망치게 하려고 중국인이 만든 종이 용 같은, 겉보기에만 무섭게 보이는, 이럴 수도 저럴 수도 없는 패거리들이다. 그들 중에도 선량하고 용감한 사나이들이 있었다. 그들은 자신들의 신념이 옳다고 확신했고, 언제든 자신들의 가슴을 총탄 앞에 내보일 각오가 되어 있었다. 그러나 대다수는 아무 가치도 없는 소인배들이었다. 그들은 혁명 앞에서 어디까지나 보수적이었으며, 자신들의 생활과 직결되는 유리한 운동에만 참여할 뿐 결코 그 틀을 벗어나려 하지 않았다. 다시 말해 이들 서클은 빛을 보지 못한 천재나 불운한 작가들, 시험을 보지 않은 학생들, 일거리 없는 변호사들, 재능 없는 예술가 등

권리나 주장할 뿐 끈기도 없고 노동할 힘도 없는 패거리들로 구성되어 있었다. 이들 젊은이들은 혁명시대에 등장한 위대한 사나이들이 지니고 있던 것으로 생각되는 무사태평함을 무척 동경했다. 그리고 그들은 어리석은 선동에 열심이었다. 그들은 감정을 강렬하게 앙양시키는 데 익숙해져 있어 일하는 즐거움을 잊고 있었다. 카페나 클럽의 생활은 매력적이었고, 감동적이었으며, 자존심을 부추겨 주었고, 자유를 만끽할 수 있게 해주었다. 모임에 지각하는 것을 두려워할 필요도 없었고, 고생할 필요도 없었다. 오늘 하지 못한 것은 내일로 미루면 되었다. 실상 아무 것도 할 필요가 없었던 것이다."

그 뒤 혁명운동에서 탈퇴한 의욕적인 파리의 예술가들은 언제나 몽마르뜨르의 피갈 광장에 있는 '카페 드 라 누벨 아테네'에서 만나고 있었다. 그들의 정신적 지도자는 마네였다. 그는 숭고하리만큼 차분한 빛의 분위기와 색채의 아름다움을 찾아 자연주의의 원리를 세상에 알렸다. 그는 '살롱 데 레퓨제'의 공동설립자이기도 했다. 그는 또 인상주의의 영향을 받아 문학에서의 본질적인 여러 모순들을 회화에 전용했다. 어느 영국의 여행자는 다음과 같이 기록하고 있다. "파리에서 예술적인 교육을 받으려면 카페에 가야 한다. 그곳에서는 수많은 헤로스트라트(유명해지기 위해 아르테미스 신전을 불태워 버린 그리스왕. 기원전 356년)들이 마치 왕이 된 것처럼 세계를 불길 속에 던지려 하고 있다". 마네 또한 이런 환경에서 많은 부분을 훔친 것이다.

새로운 창작예술의 무대

간단히 '누벨'로 불린 '카페 드 라 누벨 아테네'는 80년대와 90년대에 드가, 툴루즈, 로트렉, 반 고흐, 고갱, 휘슬러에 의해 만년의 번영을 누렸다. 보나 교수[2]의 유명한 미술학교 학생들은 아고스티나에서 유쾌한 기분으로 아침식사를 마친 후 '누벨'에 들러 심보사납고 욕심 많은 지배인 테레즈에게 인사하기 위해 키스하는 게 상례였고, 그것이 언제나 떠들썩한 소란을 불러일으켰다. 저녁이 되면 테라스에 일단의 예술가들이 모여 베로네즈라든가 고야, 들라크로아에 대해, 또는 형식을 해체하는 점묘화법(點描畵法)에 대해 논쟁했다. 그렇게 논쟁하면서 그들은 많은 양의 아브산(강한 증류주)이나 맥주 또는 커피를 마셨다. 서로들 마구 모욕을 한 다음 그들의 대화는 으레 여자에게로 옮겨졌다. 그리고 그것은 어떻게 하면 여성으로 인해 받게 되는 고통에서 벗어날 수 있는가 하는 토론이 되기 일쑤였다. 일찍이 보리나쥬의 전도사였던 반 고흐는 다량의 아브산을 마시면서 몽마르트르의 바람기 있는 아가씨들과 사귀는 것을 꿈꾸고 있었다.

그는 이런 아가씨들과 춤추는 것을 좋아했다. 그의 생경한 액센트와 어색한 동작, 그리고 빨간 턱수염 등은 아가씨들을 즐겁게 해주었다. 그가 '누벨'에서 예술가 집단이 식민지에 관한 계획을 짜고 있는 데 대해 언급할 때면, 담배 파이프를 거칠게 휘두르며 흥분하는 것이었다. "그림장이 두 녀석을 한 방에 집어넣어 보라구. 놈들은 일주일 후엔 팔레트 모난 부분으로 서로의 목구멍을 베어버릴 거라구." 로트렉은 그에게 언제나 그렇게 대답했다. 그러나 젠 체 하는 예술가들은 이런 말이 들리지 않는다는 듯, 다만 도미노(서양 골패)에만 열중했다. 구매자들은 여러 가지 새로운 아이디어에 대해 거리를 두고 있었다. 고작 로트렉만이 어느 정도 주목을 받고 있다는 것을 자랑삼았다. 그는 자신의 예술과 드가, 포란, 그리고 특히 일본의 극채색(極彩色:화려하고 현란한 채색) 판화를 결합시켜 경묘한 터치의 회화적인 형식으로 파리 창녀 세계의 모습과 카페하우스 또는 극장을 드나드는 사람들의 생활을 그렸다.

로트렉이 80년대에 몽마르뜨르에 갔을 때, 이곳은 얼마 되지 않는 사람들이 살고 있었을 뿐, 아직 파리에서는 거의 알려지지 않은 곳이었다. 묘지 주변에 자그마한 집들이 약간 세워져 있을 뿐이었는데, 거기서는 파리 시가지를 한눈에 바라볼 수 있었다. 가로수 거리에는 카페 두서너 곳과 음식점이 있어 예술가들이 매일 모여들었다. 피갈르 광장은 언제나 활기가 넘쳐흘렀다. 그곳에는 '누벨'과 함께 천문학자들이 단골로 다니는 카페가 있었는데, 그곳에서는 무정부주의자들도 서로 교제하곤 했다. 광장에서는 언제나 시장이 열리고 있었으므로, 불량배나 매춘부의 정부들이 모여들기도 했다. 이들 패거리들은 화가들과 사이가 좋았다.

로트렉의 아틀리에는 콜랭쿠르 거리에 있었는데, 1897년에 피갈 광장이 있는 프로쇼가로 옮겨졌다. 그러나 그곳은 이미 지난날의 조용한 몽마르뜨르가 아니라 유명한 환락가로 변모해 있었다. 그가 살고 있는 집에서 얼마 떨어지지 않은 곳에는 활기 넘치는 생활 공간이 있었다. 그는 그곳에 있는 조그마한 카페에 가는 것을 좋아했는데, 특히 오케스트리온 (자동적으로 연주하는 음악기)이 있는 카페를 좋아했다. 그리고 그 자동음악기에서 흘러나오는 멜로디에 기묘한 쾌감을 느꼈다. 그는 밤의 환락지대를 찾아 몇 천 마일이나 되는 도정을 걸었던 것일까. 걷다가 지치면 새벽녘에 그의 습관을 잘 알고 있는 마부를 찾곤 했다. 그는 마차가 달리는 동안 잠들기 일쑤였는데, 중간에 깨는 것을 몹시 싫어했다. 그리하여 그는 몇 시간이고 마차에 탄 채 잠이 드는 것이 예사였고, 그 동안에 마부는 이 백작 손님(로트렉은 귀족 출신이다)이 스스로 깨어날 때까지 거리에서 홀로 시간을 보냈다. 그는 때때로 자기 그림을 사람들에게 선물로 주기도 했다. 그 그림 가운데 몇몇 작품은 기묘한 운명을 겪기도 했다. 이를테면 콜랭쿠르 거리에서 떠나오면서 그는 하인에게 87점의 회화와 스케치를 남기고 갔다. 새 아틀리에에는 이들 작품을 둘 만한 곳이 없었기 때문이었다. 그 뒤 그 집에 어느 의사가 이사오자, 그 하인은 아무 그림이

▲ 파리의 예술가들이 모인 카페. 1865년 오노레 드미에가 그린 그림.

나 마음에 드는 그림을 가져가라고 말했다. 의사는 그 중에서 약 30점의 작품을 골랐다. 그러자 하인은 나머지 작품들을 근처에 사는 친구들에게 주어버렸다. 이 의사는 그림은 받았지만 어떻게 해야 좋을지 몰라 그대로 내버려두었는데, 얼마 후 그의 집에서 아기를 보게 된 여자가 액자는 장작 대신 연료로 써버렸는가 하면 캔버스는 걸레로 써버렸다. 나머지 두서너 작품은 그 뒤 그녀가 자기 고향으로 가져가 집 담벼락에 난 구멍을 틀어막는 데 써버렸다. 로트렉이 유명해지면서 그의 작품이 비싼 값으로 팔리게 되자, 교활한 화상들이 그녀의 고향으로 찾아가 그녀가 갖고 있던 나머지 작품들을 빼앗아 갔다.

그는 '누벨'과 '카페 게르보아' 외에도 로슈슈아르 거리에 있는 '카페 르 탕부랭'에 자주 들렀다. 거기엔 전에 반 고흐가 데려간 적이 있었다. 이 카페 주인은 지난날 모델로 일했던 로마 미인 마담 세가토리였다. 고흐는 그녀가 열렬히 숭배한 화가 중의 한 사람이었다. 고흐는 자신이 그린 많은 다채로운 꽃그림을 그녀에게 선물했다. 로트렉은 이 카페하우스에서 그의 대작 가운데 하나로 꼽히고 있는 그 유명한 네덜란드의 파스텔화를 그렸다. 만년이 되자, 그의 작품에는 비싼 값이 매겨졌고, 이 때문에 화상들은 카페하우스를 돌아다니며 그를 찾아 헤맸다. 그가 있는 카페하우스에 가면, 그의 스케치를 직접 입수할 수 있었기 때문이다.

그들은 종이와 연필을 준비한 채 그가 선으로 윤곽을 그리는 순간을 기다렸다. 그런 다음 그들은 스케치한 것을 설명해 달라고 부탁했다. 거장의 만년의 작품 상당수가 그런 방법으로 만들어졌다. 고갱도 '카페 드라 누벨 아테네'에 출입했다. 이 파리의 은행원은 반 고흐와 마찬가지로 30세 때 처음 그림을 그리기 시작했다. 고흐가 프랑스 예술이라든가 부분적으로는 인상주의 수업을 하고 있을 때, 고갱은 그의 작품을 통해 표현주의와 원시적인 화풍의 묘사를 예고하고 있었다. 그는 문학적으로는 발자크나 포우, 그리고 역설적인 경향을 띤 줄 바르베이 도르빌리[3]에 가까웠다. 당시 그는 낙천가로서 다른 예술가들, 특히 자기 자신을 신뢰하고 있었다. 아를르에서의 많은 체험을 거쳐 광기를 보이기 시작한 반 고흐와 함께 파리로 되돌아온 후, 그는 여러 사람들과 자신의 예술적 견해에 대해 의견을 교환할 수 있는 기회를 갖게 되었다. 그는 오데온 광장에 있는 '카페 볼테르'를 찾아갔다. 그곳은 종래의 방법에 구애되지 않고 미의 법칙을 탐구하고 있던 새로운 예술의 이념을 가진 대표자들의 집합장소였다. 샤를 모리스[4]는 그곳에서 장 모레아[5]등의 비평가들에게 둘러싸여 자신의 상징주의적인 원칙을 옹호하고 있었다. 로댕은 예술상의 제문제와 고갱의 이념에 대해 논쟁하고 있었다. 그리고 이곳에는 영락한 보헤미안의 원형과도 같은 만년의 베를렌느(프랑스의 상징파 대표적 시인)도 모습을 나타내곤 했다.

'카페 볼테르'에는 가족적인 분위기가 넘쳐났고, 때때로 조그만 파티가 벌어지기도 했다. 이 파티를 통해 이 카페하우스에 매일 드나드는 사람들은 서로 친교를 맺을 수 있었다. 그 때는 접시와 글라스를 테이블 위에 한 줄로 쭉 늘어뜨려 놓았다. 그래야만 원근법에 의해 테이블이 몹시 길다랗게 보이기 때문이었다. 손님들이나 종업원들도 상징주의자였을 것이다. 회식은 즐거웠고 화제는 무궁무진했다. 말라르메[6]는 의장격으로서 감정에 북받치는 듯한 투로 얘기했고, 손님들에 섞여 테이블에서 식사하고 있던 보들레르는 몸을 흔들며 떨고 있었다. 모두들 말라르메의 이야기에 귀를 기울이고 있었다.

타히티(남태평양 소시에테 제도 동부에 있는 섬. 고갱이 이 풍물을 그린 것으로 유명하다)에서 돌아온 고갱의 모습도 거리에서 종종 볼 수 있게 되었다. 그는 푸르스름한 프록코트에 황색 조끼를 입고 있었고, 흰 장갑을 낀 손에 진짜 진주가 달린 스틱을 들고 있었다. 그는 변함없는 낙천주의자였다. 그는 백부에게서 1만 3천 프랑의 유산을 받았으며, 다채롭고 이국적인 타히티의 그림으로 하루 속히 파리 시민의 총아가 되기를 바라고 있었다. 2년 후, 그는 빈털터리가 되었고, 병을 앓았는가 하면, 사람들의 조롱 속에서 독한 술에 빠져 버렸다. 그리고 끝내는 사람들로부터 완전히 잊혀졌고, 1930년 9월 5일, 파리에서 멀리 떨어진 남태평양의 라 도미니카 섬에서 죽었다.

뮤르제르의 '보엠'에 나오는 옛 카르티에 라탱(파리의 라틴 구역. 대학가로서 유명)에 뒤이어, 이번에는 몽마르뜨르에서 문예 카페가 유행했다. 이들 카페에서는 알퐁스 도데, 알렉산더 뒤마, 그리고 옥타브 페이에 같은 사람들이 영감을 얻곤 했다. 카페 '바셰트'에서는 '폴 베를렌느 재택 중'이라는 팻말을 걸어 놓고, 아브산(강한 증류주)이 들어있는 글라스를 앞에 놓고 앉아 있는 한 장의 훌륭한 초상화를 통해 베를렌느에 관한 일이 되

▲ 1880년대 파리의 한 카페 풍경.

새겨졌다. 당시 그는 랭보와 비극적인 우정을 맺고 있었으나 아직 고통 속에서 자기분열의 도발적인 시니시즘에 사로잡힌 상태는 아니었다.

이 시대의 '페트 갈란트'나 '자디 에 나게르'에서는 예술적인 분위기가 충만했고, 관능적이고도 쾌락적인 사교문화가 지배적이었다. 랭보 또한 이 시대에 대담무쌍하게도 모든 기존 체제에 대한 반항적인 시를 쓰고 있었다. 18년에 걸친 여행에서 빈사상태가 되어 고향에 돌아왔을 당시, 그는 자신이 베를렌느에 의해 '포에트 모디'의 한 사람으로 유명해졌다는 사실을 모르고 있었다. 몽마르뜨르 다음으로는 '카페 듀 돔'이라든가 유명한 '로통드'로 몽파르나스가 각광을 받게 되었다. 그와 동시에 외국인의 침입이 시작되었다. 그들은 문학가와 예술가가 사는 지역과 파리 명소의 분위기를 어지럽혔다. 롬바르 거리에서는 아직도 분위기가 좋은 콘디토라이(과자를 제공하는 카페)가 영업하고 있었다. 이들 콘디토라이에서는 봉봉(겉을 설탕으로 굳히고 속에 과즙 위스키·브랜디 따위를 넣은 과자)이 명물로서 팔리고 있었다. 콘디토라이 '오 피넬 베르제'를 위해 사랑의 노래를 만들고 있던 어느 유명한 풍자작가는 덕분에 매주 15리블(프랑스의 구화폐)에서 18리블을 벌고 있었다. 오페라 극장의 완성과 함께 '카페 드 라 페'는 관광 도시 파리의 중심으로 올라섰다. 불로뉴 숲에서는 '샤토 드 마드리드' 같은 회원제 레스토랑이 유행했다. 이 '샤토 드 마드리드'에서는 따뜻한 계절이면 한밤중까지 인공적으로 조명된 나무 아래서 지낼 수 있었다. 그전에 식사에 앞서 흔히 마시던 술은 파이브 어클락(오후의 차)이나 칵테일로 바뀌지 않을 수 없었다. 동쪽으로 통하는 여러 거리에서는 참으로 오랜 기간동안 보도에 테이블 두서너 개를 내놓는 옛 관습이 충실히 지켜지고 있었다. 카페하우스의 창조적인 힘은 점차 사그라들고 있었다.

〈원저자주〉

(1) 알렉산더 헤르첸(Alexander Herzen 1812~1870)
지주인 야코블레프와 어느 독일여성 사이에 탄생된 사생아. 1834년에 정치범으로서 모스크바에서 지방으로 추방되었으나 1847년에 러시아를 탈출, 런던 파리 등지에 살면서 로맨스나 이야기거리를 썼다. 1861년에서 1867년에 걸쳐 간행된 그의 회상록은 화려하고 빛나는 필치로 쓰여졌다.
(2) 레온 보나(Leon Bonnat 1833~1922)
마드리드의 모도라소 밑에서 그림을 배우다. 모도라소의 영향으로 자연주의파에 가까웠는데 뒤에 날카로운 윤곽, 강렬한 빛과 그늘의 대조가 있는 종교적 모티브로 그림을 그렸다. 그는 많은 자신의 소묘 콜렉션을 바욘느 미술관에 기증했다.
(3) 쥴 바르베이 도르빌리(Jules Barbey d' Aurevilly 1808~1889)
1851년이래 〈페이〉에 문예기사를 줄곧 썼다. 이들 기사는 그의 문체적 특징을 보여주고 있을 뿐 아니라 논쟁적 성격을 띠고 있다. 그의 독단적이며, 보수적인 가톨릭적 사상에 기반을 둔 특질은 특히 〈시대에 뒤진 예언자〉 〈괴테와 디도로〉 〈빅토르 위고〉 같은 작품에 잘 표현되어 있다.

(4) 샤를 모리스(Charles Morice 1861~1919)

자신이 간행한 잡지〈류티스〉와 강연, 많은 저술을 통해 상징주의 문학의 옹호자가 되었다.

(5) 쟝 모레아(Jean Moréas 1856~1910)

그리스에서 출생하여 파리로 이주, 낭만파와 상징주의의 신봉자로 등장했으나 훨씬 후에 신고전주의 시인으로 간주되었다. 특히 형식미를 갖고 있는 시집 〈레·스탄스〉와 비극 〈이피게니에〉가 대표작.

(6) 스테판 말라르메(Stevan Mallarme 1842~1898)

상징주의자들에 의해 시의 왕으로 호칭되었다. 그는 짐나지움의 교사이자 유행잡지의 편집장으로서도 활동했다. 세기말적 퇴폐에 상응하는 감정을 일상성과 괴리된 언어로 표현하려고 시도하면서 프랑스 문학의 대표자들에게 큰 영향을 끼쳤다. 그의 극적 판타지 〈Lapré-mididun faune〉(1876)는 대단한 평가를 받았다.

10

빈의 점령

빈 만큼 카페하우스가 시대에 깊이 파고들어가 고도로 세련되고 선명하게 인간적 영향을 미친 도시는 세계 어느 곳에도 없다. 그것은 그 지방 풍속이나 시민의 멘탈리티(심적 상태)에 있어 특징적인 것이 되었다. 그 역사와 성격 속에 군주 정치 체제의 발전에 대한 깊은 관찰과 군주 정치 체제에서의 개인적인 사교 문화의 특징이 숨겨져 있다. 이 사교 문화의 충격은 전 유럽의 문명개화를 향해 흘러들어가고 있었다.

전하는 바에 따르면, 빈의 카페하우스 창업은 오스만 터키 제국의 유럽 주도권 획득 기도와 밀접하게 관련되어 있다. 터키인들은 1683년 오스트리아와 독일의 분규를 이용, 세르비아에 침입하여 베오그라드를 점거했다. 그들은 신속한 승리에 도취된 나머지 강력한 군단

▲ 빈에서 개업한 최초의 카페하우스. 이 카페하우스는 빈에 커피를 처음 가져온 콜치츠키가 개업한 것으로, 1683년에 그려진 스케치에서 밝히고 있다.

을 이끌고 헝가리의 요새를 함락시킨 후, 곧바로 빈을 향해 진군했다. 그러자 전 유럽 대륙이 전전긍긍하게 되었다. 적의 기병부대는 점령한 오스트리아의 각 주를 황폐화시키면서 도처에 공포 분위기를 퍼뜨려갔다. 황제 레오폴드는 도망치듯이 궁전을 빠져나가 모든 가신을 데리고 린츠로 향했다. 빈에 남아있던 시민들은 슈타르헴베르크 백작의 명령에 따라 숫자상으로 훨씬 우세한 적군을 맞아 싸우려고 무장했다. 방위군의 입장에서는 무기와 식량이 턱없이 부족했기 때문에 대외적인 원조도 못받는 자신들의 상황에 크게 절망하고 있었다.

이같은 절망적인 상황하에서, 포위된 방위군은 다뉴브강 왼쪽 기슭에 주둔하고 있는 독일과 폴란드의 지원을 기대하고 있었다. 실제로 폰 로트링겐 공작이 인솔하는 보충부대에 전 유럽의 운명이 걸려 있었다. 슈타르헴베르크 백작으로서는 연합군과 신속히 접촉해야 했다. 사태가 매우 위태로워졌기 때문이다. 여러 차례의 접촉에도 불구하고 실패가 거듭되던 중 마침내 터키어를 자유자재로 구사하는 라이체(그리스 정교를 신봉하는 세르비아인의 뜻)가 나타났다. 그의 이름은 프란츠 게오르그 콜치츠키라고 했다. 그의 임무는 방위군을 위한 중요한 정보를 폰 로트링겐 공작에게 전달하는 일이었다. 콜치츠키는 남헝가리의 소도시 출신이었는데, 상인으로서 여러 번 터기 여행을 한 적이 있어 적의 생활 습관을 잘 알고 있었다. 8월 13일, 그는 중요한 임무를 띠고 하인인 미하일로비치를 대동, 빈을 떠났다. 그리고 터키인으로 변장한 채 카렌베르크와 클로스타노이브르크를 거쳐 독일군 진영까지 잠행했다. 임무를 마치자, 그는 갖가지 모험을 겪으며 누스도르프를 거쳐 빈의 쇼텐 문을 지나서 다시금 포위되어 있는 거리로 되돌아왔다. 다행히도 그 뒤 빈이 해방된 것은 잘 알려진 일이다. 그리고 빈의 해방이 이 세르비아인의 용감한 행동에 힘입은 바 컸음은 두 말할 나위도 없다. 이같은 공로로 그는 많은 포상금과 시민권을 얻었을 뿐 아니라 토지와 직업에 관한 특별 면허를 취득하게 되었다. 게다가 그는 터키인이 남기고 간 대량의 커피를 얻게 되었다.

이 커피는 여러 가지 값비싼 물건 중에서 어느 누구도 관심을 두지 않은 물건이었다. 이 커피를 가지고 그는 얼마 후 돔갓세 6번지에 빈 최초의 카페하우스를 열었다. 이 가게는 '푸른 병정(瓶亭)'이라는 이름을 갖게 되었으며, 1694년 그가 죽을 때까지 줄곧 번창했다. 당시의 조합 등록부에서 그의 이름을 찾아볼 수는 없다. 그러나 콜치츠키가 빈 최초의 카페하우스 창업자라는 사실은 모두들 잘 알고 있다. 관공서의 기록에 따르면, 가장 오래된 빈의 카페하우스 점주는 테오다트라 불린 그리스인으로 되어 있다. 그러나 개인적인 특권은 1697년에 교부되었으며, 대부분의 경우는 슈타인베르거라든가 블레터,

크라우스, 코룬베르크 등 독일인 이름으로 되어 있었다. 그와 함께 몇몇 레반트 출신자나 중근동 출신의 카페 점주도 있었다. 그들 중 대부분의 사람들은 빈을 단념하거나, 또는 벌이가 더 좋은 일을 찾아 다른 도시로 옮겨갔다.[1]

신문과 당구대도 카페의 인기

1700년에 빈에는 카페영업 면허를 소지한 4명의 점주가 있었다. 그들은 공영 작업장에서 차, 커피, 초콜릿, 그리고 샤벳(과즙에 향료를 넣은 청량얼음과자)류를 볶거나 만들도록 되어 있었으므로, 카페에서는 정숙과 질서를 지키는 것이 의무화되고 있었다. 곧이어 '증류수 제조업자'가 그들의 동료로 합류하게 되었다. '증류수 제조업자'들은 카페 점주라는 새로운 직업의 출현으로 자칫하면 자신들의 장사에 지장을 받게 될 것으로 알았으나 카페 점주와 동업조합을 만듦으로써 비로소 안심하게 되었다. 그들의 간판은 터키인 한 명이 그려져 있는 화려한 모습을 하고 있었다. 그리고 한편에서는 사람들의 관심을 끌기 위해 가게 앞에서 석탄이 태워지고 있었다.

18세기 초에는 이미 신문이나 당구가 있었다. 이들 신문이나 당구에 대해 사람들도 곧 호기심을 갖게 되었다. 카드 노름이나 주사위 노름은 금지되고 있었으며, 끽연자는 별실에서 담배를 피워야 했다. 어쨌든 카페하우스는 아마도 문전성시로 대성황을 이뤘던 것 같다. 왜냐하면 1730년에 카페하우스는 "30여 군데로 늘어났으며, 그곳에서는 여러 종류의 차가운 음료나 리큐르가 제공되고 당구로 놀 수도 있었기 때문이다. 또 이런 가게에서는 언제나 소설가를 만날 수 있었다. 신문 기사가 궁금해 늘 신문을 읽으면서 신문에 관해 토론했고, 전쟁과 평화에 대해 논의하는 패들도 있었다."

마리아 테레지아 여제의 엄격한 통제 아래 빈의 커피 점주들 또한 여러 가지 억압적인 행정상의 명령에 의해 자유로운 직업 활동을 제한받고 있었다. 그들은 부활제나 성령강림제, 그리고 크리스마스라든가 삼위일체의 축일, 마리아의 수태일에는 가게 문을 닫아야 했다. 한편으로 일요일이나 축제일에는 정오가 지나면 개점이 허용되었다. 신문을 가게 안에 두는 문제, 특히 글씨를 손으로 쓰는 종류의 것을 카페 안에 두는 문제에 대해서는 시대의 흐름 속에서 금지명령이 되풀이되었다. 그 결과 어떻게 하면 이같은 규칙을 피해나갈 수 있을지 궁리하게 되었다. 폐점시간은 오후 11시로 규정되어 있었다. 당구 마저도 일정한 조건이 부여되어 있었다. 1785년 5월 7일자 행정명령에는 "당구는 도로와 마주 보고 있는 1층이나 창이 직접 도로와 면하고 있는 곳 외에는 설치할 수 없다"라고 규정되어 있었다. 밤이면 창에는 셔터가 아니라 커튼을 쳐야 했다. "이같은 방법에 따라 고액의 도박이나 불법적인 도박은 폐지되어야 한다. 각 장소에 배치된 감시인은 그 앞을 지나치다가도 위법행위를 즉시 적발할 수 있다. 또한 엄정하게 조치하기 위해 현장에는 노름판의 주인과 노름꾼에게 적용되는 벌칙을 고지할 수 있다. 이밖에 돈을 거는 당구 게임은 모두 폐지되며 앞으로도 허가되지 않는다."

　이런 제한에도 불구하고 테레지아 시대에 매우 소극적인 영업이기는 했으나 카페하우스의 수는 계속 늘어났다. 값은 어디서나 비슷했다. 고급 크로와상이 딸린 커피 한 잔 값은 보통 4크로이처(남독일, 오스트리아, 스위스에서 사용된 소액의 돈)였다. 이밖에도 차, 초콜릿, 아이스크림, 리큐르 또는 여러 가지 구운 과자나 음식을 싼값으로 주문할 수 있었다. 가구 집기는 간소한 것이었는데, 대부분 떡갈나무로 만들어졌다. 벤치나 의자, 테이블은 검은 가죽으로 둘러져 있었고, 바닥

은 미끄러질 정도로 윤이 났
다. 급사들은 1800년까지는
땋아 내린 머리를 하고, 삐걱
삐걱 소리 나는 구두를 신고
있었다. 또 흰 넥타이, 금속제
단추가 달린 빨간색 긴 조끼,
초록색 앞치마를 두르기도 했
다. 대화는 모두 부드럽게 나
누어졌고, 그 때문에 외국 손
님들이 여러 사람들과 친밀해
지는 것이 하나도 이상할 것
이 없어 보였다. 손님들이 어

▲ 빈에 처음 커피를 가져온 게오르그 프란츠 콜치스키.

떤 것에 특별히 관심을 보이느냐에 따라 카페하우스들은 각기 특색
을 지니게 되었다.

　어느 프랑스인은 1780년에 이렇게 기록하고 있다. "빈의 카페하우
스는 단순히 휴식하기 위한 장소가 아니라 예컨대 많은 시민들의 도
피장소이다. 이들 시민들은 즐거운 마음으로 카페하우스에 모여들었
는데, 아마도 그것은 카페가 그들에게 가장 값싼 집회장소였기 때문
이었을 것이다. 많은 사람들에게 카페는 즐거운 장소였고, 또 어떤
사람들에게는 골치 아픈 일에서 벗어날 수 있는 장소이기도 했다. 그
곳에서는 모두들 공적인 사건이나 개인적인 사건에 대해, 또는 경제
상태나 문예에 대해, 그리고 상업이나 소송 문제에 관해, 나아가서는
학문이나 예술에 관해 대화를 나눌 수 있다. 한 마디로 어떤 계기가
되면 정치적, 문학적, 경제적, 법률적, 도덕적인 문제들이 언제든지
대화의 대상이 되었다. 이들 카페하우스가 늘 모여드는 사람들의 일

상생활에서 생기는 갖가지 대화 자료에 알맞은 고유 명칭을 갖고 있었다는 것은 별로 이상한 일이 아니다. 이때 질서만 제대로 유지된다면 정부는 대도시에 이러이러한 집회장소가 있으니, 기분 전환이 필요한 사람들이라든가 때로 빈둥거리며 놀고 있는 사람들에게도 고상하면서도 돈 안 드는 휴식을 즐기게 할 수 있다. 그러나 이 패들은 아마도 상스러운 방법으로 쫓겨나는 경우도 있을 것이라는 점을 시인하지 않을 수 없다."

환전상과 고리대금업의 소굴

빈에서 명성을 얻은 최초의 카페하우스 중 하나는 '카페 타로네'였다. 이 카페는 1748년에 증류수 제조업자인 요한 야콥 타로네에 의해 그라벤에 만들어졌다. 인가를 얻자마자, 타로네는 자기 카페 앞에 테이블과 의자를 두 줄로 놓고 여름에는 청량음료를 파는 텐트를 쳐도 좋다는 허가도 얻었다. 장사는 예상대로 잘 되었다. 이윽고 카페하우스가 환전상이나 고리대금업의 소굴이라는 이야기도 나오게 되었지만, 어쨌든 그곳은 빈의 가장 근사한 사교장이었다. 값비싼 거울과 유리 상자에 들어있는 추시계로 장식된 큰 객실에서는 오랜 시간동안 일류 도박사가 대기하고 있었다. 그들 중에서 제일 유명한 사람이 호르셸트였다. 그는 때때로 1백굴덴(화폐단위)의 게임을 했는데, 그를 이기는 상대는 없었다. 황제 가족의 성명(聖名)축일이나 다른 축제 행사 때면 카페에 화려한 조명등이 장식되었다. 집 앞 거리에는 언제나 부인들이 앉아있다가 풍류를 아는 남자들로부터 커피나 아이스크림을 얻어먹었다.

타로네가 죽자 미망인이 된 그의 아내는 요제프 마젤라라는 사람과 재혼했다. 이 남자는 죽으면서 다시 2만 8천 굴덴의 유산을 남겼다. 그 뒤 카페의 소유자가 몇 번 바뀌었지만, 카페는 갈수록 존재 의의를 잃어갔고, 마침내는 옛 그라벤 하우스의 해체와 개축으로 완전히 사라져 버렸다.

타로네의 많은 단골 손님들은 타로네가 아직 영업하고 있을 때 '카페 밀라니'로 옮겨갔다. '카페 밀라니'는 1771년, 페라라 출신 이탈리아인 요한 밀라니가 콜마르크트에 개업한 카페였다. 밀라니도 진짜 가구 집기의 가치를 높이 사면서 거울 표면에 금박을 입힌 30여 개 거울을 달았다. 그러나 손님들의 수준은 그다지 높은 편이 아니었다. 어느 동시대인은 이들 손님들이 빈둥빈둥 노는 게으름뱅이와 허풍선이, 역겨운 유태인, 중개업자나 매춘 중개인 등이었다고 말했다. 1789년, 밀라니는 다른 3명의 커피 점주와 함께 대포를 주요 방어 무기로 배치하고 설계된 지난날의 성채에 레모네이드를 파는 텐트를 쳐도 좋다는 허가를 받았다. 이는 나중에 유명해질 '옥슨밀러'를 창업하는 계기가 되었다. '옥슨밀러'란 황소에게 곡식을 빻도록 하는 것을 뜻하는 말인데, 이 텐트 주변에 산책할 만한 장소가 없어 남자나 여자나 텐트 주위를 빙빙 걸어다닌 데서 생겨난 이름이었다. 이곳엔 수백 개의 의자가 놓여 있는 거대한 텐트가 세 군데나 쳐져 있었고, 훌륭한 나무들이 응달을 만들어 주고 있었다. 어느날 밤에는 여기서 아이스크림 6천개가 팔리기까지 했다. 사랑의 여신은 '옥슨밀러'보다 더 바쁜 가게가 다른 곳에는 생겨나지 못하게 했는지 모른다. 이 가게의 장부에 따르면, 대부분의 도시 주민들이 이 휴양소를 끼고 생활의 터전을 잡게 되었다고 어느 짓궂은 연대기 작자는 기록하고 있다.

두 가게가 엄청난 호황을 누리고 있었음에도 불구하고, 커피 점주 밀라니는 급속히 내리막길로 치달았다. 1791년, 브르크바스타이에 있던 그의 텐트가 경찰의 감시를 받게 되었다. 한편 실내 장식에 1만 4천 굴덴이나 쓴 콜마르크트의 카페는 그 뒤 파산하고야 말았다. 아마도 요란한 영업방침이 혁명시대의 혼란을 가중시킨 셈이 되었을 것이다. 배우이자 작가인 요하임 페리넷은 이렇게 기록하고 있다. "이 카페의 단골손님들이란 빈둥빈둥 노는 게으름뱅이들이며 커피나 마셔대는 밥벌레들이다." 마침내 밀라니는 6만굴덴의 빚을 짊어진 채 도망치지 않을 수 없었다. 1808년, 그는 가난 속에서 죽었다.

'타로네'나 '밀라니' 보다 더 유명해진 것은 슈롯사게스헨에 있던 '크라마셰 카페하우스' 이다. 1771년, 1만 8천 굴덴에 카페를 인수한 미카엘 헤르틀 덕분에 이 가게는 호황을 누리게 되었다. 그레파[2]는 이 카페하우스에 대해 '하루 종일 어두컴컴한데다가 20명 정도는 그나마 쾌적하게 앉을 수 있는 동굴 같은 곳'이라고 기록하고 있다. 1층에 있던 방 입구에는 무어인(북서 아프리카에 사는 이슬람 교도) 한 명이 놋쇠로 만든 물주전자를 들고 있었다. 한 쪽엔 문 좌우에 초록색으로 칠해진 커다란 나무 벤치와 작은 테이블이 놓여 있었다. 내부의 벽은 떡갈나무로 꾸며져 있었다. 테이블은 여섯 개가 있었고, 이들 테이블 위에는 등불 두 개가 종일 타오르고 있었다. 네 개의 벤치와 결이 거칠어 보이는 가죽 커버가 씌워진 의자도 있었다. 벽 사면에는 거울 달린 등불과 약간의 그림, 시계 등이 걸려 있었다. 2층에는 장식이라곤 없는 당구장이 있었는데, 그처럼 무미건조한 점이 특색이라면 특색이라고 할 수 있었다.

지식인들의 논쟁 장소

크라마셰는 생겨난지 얼마 지나지 않아 지식인들의 카페하우스로 불리게 되었다. 이곳에선 각종 신문들을 읽을 수 있었다. 단골 손님들 중 일부는 작가, 예술가, 대학교수들이었고, 또 일부는 외국인들과 정치적 불평·불만가들이었다. 이 불평가들은 늘 불평을 늘어놓는 것이 아니라 와인하우스나 비어 하우스에서 타인들과 논쟁을 벌이기 위해 카페에서 논쟁 자료를 모으는 게 주목적이었을 뿐이다. 사람들은 특히 읽기 위해 이 카페하우스를 찾았다. "나는 자주 크라마셰의 카페하우스를 찾는다"라고 어느 여행자가 기록하고 있다. "당구대도 없고 또 손님들도 별로 많지 않기 때문이다. 이곳에는 대화가 거의 없고 정치적인 논쟁 같은 데 말려들 염려도 없기 때문에 외국인에게 추천해도 좋을 것 같다. 가게는 쾌적하다고는 할 수 없는 방 하나로 이루어져 있다. 일주일에 두 번 나오는 빈 궁전 신문외에 함부르크 코레스폰던트, 에를랑가 신문, 노이비다 신문, 도이치 레겐스부르크 신문, 메르쿠르 라티스본, 쥬르날 프랑크푸르트, 사자(死者)나라에서의 대화, 시랏하의 정치 잡지 등이 있다. 정부가 늘 감시하고 있어 편집자는 자주 교체된다." 어떤 영국 신문은 일년에 9굴덴이나 하는 비싼 대금을 받는 바람에 더 이상 가게에 비치할 수 없었다.

이같은 음식점 사회를 자세히 관찰할 때 먼저 만나게 되는 사람은 모두의 존경을 한몸에 받고 있던 코르넬리우스 폰 아이렌호프 원수이다. 그는 고상한 스타일의 오스트리아 연극의 창시자이며 일찍이 《우편열차》 덕분에 프리드리히 황제의 주목을 받은 인물이다. 이 카페의 단골 중에는 예전에 프리메이슨(세계주의의 비밀결사원)이기도 했던 시인 알로이스 블루마우어도 있었다. 그는 《아에네이스》(로마의 베르길리우스가 지은 서사시)를 외설스럽게 번안했는데 그것이 대단한 소동을 일으켰다. 그는 전기 작가로서, 그리고 빈의 문예연감 창시자로서, 또한 문예 카페하우스 주변에서 여러 가지 행사를 했다는 점에서 널리 인정받고 있었다. 그런 행사에는 알싱거, 하슈카, 레처, 라추키가 참여했다. 블루마우어와 마찬가지로 예수회 회원이었던 하슈카는 훗날 대학도서관 관리관으로 지내다가 테레지아눔에서 미학교수가 되었다. 그는 하이든이 작곡한 유명한 민족찬가 《신이여, 프란츠 황제를 돌보소서》를 썼다. 이 고귀한 회합에는 때로 외국 손님도 끼어 있었다. 예컨대 젊은 포르스타[3]도 그 중 한 사람이었다. 그의 말에 따르면, 그는 카페라는 굴속에 앉아 신문이나 잡지 등을 뒤적거리는 것을 좋아했다. 재기발랄한 것으로 알려진 폴란드의 모험가 미하엘 지스츠나우스키 또한 이 카페의 재산목록에 올려놓아도 될 만한 사람이었다. 매우 폭넓은 교우관계를 가졌던 그는 '호텔의 지배인'이라도 되는 것처럼 이 카페하우스에서 지냈다. 그가 죽은 후, 그가 늘 앉아 있던 자리 옆 벽에는 몬소리노가 그린 그의 초상화가 걸리게 되었다.

카페는 '음침한 정치적 음식사원'

보수반동 시대에 경찰은 이 '음침한 정치적 음식사원'을 예의 주시, 스파이를 보내 그곳에서 일어나는 일들을 체크하도록 했다. 빈의 시민은 혁명시대로 말미암아 자극되는 일이 거의 없었다. 다른 나라에서 민중의 원한을 불러일으켰던 많은 일들에 대해 냉철하게 견디어냈던 것이다.

1797년, 점주인 미카엘 헤르틀이 죽자, 그의 미망인은 얼마 후 안톤 리스트에게 가게를 팔았다. 리스트는 그 뒤 관할 관청에 카페하우스 확장 신청을 냈다. 손님들이 앉는 자리가 비좁은 데다가 신문을 읽기에도 어두워 도로에 면한 둥근 천장 아래로 가야만 한다는 것이 그 이유였다. 또 불을 사용해야 하는 조리장도 제대로 갖추지 못했던 것으로 보이며, 가게에서 당구실로 가는 계단도 좁고 어두워 걷기 힘들었던 것으로 생각된다. 리스트는 인접한 건물로 통하는 복도를 만들 계획을 세웠다. 그래서 그 건물의 방 네 개를 8년간 빌려쓰기로 계약했다. 그러나 관청은 이 계획을 승인하지 않았다. "카페하우스는 옛부터 외부적으로나 내부적으로 현재와 같은 상태로 운영되어 왔다. 그리고 외국에서나 국내에서나 주로 상류사회 인사들이 단골로 다니는 장소이며, 고위 관리자들의 오락장소이기도 하다. 이런 인사들은 실내가 어둡다거나 계단을 오르내리기가 불편하다거나 해서 카페하우스를 찾지 않거나 하는 일은 없을 것"이라는 것이 그 이유였다.

1804년, 리스트의 후계자인 불라시우스 치투만이라는 사람이 가게를 인수하게 되면서 비로소 건물 확장 허가를 받을 수 있게 되었다. 그러나 그는 기존의 그 유명한 1층 방을 없애고 대신 이웃집 2층에 카페를 꾸몄다. 그곳은 고급 집기로 장식돼 있었으나 언뜻 보기에는 검소하게만 보였다. 그러나 1866년에 건물이 헐리면서 완전히 소멸되어 버렸다. 그는 또 유명한 루트라무스헤레의 소유자이기도 했다. 이 루트라무스헤레는 새 카페하우스와 바로 이웃하고 있어 그의 많은 단골 손님들이 이 문학서클에 참가했다.

〈원저자 주〉

(1) 틸이나 구기츠 등 여러 작가들은 커피가 처음 수입된 시기에 대해서는 의견이 명확하지 않다. 틸은 1624년의 관세제도 아래에서 인용되고 있는 '가파'를 시사하고 있지만, 그것은 사실 커피가 아니라 '장뇌'(樟腦)라고 볼 수 있다. 구기츠는 〈Bellu Veneris conjugale〉(1627)에서 "마음 속으로 그들은 시원한 무엇인가를 먹고 싶었다. 왜냐하면 그들은 언제 어디서나 따뜻한 코펜트보다 찬 와인을 마셨기 때문이다." 여기서 코펜트라는 단어는 커피가 아니라 평수도사가 즐겨 마신 연한 맥주를 뜻하고

있다.

(2) 프란츠 · 그레파(Frantz Gräffer 1785~1852)

리히텐슈타인 선제후의 사서로 근무했으며 후에 출판업과 고서적업에 종사했다. 그의 문학적 노작은 특히 빈의 음식점 묘사, 빈의 문학생활의 내부적 상태를 아는 데 큰역할을 했다.

(3) 게오르그 포르스타(George Forster 1754~1794)

아버지를 따라 러시아와 영국을 여행했으며, 쿠쿠의 제2차 세계여행에도 식물학자로서 참가했다. 귀국 후, 그는 카셀과 비르나에서 박물학 교수가 되었다. 후에 마인츠에서 선제후의 사서가 된다. 그와 함께 네덜란드 영국 프랑스를 여행한 알렌산더 폰 훔볼트는 연구여행자로서의 포르스타로부터 많은 영향을 받았다. 그는 독일의 예술적 기행문의 창시자이다. 프랑스 혁명에 대한 감동은 나중에 그를 독일에 대한 반역자로몰아 넣었다. 1793년 마인츠 공화주의자 대표로서 국민공회에서 프랑스와의 동맹을제안하기 위해 파리에 갔고, 독일에서 추방처분을 받아 파리에서 고독하게 객사하고말았다.

11

새로운 하이마트(고향)

빈의 카페하우스 수는 18세기 말경에는 약 80군데였다. 이들 대다수는 도심부에 모여 있었다. 교외에도 이 시대까지는 레오폴드슈타트에 있던 두서너 군데의 카페하우스만이 그런 대로 중요한 위치를 차지하고 있었다. 그 옛날에 어떻게 해서든 가게를 넓히고 이런저런 이유를 들어 건물 확장 허가를 받고자 했던 커피 점주들이 있었다는 것은 특기할 만한 일이다. 그러나 정부측은 그들을 가리켜 건물 확장 허가 신청이 인가되지 않으면 불평을 하는 소송가들이라고 단정하면서 다음과 같은 이유를 들어 그들의 요구를 수용하지 않았다. "도시 주민 수가 증가하고 커피 음용도 증대하면서 마침내 커피 음용은 하나의 습관이 되었다. 따라서 카페하우스가 없는 지역에서는 이런 종류의 가게가 대중의 쾌적한 생활을 위해서도 생겨나야 한다. 다만 기존 커피점은 기존 커피점대로 손해를 보지 않아야 하고, 신규 개업자는 신규 개업자대로 생계를 꾸려나갈 수 있을 정도의 이익을 얻을 수 있도록 배려해야 한다."

커피 점주의 수입원이 될만한 것으로 빈에서 특히 인기가 있던 것이 바로 당구였다. 장소만 허가되면, 술집 곁에 있는 방이나 주점 내에 한 대 또는 몇 대의 당구대를 들여놓았다. 당구대는 처음에는 폭이 좁고 길었다. 또 당구를 칠 때 사용되는 키는 휘어져 있었다. 그러나 18세기 중엽이 되자, 휘어진 키는 똑바로 된 큐로 바뀌었고, 탄력성이 없었던 쿠션은 유연한 쿠션으로 바뀌었다. 네 구석과 양쪽 긴 쿠션 한가운데에는 주머니가 붙어있는 구멍이 있었다. 큐로 친 당구공이 그 주머니에 떨어지면 작은 종이 울리게 되어 있었다. 대체로 스페인 피라미드와 이탈리아 피라미드를 좋아들 했는데, 승부 때는 블랑슈나 카로리네 등의 승부를 선호했다. 후자의 게임에서는 목제 트라이앵글로 15개의 흰 공을 피라미드 모양으로 늘어놓게 되는데,

▲ '당구대학'으로 불려온 빈의 후겔만 카페하우스. 녹색 융단이 깔린 당구대에서 최우수 선수들이 당구를 치는 모습과 기법을 구경하고 있다.(1820년 그림)

붉은 공을 가진 경쟁자는 맨 앞쪽 공을 노려 치게 되어 있었다. 그리고는 구멍에 두 개씩 공을 넣으면 되었다. 실패하지 않고 15개의 알을 모두 쳐서 집어넣으면 승리하는 것이었다.

빈 최고의 당구광들은 레오폴드슈타트의 '카페 후겔만'에 모여 들었다. 이곳은 흔히 '당구 대학'으로 불렸다. 48집의 카논 게임은 2크로이처, 48집의 스페인 게임은 4크로이처, 피라미드 게임의 승부에는 3크로이처를 지불하게 되어 있었다. 당구대를 빌려서 게임을 할 때는 시간당 8크로이처를 지불해야 했다. 특히 등불 밑에서 하는 게임인 경우, 과세되는 세금이 배로 부과되었다. 점주는 통상적으로 1년에 12굴덴의 돈을 면허세 명목으로 교도소나 매춘부 갱생시설에 기부해야 했다. 당구대가 하루에 버는 금액으로 볼 때 결코 비싸지 않은 금액이었다.

당시의 빈 시민들의 일반적인 라이프 스타일을 살펴보기로 하자. 니콜라이의 책에는 시민들의 일상적인 생활 습관에 관한 언급이 있다. "여름이 되면, 그는 아침 일찍 버터나 밀크 크림에 약간의 크로와상이나 밀크가 들어있는 작은 빵을 먹었다. 겨울에는 밀크 커피에 계란이 들어 있는 크로와상을 넣어 마셨고, 미사에 가기 전에는 '기도의 소시지' 한 접시를 먹었다. 오전 중에는 카페하우스나 앵두술을 파는 술집에 앉아 찬 음료를 즐겼다. 낮에는 보통 여러 요리들을 먹었는데, 그 양도 많았다. 식사가 끝나면 그는 소화가 잘 되도록 흔들의자에 앉았다. 4시경이면, 가벼운 음식이나 간식으로 빵을 먹었다. 여름에는 5시에 로트링거 비어하우스나 케룬트나슈라세에 있는 비어하우스를 찾았다. 거기서 그는 루프트 맥주나 헤르나 맥주를 마신 후 베이컨 토막이나 닭고기를 먹었다. 때때로 그는 구운 에스카르코(식용 달팽이)나 등심 로스트를 먹었는데, 어떤 때는 접시에 하나 가득 담겨진 크로와상을 먹었다. 그렇게 먹었으면서도 그는 8시경이면 집에서 또다시 푸짐한 저녁을 먹었다."

시민들이 마음 편하게 이런 물질 생활을 하고 있을 때, 젊은 세대에서는 신체적인 운동을 즐기는 경향이 두드러졌다. 즐거운 사육제가 끝나 따뜻한 계절이 되면 교외의 댄스홀이 성황을 이뤘다. 여름 동안에는 아우가르텐에서 상류계급을 위한 무도회가 열렸다.

날씨가 좋을 때면 사람들은 저녁부터 밤중까지 콜마르크트를 산책했고, 부인들과 함께 주변의 카페하우스를 찾았다. 당시 빈에서 가장 인기있는 구경거리로는 동물의 곡예를 들 수 있는데, 춤추는 곰, 원숭이의 익살, 소나 늑대, 개, 돼지들의 처참한 싸움 등이 볼거리였다. 이런 피비린내 나는 싸움을 사람들은 즐거운 눈초리로 보고 있었다. 이 도시를 방문한 외국인들은 언론의 자유가 있는데 놀랐다. 이 언론의 자유에 대해서는 도처에서 놀랄 만한 증거를 입수할 수 있었다. 정부가 돈으로 고용한 한 무리의 스파이를 각처에 밀파하고 있다는 것은 잘 알려진 사실이지만, 많은 와인하우스나 비어홀 또는 카페하우스에서는 공공연하게 정치나 종교에 대해 악의적인 비판이 가해지고 있었다.

이들 정보원들은 여러 모임에 들이닥쳐 아무런 생각 없이 모인 서클을 불안케 했다. 그들은 특히 요리집이나 카페하우스, 산책길, 그리고 공원이나 사람들이 잘 가는 곳에 진을 치고 있었다. 그들은 어떤 때는 음식점 주인이나 당구장의 득점 기록계, 상인의 하인, 또는 연금생활자나 비서로 가장하고 있었다. 의사나 변호사, 남작이나 백작, 또는 수도원장 앞에서도 안전치가 못했다. 그러나 입이 가볍고 아무 말이나 지껄이기를 좋아하는 빈 시민들은 변장한 스파이를 경계하는 데 너무나 무관심했다.

커피 음용의 습관은 마리아 테레지아 시대에는 사회의 최하층에까지 침투되고 있었다. 새벽에 식료품을 시장에 가져가야 하는 농민들마저도 이 음료를 마시면서 몸을 따뜻하게 하는 것이 상례였다. 그들은 카페하우스에 앉아있기 보다는 성문 아래서 1크로이처에 접시나 사발을 팔고 있는 이른바 수다쟁이 여자들(매춘부의 뜻도 있는 것 같다) 곁에서 자신들의 욕구를 충족시켰다. 이 경우, 커피 대신 값싼 대용품이 사용되었다.

페즐은 빈에 관한 스케치에서 이렇게 기록하고 있다. "교외 도처에서 특히 하층민 애호가들을 위해 크로와상 한 접시가 1크로이처에 팔리고 있었다. 하지만 그것은 진짜 커피가 아니라 불에 볶은 보리로서, 시럽으로 단맛을 내고 있었다. 그럼에도 불구하고 적지 않은 사람들이 달여서 짜낸 이 액체를 마시고 있었다. 왜냐하면 1크로이처를 가지고는 위장을 따뜻하게 채워줄 만한 아침 식사를 할 수 없었기 때문이다. 커피를 파는 이런 노점은 손님들만 어지간히 있으면 하루 33크로이처는 거뜬히 벌 수 있었다."

이들 고물상 여자들 때문에 시내 카페하우스 점주들은 당국에 여러 차례 진정했다. 공문서로 보장되고 있는 영업권이 노점상에 의해 침해받고 있다고 생각했기 때문이다. 그러나 그들의 진정은 수용되지 않았다. 생각컨대 이같은 수용 거부는 올바른 조치였던 것으로 여겨진다. 커피 대용품을 팔고 있는 이들 가게는 카페하우스가 있는 곳에서 멀리 떨어져 있어 거의 경쟁상대가 되지 않았기 때문이다.

빈의 카페하우스들은 영업과정에서 때때로 파산 사태를 빚었다. 또한 소유권 이전이나 유명 음식점의 소재지가 바뀌는 일들도 잦았다. 그러므로 이들 카페하우스의 운명을 일률적으로 설명하기란 쉬운 일이 아니다. 그런 상황에서도 요한 드카티 같은 특이한 인물이 있었다. 그는 전에 쉔브룬궁 정원 근처에서 카페하우스를 운영하다가 궁정이 이전할 때 슈트로첸구른트의 슈바르첸아들러 곁에서 영업할 수 있는 허가를 얻었다. 그는 1777년 가을에 카페하우스를 개점했으나 4년 후에는 쌓이고 쌓인 부채 때문에 야반 도주했다. 그 뒤 채권자들과 합의, 1783년 5월에 드로테엔가스에 새로 카페를 차렸다. 드카티가 자랑하는 것은 여러 종류의 빙과를 갖추고 있다는 점이었다. 그는 거리에서도 이들 빙과를 팔았다. 그는 많은 종류의 신문도 갖추고 있었고, 끽연자와 당구 손님을 위해 2층에 특별실 두 개를 만들기도 했다. 이들 특별실에는 끽연자를 위해 담배 파이프와 필요한 물품들이 준비되어 있었다. 1786년, 그의 아들 요제프가 결혼과 함께 이 사업을 대물림 받았다. 한편 드카티는 붉은 탑 곁에 있는 샤프덴류셀 하우스 안에 다시 새 음식점을 차렸다. 이 카페에서는 제법 고액의 복권 추첨이 있었는데, 1층에는 2대, 2층에는 1대의 당구대가 설치되어 있었다. 동시에 그는 도시 주위의 수로와 접하고 있는 성문 옆에 천막을 친 카페를 열었다. 그러나 두 번에 걸친 부채로 채권자들이 경영 관리를 하게 되었고 그는 그 사실을 비통해하다가 끝내 사망했다.

드카티의 미망인은 그의 사후 카페하우스의 권리를 암브로시우스 아우구스티니에게 양도했다. 이 남자는 붉은 탑 곁의 카페하우스를 위해 방 여덟 개를 세주면서 이들 방의 장식에 막대한 돈을 들였다. 일주일에 세 차례, 즉 일요일과 화요일, 목요일에는 손님들을 즐겁게 해주기 위해 실내악단 연주도 하게 했다. 아우구스티니는 여러 모로 카페하우스의 개축을 시도하다가 1811년, 하프나슈타이크로 카페를 옮겼다. 그리고 3년 후, 그는 붉은 탑 성문 위에 다시 여름의 파빌리온(대형 텐트)을 쳤다. 1819년에 그는 이 파빌리온을 비베르바스타이의 발첸으로 옮겼다. 황제도 이 자극적인 광경을 구경하러 찾아왔다. 이 새로운 장소에 아우구스티니는 이른바 '중국의 작은 마을'을 건설했다. 이 마을은 마음이 상쾌해지는 전망 등으로 빈 시민이 즐기는 행락지가 되었다. 그토록 부지런하고 열심히 일했음에도 불구하고, 그의 만년은 만성적인 경제적 타격으로 허덕이게 되었다. 1822년, 그는 재차 붉은 탑 인근으로 옮겼으나, 그 뒤 곧 사망, 막대한 부채만 지게 되었다.

특별여흥으로 활기

카페하우스는 더욱 세간의 주목을 받게 되었다. 특별 여흥 등을 선보이고 단골들의 독자적인 모임이 늘어나면서 언제나 활기찬 모습이 연출되었다. 각 계층을 위한 카페도 늘어났다. 예컨대 작가나 예술가, 배우 또는 궁중 고문관이나 저널리스트를 위한 카페하우스 외에도 상인, 하인 또는 여자 요리사나 길목에서 손님을 태우는 마부들을 위한 가게도 생겨났다. 그들은 그들 나름대로 자신들이 관심 있는 사교적인 활동에 자유로이 참가할 수 있었다. 예컨대 보헤미아라든가 티롤, 마케도니아 상인들은 '자이첸 카페하우스'에서 만났는가 하면, 여자 요리사들은 '카페하우스 뮐러'를 자신들이 모이는 장소로 삼고 있었다. 당시 유명했던 《은밀한 대사》라는 잡지의 편집자였던 프란츠 슈타우딩가는 '카페하우스 춤 골드넨 다텔바움'을 근거지로 삼아 뉴스를 수집하고 있었다. 이 카페는 처음에는 요제프 하이데라에 의해 운영되다가 그 뒤 페터 루츠에 의해 경영되었다. 슈타우딩가는 이곳을 일종의 통신과 뉴스 수집을 위한 사무실로 활용하고 있었다. 그리고 여러 종류의 뉴스로 빈 시민을 놀라게 했다.

모차르트는 요한 랑그의 카페하우스에 자주 드나들었다. 이 카페하우스에는 훗날 그의 흉상이 놓여지게 되었고, 그를 되새기기 위해 그 이름도 '카페 모차르트'라 불리게 되었다. 그가 사교적인 분위기를 좋아했다는 것은 널리 알려진 일이다. 뫼리케가 기록하고 있듯이, 그는 손님 접대를 좋아했고, 일주일에 두서너 번씩 친구들과 함께 카페하우스에서 점심 먹는 것을 빼먹은 적이 없었다. 때때로 그는 자기 아내를 놀라게 하기 위해 별안간에 손님들을 집으로 데려가곤 했다. 그는 휴식을 취할 때 집이 아니라 주로 밖에서 지냈다. 그의 모습은 매일 점심이 끝난 후 카페하우스에서 볼 수 있었다. 여기서 그는 당구에 열중했다. 이 게임에서 그는 거의 명인의 솜씨를 발휘했다. 그는 또 친구들과 함께 시골에 가는 것을 좋아했는데, 그럴 때면 마차를 타거나 직접 말을 타고 가기도 했다. 또한 뛰어난 무용수로서 무도회나 가장 무도회에 참가했는데, 황제 요제프는 그의 음악을 평가할 만한 능력은 없었으나 그에게 호감을 갖고 있었다.

《후궁의 유혹》이 연주된 후 황제 요제프가 한 말은 잘 알려지고 있다. "우리 귀에는 너무도 아름답게 들리는구나. 게다가 이 얼마나 힘찬 풍조인가, 모차르트여!" 황제 레오폴드가 통치하게 되면서 궁정과의 관계에 변화가 생겼다. 황제의 자녀들에 대한 수업은 중단되었고, 궁정 악장 지위에 관한 청원도 받아들여지지 않았다. 나폴리왕 부처가 방문했을 때, 바이글의 《카페테리아 비즈아라》는 연주되었으나 《피가로》나 《돈 환》은 연주되지 않았다. 모차르트의 사후, 황제는 비로소 그의 채무를 말소하고 그의 미망인에게 연금을 주었다.

음악애호가들은 캐른트나 문 근처의 비간트에서 만나는 것이 상례였다. 이곳 발코니에서는 대포를 주요 방어 무기로 전제하고 설계된 성의 산책로를 내려다보는 즐거움을 누릴 수 있었다. 빈 시민으로서는 신기하기만 한 카페하우스 콘서트 덕택에 비간트에는 많은 손님들이 들끓었다. 1789년의 어느 광고문에는 다음과 같이 쓰여져 있다.

"작년에 '벨르 뷔'로 불리는 카페하우스에서 열린 음악의 밤을 즐겨 주신 많은 고객님들께 감사의 말씀을 올리면서 아울러 5월 1일부터 똑같은 음악의 밤을 갖기로 했음을 알려드립니다. 날씨만 좋으면 매일밤 그곳에서는 훌륭한 음악가들이 고객님들을 즐겁게 해드릴 정선된 음악을 연주할 것입니다. 뿐만 아니라 각종 빙과류와 청량 음료도 서비스 하겠습니다. 또한 아침 여섯 시에는 발코니가 아니라 당구실에서 그 시간까지 남아계신 고객님들을 위해 4중주, 5중주, 6중주 등으로 즐거움을 안겨드리겠습니다."

빈의 카페 콘서트 창시자로 알려졌던 비간트도 카페하우스를 유지할 수 없어 1792년에 경영권을 클레오파 레히나 부인에게 넘겨야만 했다.

레오폴드슈타트의 슈라크브뤼케 곁에 있던 카페하우스 중에서는 후겔만 카페하우스와 그 맞은편에 있던 바그너 카페하우스가 유명했다. 당시 빈에서 성공한 몇 안 되는 카페 점주 중 한 명이었던 라이문트 프로인딘 안토니의 부친 이그나츠 바그너는 그밖에도 프라터에 다른 카페하우스를 가지고 있었다. 프라터의 여름 파빌리온은 어쨌든 간에 슈라크브뤼케의 지점으로 알려지게 되었다. 이들 파빌리온의 소유자가 동일 인물이거나 아니면 어떤 식으로든 친척관계였기 때문이다. 순수한 바이에른인이었던 요한 융그링그는 여름 동안 이곳에 카페를 차렸다. 그의 본래 카페는 슈라크브뤼케에 있었으며 전에는 '부르크비어하우스'라 불리고 있었다. 전에 당구 게임을 옆에서 계산해 주곤 하던 융그링그는 1788년 이후 유명한 간이 숙박소였던 '신왕관(新王冠)의 희망정(希望亭)'에 소속돼 있었다. 이 멤버에는 알싱거, 블루마우어, 레처, 라추키, 페즐 같은 빈의 작가들도 있었다. 또 라파이에트 같은 유명한 외국 손님도 이 서클에 소속되어 교제하고 있었다. 프리메이슨 회원들의 음식점에서 정기적으로 열리고 있던 카지노는 빈의 프리메이슨의 자유로운 이념을 표현하는 것이었다. 융그링그는 1803년에 자기 카페를 거창하게 개조했다. 아름다운 과수원을 꾸미는 한편 커다란 테라스를 만들었다. 이 발코니에서는 도나우라든가 프라터 거리를 내려다 볼 수 있었다. 유머 작가인 마이슬은 이런 노래를 지었다.

눈앞에 보이는 멋진 테라스
네 기둥도 탄탄하게
바라보이는 곳은 프라터
그 곁을 흐르는 도나우강.

크리스찬과 유태인
마케도니아인들도 부드럽게
바람은 시원스럽지만
류머티즘 환자는 견디기 어려운 일.

봄의 미풍은 불기 시작하고
도시인을 유혹하는 바깥 바람
색깔도 가지각색의 아름다움
북적대는 모습들 즐거워만 보인다.

융그링그는 다른 여흥도 보여 주었는데, 덕분에 그는 빈 시민을 자기 카페로 끌어들일 수 있었다. 그것은 유명한 작곡가 요셉 란너 덕택이었다. 란너는 드라하넥크 형제와 함께 현악 3중주단을 결성, 손님들에게 즐거움을 선사했다. 이 악단에는 훗날 유명해진 요한 슈트라우스도 참가하게 되었는데, 그의 예술가로서의 인생은 슈라크브뤼케의 카페하우스에서 시작된 것이라고 할 수 있다. 1835년, 융그링그가 73세로 사망하자, 그의 미망인은 토지가 딸린 이 가옥을 야콥 슈티아베크에게 양도했다. 그는 바로 곁에서 영업하고 있었는데 두 채의 카페를 한 채로 만들었다. 음식점의 전성기는 서서히 막을 내리고 있었다. 1848년의 빈 극장 신문에 따르면, 손님들은 그런대로 모였으나 그들은 거의 아무 것도 먹지 않은 채 빈 파이프(당시는 카페하우스에서 손님들에게 파이프를 빌려주는 습관이 있었다)나 신문 또는 물을 요구했다. 수요일과 토요일에는 그곳에서 오랜 시간을 보내면서 곡물을 거래했다. 그러다 마침내 카페하우스는 모두 철거되었다.

이미 설명한 바와 같이 융그링그는 프라터에 여름의 파빌리온을 가지고 있었으나, 1805년에 그것을 시의 카페하우스 점주 벤코에게 팔아버렸다. 이 파빌리온에서 사람들은 1814년에 베토벤의 마지막 피아노 연주회를 들을 수 있었고, 그 뒤로는 악장 란너의 연주를 들을 수 있었다. 정원에는 어린 나무 그늘 밑에 30여개의 테이블이 놓여져 있었다. 그리고 저녁 때가 되면 대칭적으로 세워진 랜턴(각등)이 광장을 환히 밝히고 있었다. 사람들은 도시경찰 제2연대의 아침의 콘서트를 타우너와 슈트라우스의 경쾌한 연주와 마찬가지로 모두들 좋아했으며, 민요가수인 요한 모자의 코미컬한 연주에도 환호를 보냈다. 슈티프터도 프라터의 눈부신 활동에 대해 언급하고 있다. "이야기 소리와 유쾌하게 떠들어대는 소리, 글라스 부딪치는 소리가 들리고 번쩍번쩍 빛나는 마차가 여기저기 지나다닌다. 멀리 바라보니

가로수길이 끝없이 펼쳐지고 있는 것 같다."

전해지는 말에 따르면, 요제프 2세는 프라터에 있는 바그너의 카페하우스에만 겨울철에 개점해도 좋다는 특권을 부여한 것으로 알려지고 있다. 어느날 눈 속에서 의식을 잃고 쓰러져 있는 사람을 황제가 발견하여 간호하고 있을 때, 이 점주가 황제를 도와주었기 때문이라는 것이다. 하지만 프라터의 이른바 제3의 카페하우스가 겨울철에도 개점할 수 있는 허가를 얻었을 때, 요제프 2세는 이미 사망하여 이 세상에 없었다. 1833년 4월 30일, 그곳에서 참으로 묘한 사건이 일어났다. 로잘리에 백작 부인의 외아들인 게두스키 백작이 마침 그곳에서 전속력으로 말을 달리다가 무참하게도 발트슈타인 백작과 충돌하여 말에서 떨어진 것이다. 눈 속에서 의식을 잃고 쓰러져 있던 게두스키 백작은 바그너의 카페하우스에 실려가게 되었다.

12

빈의 멜랑거(오스트리아의 밀크커피)

프랑스 혁명의 혼란이라든가 오스트리아와 나폴레옹 간의 불행한 전쟁, 그리고 1806년부터 14년에 걸친 나폴레옹에 의한 대륙봉쇄는 빈의 카페하우스에서의 시민생활의 궤적을 그려주고 있다. 1797년에는 도시 중심부에 37군데의 카페하우스가 있었으나 1815년에 이르러 이 수치는 34군데로 줄었다. 이에 비해 교외의 카페하우스는 같은 시기에 46군데에서 50군데로 늘어났다. 이러한 숫자는 20여 년간 거의 변동이 없었다는 것을 의미한다.

이처럼 변동이 없는 상태는 여러 가지 내적, 외적 이유에서 기인하는 것이었다. 카페하우스는 대부분의 경우 교양 있는 계층 사람들이 모이는 장소였고, 새로운 이념이나 사고의 온상이 되어 주었다. 이런 계층의 사람들은 오히려 경찰 당국이 자신들의 거동을 주시하는 것을 좋아했다. 정부는 프랑스 혁명의 예에 따라 이들에게 경고하고 있었다. 물론 카페에 출입하는 사람들은 이미 경계 대상에 올라 있었으므로 정보원 앞에서는 언동에 특별히 주의해야 했다. 음식물이나 신문, 잡지 등은 위험성이 없는 것으로 판단된 것만 가게에 내놓을 수 있었다. 재미있는 팜플렛이나 문예잡지는 단속 대상이었다. 황제의 견해에 따르면, 작가나 신문기자는 세상을 소란스럽게 만드는 부류에 속했다. 정부 자체는 신문을 통해 자신들의 견해를 대변케 하기 위해 매수된 외국의 지지자들을 이용했다. 겐츠, 아담 뮬러, 요제프 필라트, 그리고 전향자인 프리드리히 슐레겔이 이 범주에 속했다. 황제는 라이바하의 교사들에게 훈사를 통해 이렇게 표현하고 있다. "나를 섬기는 자는 내가 명하는 것을 배워야 한다. 그렇지 않고 신사상이라는 것을 내세워 나에게 거역하려는 자는 내 곁에서 물러나야 하며, 나 자신이 그런 자를 물리칠 것이다."

카페하우스에는 기껏해야 무미건조한 관청 신문이 있을 뿐이었는데, 통속적인 방법으로 정부의 못마땅한 조치들을 간추려서 알린 '아이펠다우어 브리에페'도 있었다. 점주들은 가게를 위층까지 확장시킬 수가 없었다. 위층에서 무슨 짓을 하고 있는지 경찰이 알 수 없기 때문이었다. 영업실적이 나빴던 시대에는 영업장

▲ 어떤 카페하우스가 고객들에게 보낸 연하장. '당신의 은총과 잡스런 눈길만으로 우리 가게에 행운을 안겨준다'는 문구가 쓰여 있다.(1830년 동판화에서)

소의 명의 변경 등은 지극히 까다로운 절차 때문에 실제로는 이루어지지 않았다. 이는 표면상으로는 주택난 해소에 도움이 되었으나 한편으로는 행정기관의 철저한 감독을 용이하게 만들어 주었다.

이런 상황하에서는 1804년에 에른스트 모리츠 아른트가 "빈의 카페하우스에는 언제나 사람들이 모여 있었으나 대화는 별로 없었다."고 말한 것도 이상한 일은 아니다. "베를린이나 이탈리아, 또는 프랑스 사람들이 자유로운 분위기 속에서 카지노나 카페하우스 등에서 즐겁고 재미있게 보내는 생활을 빈에서도 바란다는 것은 무리한 얘기다. 사람들은 커피를 마시고 빙과를 먹으며, 신문을 읽거나 당구를 즐기지만 서로 큰소리로 떠들거나 이야기를 나누지는 않는다. 기껏해야 소곤대며 얘기할 뿐이다. 한 가지 특기할 만한 점은 이곳에는 가지각색의 사람들이 있으며, 게중에는 외국인도 있고 이 고장 사람들도 있다는 점이다. 그러나 그들은 마치 그림자 놀이에 나오는 유령처럼 아무 말 없이 조용히 사람과 사람 사이를 지나다닐 뿐이다."

대륙 봉쇄로 말미암아 음식점들은 형편없는 수준으로 전락하고 말았다. 대부분의 카페들이 커피 대신 여러 종류의 엉터리 대용품을 팔게 되었기 때문이다. 때문에 커피 점주들은 정부에 와인을 팔 수 있는 허가권을 신청, 허가를 받게 되었다. 그러나 이 음료의 매출은 신통치가 않았다. 그럴 수밖에 없는 것이 카페하우스에는 와인을 보관하는 지하실이 없었고, 그에 따라 손님들에게 내놓을 만한 와인을 충분히 갖다 놓지 못했기 때문이다. 맥주만은 프라터에 있는 카페하우스에서 그런 대로 팔리고 있었다.

경제적으로 어려움을 겪게 되면서 카페 점주들은 가격을 인상하지 않을 수 없었고, 한편으로는 커피 한 잔의 분량도 줄여서 팔았다. 1798년에는 하급품인 도펠슈바르츠가 1크로이처 올랐고, 크로와상

대신 생크림이 딸린 도페르 커피는 12크로이처나 받았다. 1806년까지 값은 두 배로 뛰었고 1910년에는 블랙커피 한 잔을 마시는 데 24크로이처를 내야 했다.

나폴레옹 실각 후에 활기

나폴레옹 실각 후, 빈의 카페 점주들은 다시금 자신들에게 부여된 권리를 이용할 수 있게 되었다. 카페 금지령이 폐지되면서 각종 직업에 관한 관세징수권도 소멸되었다. 이 시대에는 아직 카페를 새로 개점할 수 없었으므로, 옛 소유자들은 은식기와 금식기, 훌륭하게 채색된 도자기 식기, 고상한 가구, 그리고 이른바 관현악단 등을 더욱 활용하여 가게를 호화롭게 치장했다. 빌리발트 알렉시스는 빈의 카페하우스가 화려한 면에서는 파리의 카페와 겨룰 수 없었지만 기독교 세계 최초의 것이었다고 말했다. 어느 영국의 여행자는 경제적인 측면에서 볼 때 빈의 건축물은 카페하우스나 약국처럼 값비싼 것이 아니라고 기록하고 있다. 다만 권리를 획득하기 위해 최고 3만타러까지 지불되는 것도 드문 일은 아니었다. 그 결과, 영업 제한이 초래되었고, 새로 개점하는 점포 수가 현저히 줄어들어 20년 사이 거의 늘어나지 않았다.

음악 연주는 특히 클레오파 레히나의 이름이 유명했다. 이 음악 연주 특허는 음악을 무척 좋아했지만 파산해 버린 마르틴 비간트에게서 유래된 것임은 잘 알려진 사실이다. 클레오파 레히나는 자기 카페하우스를 1793년에는 호엔 마르크트 옆에 있는 피슈호프로 옮겼다. 그리고 그곳에서는 매일 '제2포병연대의 훌륭한 오보에 군악대가 취주 악기에 의한 음악'을 연주하고 있었다. 그녀의 딸은 9세 때 이미 대중 앞에서 연주를 한 뛰어난 피아니스트라는 평판을 받고 있었다.

콘서트와 카페하우스의 멋진 장식 등으로 인해 레히나 부인은 라이벌들로부터 반감을 사게 되었다. 그들은 갖가지 방법으로 그녀가 획득한 특권에 저항했다. 그러나 그들의 진정은 당국으로부터 수용되지 않은 것 같다. 그녀가 호엔 마르크트에서 청량 음료를 파는 텐트를 치고 그 텐트 안에서 정기적으로 콘서트를 열고 있었기 때문이다.

레히나 부인보다 더 유명해진 사람은 페터 크루티였다. 그는 같은 나라 출신인 밀라니의 빚투성이 가게를 재생시켰기 때문이다. 요제프 광장의 파레 프리스에 카페하우스를 옮겼을 때, 비로소 크루티는 성공하게 된 것이다. 1828년, 그는 그동안 빈에서는 볼 수 없던 화려한 디자인으로 카페하우스의 방을 장식했다. 특히 잘 닦여진 거울에 비치는 환상적인 조명은 고객들에게 깊은 인상을 주었다. 파라다이스 정원과 시민공원에 마련한 여름의 파빌리온은 더욱 유명해졌다. 이들 파빌리온은 부분적으로는 궁중 건축 감독관인 페터 폰 노빌이 계획한 데 따라 만들어진 것이다. 여기서는 신분 높은 귀족으로부터 교양 있는 빈의 서민층에 이르는 사교가 이뤄졌다. 란너가 연주한, 이른바 '목요 무도회'에서는 아주 격식있는 빈의 사교계의 한 형식이 엿보였다. 크루티가 죽은 후에는 17세 되는 아들 요한 밥티스트가 가게를 넘겨받았다. 그는 요제프 광장에 있던 옛 본점을 캐르트나 슈트라세와 발피슈가스쪽으로 옮겼다. 그 뒤 여기서 카페를 새롭게 개조하여 '카페하우스 · 펜스터구커(창에서 내다 보는 사람)'를 탄생시켰다.

요제프 비르슈미트는 키가 하늘을 찌를 만큼 큰 괴짜 사나이였다. 그의 카페는 노이엔 마르크트에 있었다. 이 카페하우스에서는 아무데서나 담배를 피워도 괜찮았다. 끽연은 당시만해도 아직 일상적인 특권으로 여겨지지 않았다. 방은 밤이고 낮이고 어두컴컴했으며, 일층 룸에는 언제 걷힐지 모르는 짙은 안개가 실내를 뒤덮고 있었다고 기록되고 있다. 익살꾼인 비르슈미트는 턴르라는 이름의 당구 프로를 고용하고 있었다. 이 남자는 나폴레옹과 무척 흡사했다. 파이프에 담배를 넣거나 파이프를 청소하는 것도 이 남자의 일이었다. 비르슈미트의 손님 중에는 유명한 배우들과 작가들이 많았다. 그들은 언제나 비르슈미트가 건네는 유머에 귀기울이곤 했다. 1833년, 비르슈미트는 4만 5천굴덴의 유산과 8정의 총을 남기고 세상을 떠났다. 이들 총은 수렵가로서의 그의 믿기지 않는 체험담을 믿지 않을 수 없게 해주는 증거물이었다.

유명한 여행가들의 인상기

19세기 전반 빈의 카페하우스 생활에 관해서는 유명한 여행자들의 많은 인상기가 기록되고 있다. 그들 인상기 중에서 되풀이 쓰여지고 있는 것은 카페를 찾는 사람들의 수가 많았다는 점이다. 베를린 시민의 생활기록자로서 브렌글라스라는 펜 네임으로 유명했던 아돌프 글라스브렌너[1]도 빈의 시민은 커피를 마시는 게 쾌락이라도 되는 것처럼 밤이나 낮이나 소리내어 마시고 있다고 지적했다 "카페하우스는 있는가? 카페하우스는 빈에 있다. 자넬 어디서 만날 수 있지? 카페하우스에서! 마차로 마중가려 하는데 어디로 가죠? 카페하우스! 아침이든 낮이든 밤이든 빈의 시민은 커피를 마시는 것보다 더 좋은 일을 모르고 있다. 아내의 잔소리를 들어야 할 때도 그는 커피를 마시고 있다. 채권자에게 시달리거나 무료할 때도 그는 재빨리 카페하우스로 들어가 멜랑제 한 잔을 주문한다. 그리고 해포석(海泡石: 결이 고운 점토 모양의 회백색 광물) 파이프에 담배를 채운 뒤, 잡지를 읽거나, 호이스트(트럼프 게임), 당구, 타로크(이것도 트럼프 게임), 피케(이 역시 게임의 일종), 프레페렌스(게임의 일종), 체스, 도미노 등을 즐기는 것이다. 모든 계층의 사람들이 각각 출입하는 카페하우스를 가지고 있다. 여기서는 귀족주의나 카스트적(인도의 세습적 계급제도) 배타주의에 따라 서로를 구분하는 것이 아니라 지인이나 친구나 기질이 서로 맞는 사람을 발견하게 되는 즐거움이 있다. 꼭 만나서 얘기하고 싶은 사람이 있어 그 사람의 집을 십여 차례 찾아갔으나 만날 수가 없었더라도, 카페하우스에서는 틀림없이 만날 수 있게 된다. 그쪽 카페하우스에는 상인들이 출입하고, 이쪽 카페하우스에는 관리들이, 그리고 저쪽 카페하우스에는 작가나 배우들이, 또 저기 그쪽 카페하우스에는 독일인과 유태인이, 또 이쪽 카페하우스에는 그리스계 유태인이나 터키계 유태인이 단골로 드나든다. 그들은 은으로 장식된 파이프를 문 채 상담을 한다. 가장 낮은 계급의 사람들도 자신들의 단골 카페하우스가 있다. 이들 카페에서도 사람들은 여러 가지 놀이를 즐기면서 따분함을 견뎌내고 있다."

호화장식한 '은의 카페하우스'

19세기초에 새로 만들어진 빈의 카페하우스 중 이그나스 노이나의 카페는 제 1급 카페하우스로서 주목을 받고 있었다. 이 카페는 화려한 집물 때문에 '은의 카페하우스'라는 이름을 지니며 몇 차례 옮긴 후 슈피겔가스와 플랑켄가스의 모퉁이에서 처음으로 명성을 얻게 되었다. 그곳에서 1820년경에 크라머의 카페하우스가 맡고 있던 문학적인 역할을 이어받게 되었다. 모든 동시대인들은 이 카페하우스의 고상한 설비를 칭찬했다. 여기에는 물주전자와 컵뿐 아니라 문짝의 손잡이나 72개의 양복걸이도 모두 은으로 만들어져 있었다. 같은 건물 안에 살고 있던 레나우의 모습을 22년간 하루에도 여러 차례 볼 수 있었다. 그는 언제나 세 가지 일에 힘쓰고 있었던 것으로 알려져 있었다. 다시 말해 그는 항상 아리비아 커피를 마셨고, 파이프를 물고 있었으며, 머리 속에서 새로운 아이디어를 짜내고 있었다. 시인인 체들리츠와 바우에른펠트는 노이나 카페하우스의 여성 고객용 내실에서 문예잡지를 읽거나 당구 파티에 몰두했다.

브라운탈[2]은 카페하우스에 들어서자마자 급사로부터 파이프와 설탕물 한 잔을 받아들고는 그릴파르처를 그리곤 했다. 당시 그는 40대로 키는 보통이고 바싹 말라 있었는데 고뇌에 찬 듯한 아름다운 파란 눈을 가지고 있었다. 병적으로 몹시 흔드는 제스처와 금방 울듯한 나약한 목소리는 애처로움을 불러일으켰고, 그의 평범한 빈 사투리는 기묘하게도 찌르는 듯한 호소력이 있었다. 깊은 우울증이 그의 심정을 무겁게 짓누르고 있었다. 그의 형제 한 명은 광기를 보였고, 다른 한 명은 억울하게 공금횡령죄에 걸렸다. 브르크 극장(빈의 국립극장)은 갑자기 그에 대한 급료 지불을 중지했다. 게다가 약혼녀와의 끊임없는 다툼과 그의 작품에 대한 동시대인의 평가절하 등이 가세했다. 그는 바이마르를 방문한 후, 괴테나 실러에 이어 생존하고 있거나 또는 이미 사자(死者)가 된 주인공들의 일람표에 자기 자신을 세워놓았으나, 근본적으로 변덕스러운 성격이어서 마음의 평안을 가질 수 없었다. 그리고 명확한 자의식도 없이 기묘하게도, 정신분열에 의해 겨우 생기를 부여받고 있었다. 그의 순수한 감각과 조심성 있는 의견에는 괴테도 호감을 느꼈다. 괴테는 그를 가리켜 '유쾌하며 천부적인 재능을 지닌 남자'라고 말했다. 베토벤도 그에게 마음이 끌렸다. 베토벤은 그에게 보낸 어떤 편지에서 "황금의 배나무 맞은편에 있는 카페하우스에 귀찮은 족속같은 것은 데려 오지 말고 혼자서 오라"고 말했다.

'은의 카페하우스'의 유명한 단골로는, 카스텔리와 아나스타시우스 그륀, 의사이자 시인이었던 포히타슬레벤, 서정시인인 동시에 발라드 시인으로 유명해진 요한 네포무크 포글, 천문학자이며 빈 천문대장이었던 요제프 폰 리트로브 등이 있었다. 이들 집단은 정부 방침에 대해 언제나 이의를 제기했다. 유명한 덴마크의 신학자 마르텐젠[3]이 거듭 강조한 바에 따르면, 노이나의 카페하우스에서는 정치적 자유주의가 크게 갈채를 받았으며 메테르니히(오스트리아의 정치가)의 절대주의적 전제정치에 대한 적대자들이 매우 강력하게 결속하고 있었다. 그는 이렇게 기술하고 있다. "그러나 이런 말들은 은밀히 이야기되고 있었다. 정부가 노이나의 카페 자체를 마땅치 않게 여기고 있었을 뿐 아니라 이곳에서 기존 체제를 위협하는 사상이 논의되고 있을지도 모른다고 의심했기 때문이다. 사실 노이나의 카페는 1848년에 발생한 여러 사건들을 준비하는 데 상당 부분 공헌했다고 할 수 있다."

'은의 카페하우스' 2층에서는 오랫동안 당구의 권위자들에게 회합장소를 제공하고 있었다. 이들 권위자 중에는 단 한번의 게임으로 전설적으로 유명해진 폰 나토르프 남작이 있었다. 어느 빈 시민의 회상기에 따르면, "30년대에 노이나의 카페하우스에 출입하는 단골들은 당구의 왕으로 불리고 있었다. 잔심부름을 하는 나이 많은 급사들은 얘기 도중 나토르프 남작의 이름이 나올 때면 그를 존경하는 마음에 그 백발의 머리들을 숙이곤 했다. 백년 안에, 아니 그보다 일찍 이 남작은 신화의 대상이 될 것이다. 땅딸막한 이 남작은 허슬러로서 경탄할 만한 존재였으며, 행운아에다 신비적이기까지 했다. 그는 특히 5개의 공을 가지고 치는 큰 게임을 잘 했다. 그가 사용한 큐는 육중하고도 긴 것이었다."

당구의 귀재 나토르프 남작

늦은 이 남작은 중간에 단 한 번 쉬는 일도 없이 2, 3시간동안 기분 좋게 게임을 했다. 여름철에 2, 30도나 되는 더위 속에서도 끄떡하지 않았다. 그가 게임을 할 때는 언제나 승리할 것이라는 확신을 가지고 있었다는 것은 다음과 같은 에피소드로 알 수 있다. 그는 겨우내 매일 오후 1시 반에서 저녁 7시까지 어떤 상대와 게임을 했다. 이 남자는 평소에 카페하우스에 다니던 사람이 아니었다. 게임은 다음과 같은 식으로 시작되었다. 상대방의 흰 공은 게임이 시작될 때마다 빨강 공을 뛰어넘어 쿠션했다. 나토르프는 흰 공으로 게임을 시작했다. 그에겐 한 큐로 결말을 내야 하는 의무가 부여되어 있었다. 그리고 다시 마지막 공을 쿠션에 맞추어 되튀게 해야 했다. 요컨대 그가 어느 쪽에서 공을 치든, 게임은 상대방에게 유리하게 되어 상대방이 승리하게 될 것으로 생각되었다. 이같은 기묘한 장면은 호기심에 찬 구경꾼들을 노이나의 카페하우스로 몰려들게 했다. 이 게임에는 관례에 따라 1굴덴의 돈이 걸려 있었다. 위에 설명한 바와 같이 이 시합은 겨우내 계속되었다. 그러나 나토르프는 3굴덴 이상을 낼 필요가 없었다. 그는 수많은 게임 중 대부분을 한 큐로 끝내곤 했다. 나토르프 남작은 죽었다. 당구의 마지막 기적의 신사는 이제 이 세상에서 볼 수 없게 된 것이다.

이그나스 노이나가 죽기 직전, 같은 이름의 아들이 가게를 5만 굴덴에 물려받아 20년간 경영했으나 그 역시 1846년에 불과 40세로 세상을 떠났다. 그러자 '은의 카페하우스'도 그 의의를 잃고 말았다. 그의 아내와 3명의 어린 자식들은 이런 어려운 사업을 계속 끌고 나갈 수가 없었다. 경제적 관점에서 볼 때 이그나스 노이나의 아들 밑에서 가게는 쇠락하는 것으로만 보였다. 어쨌든 은으로 만든 양복걸이는 철제로 바뀌어져 있었다. 유산을 정리한 결과, 그동안의 소득은 모두 1천 92굴덴이었다.

빈에서 흔히 일어났던 명의 갱신의 전형적인 예는 요제프 다움의 카페하우스에서 찾아볼 수 있다. 다움은 1829년 카타리나 뮐베르크로부터 허가를 양도받아 콜마르크츠의 바이브르크가스에 있던 뮐베르크의 카페 특허를 바르나슈트라스 쪽으로 옮겼다. 지난날 유명했던 '카페하우스 밀라니'가 마치 불사조처럼 다시 소생한 것이다. 다움 또한 자기 카페하우스를 시대의 추이에 따라 장식했다. 그리고 얼마 후 그의 손님 중에서 상류계급 인사들을 보게 되었다. '발렌슈타인의 야영지'라는 별명이 어디에서 유래된 것인지는 분명치 않지만, 특히 군인들이 단골로서 자주 찾아왔다.

다움은 주인으로서 오스트리아의 독특한 방식을 선보였다. 그는 정선된 요리법을 도입하는 한편 국내외 신문들을 고루 갖추어 놓았다. 이들 신문은 새로운 뉴스에 열광하는 사람들에게 많이 읽혀졌다. 최상급 요리와 음료는 외국 여행자들로부터도 높이 평가받고 있었다. 노이나와는 달리 메테르니히 체제의 신봉자들과 반자유주의자들, 그리고 변호사나 저널리스트들도 섞여 있었으나 고급 장교들은 이들을 백안시했다. 《어느 늙은 오스트리아인의 회상》에 따르면, 다움의 카페하우스에는 빈에서 손꼽히는 사람들이 모였다고 한다. "첫 번째 방에는 하원 지도층이 앉았고, 바람벽 밖으로 내민 창가에는 일정한 시간이 되면 베르거 박사나 당시 재무국에 속해 있던 브레스텔 박사의 모습을 볼 수 있었다. 여러 소송에서 예리한 판단을 내리는 것으로 정평이 나 있는 상급 재판소 판사 베게라도 볼 수 있었다. 뒷방에는 폴란드인들이 모여 있었다. 이들 폴란드인 중에는 무척 활동적인 하원의원 로가브스키가 있었다. 그는 금빛 턱수염을 기르고 있었는데 러시아의 청원으로 체포되었을 때 이 턱수염을 깎아 버렸다. 건너편 방에는 고급 군인들이 자신들의 사령부를 갖고 있었다. 그곳에서는 당구를 하면서 큰소리로 사무실이나 자기 동료들로부터 들은 새 정보에 관해 주고받는 장군들과 부관들의 모습이 보였다. 그 사이, 마치 벌이 꿀을 찾아 날아다니는 것처럼 이쪽 테이블에서 저쪽 테이블로 인사를 하며 돌아다니는 패가 있다. 그들의 직업은 최신 뉴스를 수집하는 일이었다."

1858년, 다움이 콜레라로 쓰러지자, 그의 아내와 자식이 사업을 이어받았다. 그러나 이같은 교체는 결과적으로 사업을 빨리 시들게 만들었다. 1866년 이후 고객들 중 태반은 주식 중매인으로 변신했다. 그리고 23년 후에 카페하우스는 헐리게 되었다.

〈원저자 주〉

(1) 아돌프 글라스브렌너(Adolf Glaβbrenner 1810~1876)

처음에 상인으로 출발한 그는 1832년이래 잡지 〈돈키호테〉의 편집자가 되었으나 이 잡지는 그후 정치적 경향 때문에 발매금지 처분을 당했다. 베를린 생활에 관한 많은 흥미로운 예술적 저작을 간행했으며, 죽기 전까지 〈베를린 월요신문〉의 편집장으로 일했다.

(2) 요한 · 칼 · 리터 · 브라운 · 폰 · 브라운탈(Braunthal 1802~1866)

보헤미아의 만스프레트 선제후의 문서관리관. 후에 빈의 경찰본부 사서가 되었고 많은 소설과 드라마를 썼다.

(3) 한스 · 랏센 · 마르텐젠(Martensen 1808~1884)

코펜하겐의 신학교수. 훗날 쉐란섬(덴마크 최대의 섬 · 코펜하겐은 이 섬에 위치해 있다) 사교가 되었다. 그는 신비주의적인 특징이 있는 철학적 신학을 대표했으며, 〈신앙과 지식〉에서는 키에르케고르의 설에 대립했다.

13

문예카페

　우아하고 고상한 카페하우스보다 미술관 도시로 더 유명한 빈에서
는 크든 작든 그다지 쾌적하지 않은 카페하우스쪽이 특징이 있어 보
였다. 이들 카페하우스에서는 엄밀하게 구분된 단골손님들에 의해
마음 편안 분위기가 빚어지고 있었다. 나중에는 없어지게 되지만, 이
런 분위기 속에서 참으로 창조적인 카페하우스의 숨결이 생겨나게
된 것이다. 이들 카페하우스 중에서 멜마르크트에 있던 '카페하우스
라이벤프로스트'는 대리석의 색조가 사람들에게 친근감을 주는 그런
외관을 하고 있었다. 동시대의 어느 찬미자는 이렇게 말하고 있다.
"샹들리에의 밝은 빛이 천장이 높은 실내에 환하게 퍼지면서 멋진
인상을 풍겨주고 있다. 또 훌륭한 석고 세공이 카페하우스 뒷면 벽에
서 자랑스레 그 작품성을 과시하고 있는가 하면, 소파 등 모든 가구

▲ 빈의 '은의 카페하우스'에 등장한 여황제를 둘러싸고 담소를 나누는 모습.
이곳은 1820년대 문학활동의 중심지가 되었다.

들은 섬세하고 우아한 고품격 장식품으로 이루어져 있었다. 뿐만 아니라 사람들을 현혹시키는 특징은 파이프용 종이노끈 같은 사소한 데까지 이르고 있다. 파이프 청소용 종이 노끈은 불타버리는 종이 나부랑이 같은 것이 아니라 꺼지지 않는 성 로마의 불길이기라도 되는 듯 이 테이블에서 저 테이블로 보내지곤 했다. 대리석의 예술적인 복제는 플라하에 의해 완성되었다. 여기서는 대리석과 석고가 서로 접전을 벌이고 있다. 바로 이런 부분이 이 카페하우스의 가장 매력적인 부분일 것이다."

프리드리히 울은 '카페하우스 라이벤프로스트'의 방 세 개를 전혀 전통에 사로잡히지 않은 단순한 움막이라고 기록하고 있다. 라이벤프로스트는 카페의 외관으로 명성을 얻은 것이 아니라 제 1급 인사들로 이루어진 손님들에 의해 명성을 얻게 된 것이다. 대단한 연기력으로 항상 빈의 관중들 마음을 사로잡고 있던 배우 프리드리히 미타

부르처[1]도 이 카페의 단골 손님이었다. 또 색채가 풍부하고 유려한 외광화(外光畵)로 명성을 떨치던 페텐코펜과 풍속화가 요제프 단하우저, 빈대학 미술사 교수 루돌프 아이텔베르가 폰 에델베르크, 열렬한 음악애호가 라우렌친 백작, 그리고 이밖에도 저명한 빈의 예술가들이 이 카페에 모습을 드러냈다. 라이벤프로스트 카페하우스에서는 자극적인 대화가 오갔는데, 이는 19세기 말까지 계속되었으며 카페하우스가 문을 닫게 되면서 이런 대화도 끝이 났다.

징가슈트라세와 블루트가스 모퉁이에 있던 '카페하우스 보그너'도 예술가들의 클럽으로 유명했다. 여기에는 작곡가와 화가, 작가 등의 유명한 서클이 있었는데, 이들 중에는 프란츠 슈베르트, 바우에른펠트, 마일호파, 프란츠 라하너, 그리고 모리츠 폰 슈빈트 등도 있었다. 폰 슈빈트는 술값을 갚는 대신 문짝에 터키인 남자와 여자를 그렸다. 예술가 집단은 '추르 루스티겐 블룬첸: 즐거운 소시지정(亭)'이라 불렸던 보그너의 카페하우스에 모였다. 이들은 매일 오후 5시부터 7시까지 회의를 했는데, 어떤 때는 한밤중까지 계속되는 경우도 있었다. 그러나 보그너가 사망한 후 사업은 부진해졌고, 마침내 카페하우스는 사용인들과 직장을 잃은 종업원들의 집합장소가 되어버렸다.

지방재판소 재판관인 하인리히 아다미의 아내가 경영하는 카페하우스는 예술가, 특히 문학가가 중심을 이루었다. 그렇게 된 데에는 법률 관계 업무외에 보이에를레의 극장신문에서 비평가로 활약하고 있던 아다미 자신의 공헌이 컸다. 아다미는 빈의 여러 작가들이나 작곡가들에게 결코 낮게 평가되지 않을 영향력을 행사하고 있었다. 특히 이들 중에서 니콜라이와 데사우어는 단골 손님이었다. 아다미는 언제나 커다란 창 곁에 있는 특별한 테이블에 자기 자리를 마련해 두었다. 거기서 그는 마치 재판관석에 앉기라도 하듯 몸을 뒤로 젖히고 앉아 있었다. 그리스의 은행가 티르카, 훌륭한 예술 보호자 니콜라우스 둠바, 비너 노이슈타트의 방직공장 경영자 등도 아디미의 서클에서 밀접한 관계를 가지고 있었다.

빈 회의때 부터 1848년 혁명 시대에 이르기까지 빈의 중심부에 자리잡은 카페하우스의 수는 거의 늘어나지 않았으나, 기존 카페에서는 방이 증축되고 또한 호사스런 가구로 장식되었다. 그러나 외면적인 겉치레와 함께 정신적인 쾌적함은 잊혀지고 있었다. 도심에서는 제한된 건축 조건이 카페의 확장 및 새로운 설비와 증축을 방해하고 있었다. 슈테른베르크는 이렇게 쓰고 있다. "넓고 쾌적한 방에 익숙해진 외국인에게 좁은 방안에 갇혀 지내게 한다는 것은 정말 불쾌한 일이다. 카페하우스 중에서 몇몇 카페만이 다행히도 제법 큰방을 갖추고 있다. 그러나 대부분의 카페하우스는 말하자면 여행용 장신구 같은 인상을 주고 있다. 여러 가지 도구가 한데 뒤범벅된 좁은 장소에 들어가 있는 것 같다. 손님이 자유로이 움직이거나 걸어다닌다는 것은 생각도 할 수 없는 일이다. 손님은 그저 한 자리에 꼿꼿이 앉아 있을 뿐이다."

당시 아직 시골 마을 같은 성격을 띠고 있던 빈 교외의 상태는 도심부보다는 여러 가지 면에서 살기에 안성맞춤이었다. 이들 교외의 마을도 19세기 중엽에 공업의 발달과 함께 빈의 중심부 속에 편입되었지만, 그곳에는 훌륭한 카페하우스들이 생겨났다. 그러나 레오프르트슈타트라든가 비딘 그리고 란트슈트라스에는 1850년경에 약 25개의 카페하우스가 있었던 반면, 같은 시대 도심부에는 고작 31개밖에 되지 않았다. 교외의 카페는 아름다움과 품격에 있어서는 도심

▲ 빈의 라이벤프로스트 카페하우스 – 분수대 뒤로 새로운 시장 곁에 개업된 풍경(수채화)

부의 카페에 결코 뒤지지 않았으며, 널찍하고 화려했다. 1840년경에는 부인들이 카페에 출입하는 습관이 퍼졌다. 처음에는 레이디 살롱이라 불린 방이 준비되었다.

슈테른베르크가 빈의 카페하우스에 대해 실내가 좁고 기타 여러가지 애로사항이 있다고 지적한 반면, 브라운 폰 브라운탈은 일반적인 결론으로서 공정한 특색을 예로 들고 있다. 그가 볼 때 빈의 카페하우스는 독자적인 면을 지니고 있으며 빈 시민은 선천적으로 카페하우스 인간이라 할 수 있다. 기분 좋은 교제 등은 방의 크기와 게임, 담배 연기, 그리고 친밀한 대화가 이루어질 수 있는 분위기 등에서 생겨난다. 분위기나 활기는 생경함과 형식적인 것과는 전혀 관계가 없으며, 진실로 빈적인 것이라 할 수 있다.

1848년의 태풍 시대에 중요한 역할을 부여받은 카페하우스 중에서는 특히 그린슈타이들의 카페하우스가 중요한 가치를 지녔다. 약제사에서 카페 점주로 직업을 바꾼 그린슈타이들은 1847년, 헤렌가스에 카페하우스를 차렸다. 그리고 얼마 후 노이나의 카페하우스와 같이 문예서클의 후계자로서 첫 발을 내디뎠다. 동시대인의 증언에 따르면, 그는 모두 읽으려면 꼬박 한 달은 걸릴 만한, 정선된 국내외 신문을 두루 갖추고 있었다. 노이나의 카페하우스와 마찬가지로, 그린슈타이들의 카페하우스에도 자유로운 사상이 깃들고 있었다. 채식주의의 주창자였던 구스타프 폰 슈트루페와 무정부주의자인 요한 모스, 그리고 독일 통합정책으로 알려지고 있던 국회의원 리터 게오르그 폰 셰네러의 모습도 보였다. 그는 반유태주의자에다 어떻게도 할 수 없는 과장된 언동을 하는 사람이었고, 황제 빌헬름 1세의 죽음에 관해 성급하게 보도했다는 이유로 '신(新)빈 신문'에 쳐들어갔다가 4개월간 옥살이를 한 후 귀족 칭호를 박탈당하기도 했다. 경찰은 급사인 숄슈를 통해 그린슈타이들에서 일어나는 사건을 모두 보고 받고 있었다. 그의 스파이 행각이 밝혀진 뒤에는 급사장 프란츠가 그의 역할을 대신하게 되었다. 훗날 그는 '식스투스 프뤼첼'이라는 이름으로 빈의 여러 조크 신문에서 유명해졌다. 라우베와 그라프 보이스트, 작가이며 예술비평가였던 한스 그라스베르가, 그리고 국립극장의 배우 대다수가 그린슈타이들에 출입하고 있었다. 카를 크라우스는 1897년, 카페가 문을 닫자, 그의 《파괴된 문학》에서 마지막 기념비를 그렸다.

그린슈타이들의 폐점은 단순히 옛 전통 중 하나의 좋은 부분이 사라진 것만이 아니라 '근대의 시작'이라는 시대의 전회점(轉回点)이기도 했다. 이 무렵, 전통과의 결속은 평판이 떨어져 마침내는 잊혀지고 말았다. 빈의 보헤미안들의 새로운 안식처였던 '카츠마이르'나 '센트랄'에서도 카페하우스의 정신으로 특징지울 수 있는 창조적인 정신적 영향력은 작용되지 않았다. 센트랄에서는 페터 알텐베르크가 활동하고 있었다. 그는 독일의 페터 힐러와 마찬가지로 문학적 보헤미안으로서 큰 인기를 얻고 있었다. 그는 작가로서 순수한 인상주의에 몰두하기 위해 보통 입는 의복은 물론 자기 이름과 유태인으로서의 자신의 아이덴티티, 의사직까지 버렸다. 그에게 있어 '인생의 발췌'를 의미한 저 언어 형성에 대한 자극은 순간의 기분과 고찰에 의해 그에게 주어진 것이었다.

프란츠 베르펠은 소설 《바바라》에서 카페 센트랄을 망령의 나라라 부르고 있다. "이 나라에서 급사들의 움직임은 느릿느릿하기만 하다. 입에는 불꺼진 담배를 물고 있고, 안색은 시퍼렇다. 그리고 따분함과 황폐함 앞에서 한숨을 쉬고 있었다. 때때로 언어의 무리가 불꽃을 발했지만 그것도 순식간에 사라져 버린다. 숨막힐 듯한 연기가 둥근 천장을 가리고 있었다. 광선도 엉클어지고 있었다. 탑처럼 우뚝

▲ 빈의 카페하우스에서 서양장기에 열중하고 있는 손님들의 모습

솟은 암흑을 이겨내기에는 조명이 너무나 희미했다. 다만 체스를 하는 방에서 한 줄기 빛이 비쳐지고 있었다…… 어스름…… 두 세계의 고통스런 양식의 혼돈……."

옛 빈의 카페하우스 생활의 현저한 영락, 정신적 진공, 그리고 활기찬 분위기의 감소는 1848년의 혁명 시대까지 후퇴하는 것이었다. 이 시대에 이어지는 변동은 빈의 정신생활에서도 그 결과를 찾아볼 수 있었다. 화려해 보이기만 하는 겉모양에서 개인적인 특색은 더욱 사라져 가고 있었다. 니켈과 은으로 휩싸인 호화로움은 열렬한 대화에 어떤 장소도 제공하는 일이 없었다. 과연 빈의 카페하우스는 외부적인 장식에 관해 말한다면 모범적인 것이었지만, 20세기 들어서면서 잘 훈련된 서비스 기계에 밀려 영락하고 말았다. 프리드리히 울은 이미 쓸어버려도 될 만큼 카페하우스는 많지만 옛 빈의 카페하우스는 이제 존재하지 않는다고 한탄하고 있었다. 이 카페하우스에서 근대적인 카페가 생겨났지만, 그것은 이미 카페가 아니었다. 그러나 카페 레스토랑은 아직 생겨나지 않았다. 결국 카페라는 토양은 모든 문학적, 예술적인 서클에서 멀어져간 것이다.

〈원저자 주〉

(1) 프리드리히 · 미타부르처(Friedrich Mitterwurzer 1844~1897)
라이프치히 시립극장 배우. 빈의 부르크 극장에서 뛰어난 성격배우로 명성을 날렸다. 그의 처도 같은 극장의 여배우 출신이다.

독일적인 목마름

독일에서는 와인과 맥주, 그리고 코냑이 매우 강력한 라이벌로서 커피에 맞섰다. 알콜 중독과 도박에 대한 정열은 30년 전쟁 후 궁정에서 한없이 부풀어 올라 심지어 사는 보람으로 여겨지기도 했다. 1666년에 잠시 함부르크에 체재한 스웨덴의 왕비 크리스트네는 독일인을 어리석은 주정뱅이라고 말하고, 그들이 살고 있는 나라를 냉랭하고 악취가 나며, 저주받은 야만국이라고 혹평했다. 아츠오리노 추기경에게 보낸 편지에는 "이교도들이 독일인보다 낫다. 왜냐하면 그들은 가톨릭 신자가 될 수 있기 때문이다. 그러나 짐승은 결코 이성적인 피조물이 될 수 없다."라고 쓰기도 했다. 3명의 독일인 추기경이 교황선거를 위해 로마에 갔을 때, 왕비는 와인을 잔뜩 준비하게 하여 아츠오리노를 북돋아 주었다. 왜냐하면 그들은 성사교단(聖司

敎團) 전원이 하루에 마시는 양보다 더 많이 마실 것으로 여겨졌기 때문이다. 독일에서는 술을 마시지 않는 자는 어리석은 자로 취급했는데, 짤츠부르크 대승정이 사람들의 인기를 끄는 것은 "그가 하루에 와인을 한 통 마시고 있는 덕택이다. 이 야만스런 나라에서 오직 하나 맛있는 것은 썩은 레몬이 들어간 물이다"라고 일컬어지

▲ 1698년 크리스토프 바이겔의 동판화에 나타난 카페하우스의 풍경.

고 있었다. 왕비가 함부르크에 체재하면서 가장 즐거웠던 일은 '스타페터'라든가 '트랜토 우노', '바세테' 등의 새로운 카드놀이를 익히게 된 일이었다.

18세기 독일의 외면적인 문화가 프랑스의 영향으로 크게 세련되고 있을 때, 알콜 중독에 관해서는 절도가 없었다. 체스터필드 경[1]이 마인츠와 트라이아 교회 건물을 방문했을 때, 그는 마치 고트족(게르만계의 한 부족)이나 반달인이 사는 세계로 던져진 것 같은 착각에 빠졌다. 폰 펠니츠 남작[2]은 하이델베르크의 궁정에 들렀을 때 당시의 군주 한 사람의 음주 습관에 대해 생생하게 기술하고 있다. 점심 초대를 받은 그는 그냥 지나가는 말로 선제후(選帝侯)의 거대한 와인통을 한번 보았으면 좋겠다고 말했다. 그러자 주인은 그를 즉시 와인통이 있는 장소로 안내하겠노라고 말했다. 식사가 끝난 후, 회식자는 모두들 트럼펫을 선두로 장엄한 대열을 지어 통이 있는 곳으로 들어갔다. 거기서 선제후가 남작의 건강을 축하하는 뜻에서 먼저 큰 조끼를 비운 후 다음으로는 남작을 위해 큰 조끼에 와인을 철철 넘치도록 따르

게 했다. 지배자의 건강을 위한 뜻에서 조끼를 단숨에 비우는 것이 예의였다. 펠니츠는 몸서리를 치면서 끝이 보이지 않는 와인의 바다를 들여다 보았다. 고민 끝에 그는 몇 번에 나누어 마시면 안되겠느냐고 물어보았다. 이 간청은 받아들여졌다. 선제후가 자기 둘레에 앉아있던 여자들과 얘기하고 있는 동안, 남작은 조끼의 와인을 어느 정도 몰래 쏟아버리는 데 성공했다. 그가 마침내 조끼를 다 비우자, 여자들은 그에게 경의를 표하기 시작했다. 그는 온몸의 힘이 빠져나가는 것을 느끼고 그만 놀라지 않을 수 없었다. 그는 아무도 모르게 술통이 있는 입구로 다가갔다. 그러나 그곳에는 두 명의 파수꾼이 출구를 막고 있었다. 생명의 위험을 느낀 그는 술통 밑에 숨을 만한 데가 있는 것을 발견하고 그 속으로 기어들어갔다. 그러나 곧 들켜서 선제후 앞으로 끌려나갔고, 사람들은 모두 재미있다는 듯 환호성을 질렀다. 즉결 재판에서 그는 죽을 때까지 마셔야 한다는 판결을 받았다. 다행히 선제후가 4분의 1리터들이 조끼 네 개만 비우면 된다며 형을 경감시켜 주었다. 불쌍한 남작은 이 자비로운 벌에 감사하며 명령대로 조끼를 모두 비운 후 정신을 잃고 쓰러지고 말았다. 펠니츠는 8일간의 짤츠브르크 체재기간 중에 계속 분별력을 잃은 상태였다고 기록하고 있다. 또 풀다의 대승정 건물에서는 사태가 더욱 나쁘게 돌아갔다. 전 독일에서 술에 가장 강한 남자라는 터무니없는 서열이 그에게 매겨진 것이다.

대선제후 프로이센의 프리드리히 빌헬름은 드레스덴을 방문했다가 가정에서 성행하고 있는 낭비와 호화로운 생활을 보고 무척 놀랐다. 그러나 그도 역시 함께 즐기며 한밤중까지 유희에 참여했다. 원래 선제후는 예컨대 자신의 생활환경 속에서 어떤 화려함을 위해 온갖 힘을 기울이는 일에 대해 불쾌감을 느끼지는 않았지만, 방탕한 생활은 멀리하고 있었다. 여타 독일의 지배자들이 무의미한 전쟁과 호화판 생활 속에서 황폐해간 반면, 그는 신하들을 매사에 만족시켰고, 국내 산업과 국외와의 통상을 확대시킴으로써 일반적인 복지를 향상시키고자 했다. 그리고 아프리카 통상회사의 설립과 해외식민지 경영을 통해 좁은 국토에서 생산된 물자야말로 생활상태를 번영시키는 데 유익하다는 지배적인 속론(俗論)에 대항했다. 베를린의 궁정에서는 비교적 빠른 시기에 외국의 향료가 사용되고 있었다. 그들 향료에 대해서 다른 독일의 영주들은 자국의 돈이 외국으로 유출된다는 이유로 엄중히 제한하고 있었다. 이에 대해 네덜란드의 의사이며 철학자였던 코르넬리우스 본티케는 선제후의 시의로서 이미 1680년에 브란덴부르크 가의 음료로 커피와 차의 음용을 제창하였다. 프리드리히 빌헬름 자신도 이들 새로운 흥분제의 숭배자가 되었다. 독일의 아그리피나로 불린 그의 두 번째 부인은 자기 의붓자식에게 독을 탄 커피를 마시게 하여 죽게 했다고 한다.

대선제후의 시의는 베를린의 궁전에서 가장 주목받는 인물에 속했다. 본티케라는 그의 이름은 아버지의 집 대문에 그려져 있는 암소에서 딴 것이다. 본디 그의 이름은 코르넬리우스 데카였다. 그의 문학적 경력에 따르면, 그는 처음에 고향인 알크마에서 외과학을 배웠다. 그 뒤 그는 헤미아트리의 체계를 다시 배우기 위해 라이덴의 유명한 실비우스를 찾아갔다. 실비우스는 소화와 조혈은 오로지 림프액과 담즙, 그리고 혈액 속에서 이루어지며 대부분의 질병은 같은 근원을 가지고 있다고 가르쳤다. 본티케는 괴저(壞疽)에 관한 어떤 학위 논문의 정당성을 옹호함으로써 실비우스로부터 인정받아 학위를 받을 수 있게 되었다. 알크마에서 한동안 개업했다가 아내가 죽어 재혼했는데, 이 여자가 지독한 악처여서 그는 북 네덜란드의 리프라는 마을

▲ 독일의 카페하우스(라이프치히 · 1694년)

로 도망쳤다. 그곳에서 그는 본격적으로 이른바 '엘리간티오룸 리테라스'와 데카르트파의 철학 연구에 몰두했다. 그는 또 의술을 임상적으로 배우기 위해 덴하그로 갔다. 그러나 데카르트파의 원리에 기초하여 의학적 사례들을 해석했다가 격렬한 공격을 받았다. 그러나 암스테르담과 함부르크에서 사람들을 놀라게 한 치료법으로 강력한 신봉자를 얻게 되었다. 선제후는 그의 저술 《쿠오드 논 데투르 아누스 클리마크테리우스》를 높이 평가하여 시의로 발탁하였으며, 그 뒤 프랑크푸르트 안 데아 오델에서 교수직에 취임토록 했다. 본티케의 독특한 데카르트파의 치료법은 커피와 차를 믿기 어려울 정도로 많이 처방하는 데서 찾아볼 수 있다. 커피와 차는 혈행을 돕고 또한 모든 질병 치료를 촉진한다는 것이었다. 그는 자신의 의학적인 기본 교의에서 이들 음료를 천거했고, 특히 차의 음용을 권장했다. 차는 하루에 10잔에서 15잔 마시도록 권했다. 그의 독자적인 치료법에는 절제가 수반되고 있었는데, 결과적으로 알콜 음용을 크게 제한하는 결과를 낳았다. 이 때문에 많은 사람들의 생명은 구제되었으나, 그 자신은 궁전 층계에서 굴러 목뼈가 부러지는 바람에 일찌감치 인생에 종지부를 찍게 되었다.

18세기 초까지 독일 가정에서는 아침이면 밀가루로 만든 포타주(결쭉한 수프)와 맥주를 준비하는 습관이 지배적이었다. 그런데 이 전통적인 습관은 서서히 커피 음용으로 바뀌게 되었다. 처음에 커피 음용은 유복한 가정에서나 볼 수 있는 일이었다. 값이 너무 비쌌기 때문이다. 대다수 궁정에서는 이러한 경향에 대해 부정적이었으므로, 세금이나 관세, 또는 사치 행위 단속위원회를 통해 이런 경향을 금지시키려 했다.

때때로 설교사가 기독교인에게 악마의 음료를 즐기는 일의 해악에 대해 경고했다. 갖가지 제한적인 조치에도 불구하고, 커피 음용자는 계속 늘어났다. 고트셰트는 《분별을 아는 비난자》에서 "그는 아침에는 보통 8시 내지 8시 반까지 잔다. 그리고 어떤 때는 침대 속에서, 어떤 때는 침대 밖에서 커피를 마신다."라고 쓰고 있다.

이른바 모닝 커피의 습관은 처음에는 개인생활이나 가정생활 등 좁은 범위 내로 제한되어 있었다. 오후에 카페를 찾아가는 것은 사교나 우정의 길을 열기 위한 것이었다. 카페는 독일 시민의 답답한 생활에 활기를 불어넣는데 공헌했다. 그리하여 커피는 단순히 돈을 국외에 유출시키는 것만이 아니라 자국의 산업, 예컨대 도자기의 생산을 촉진하는 요인도 되었다. 가장 오래된 도자기 제품은 특히 커피나 차의 용기를 생산하는 데서 시작되었다. 아마란테스는 이렇게 말하고 있다. "커피포트는 은으로 만든 것, 놋쇠로 만든 것, 양철로 만든 것, 도기로 만든 것, 황토로 만든 것, 주석으로 만든 것 등이 있었다. 이 용기로 커피를 따른 것이다. 커피 컵은 도자기로 만든 것으로서

▲ 예수상이 새겨진 옛 커피열매 분쇄기

얇고 투명하고 둥그스름한 모양을 하고 있었고, 바닥은 오므라진 것 같은 주발이었는데 부인들은 보통 이것으로 커피를 마셨다." 1710년경의 여러 가지 사전들은 커피라는 표제어나 그에 관계되는 많은 개념아래 뉘른베르크(15, 16세기에 학예의 중심지로서 번영한 독일의 도시)의 커피 분쇄기와 함께 일곱 가지 도구를 들고 있다. 이 일곱 가지 도구에 의해 카페라는 직업이 빠른 속도로 새로운 습관에 적용된 것이다.

독일 최초의 카페하우스는 영국이나 혁명 전의 프랑스에서와 같은 사회적인 서열을 주장할 수 없다. 30년 전쟁은 민족을 뿔뿔이 흩어지게 했을 뿐 아니라 민족의 중핵까지 쇠망시켰다. 공통의 정치적, 문학적 목적도 없었고, 정신적 교감을 가져오는 유대 같은 것도 없었다. 카페하우스는 지역적이었고, 소시민적 분위기로 가득 차 있었다. 이들 카페하우스는 외면적으로는 잡담을 위한 로비나 정원의 인공동굴, 또는 도박이나 구주희(九柱戱: 나인 핀스)를 위한 살롱을 자유로이 사용할 수 있는 사교·도박상의 전통과 밀접한 관계를 가지고 있었다.

이런 종류의 카페하우스 중에서 가장 오래된 것은 1677년에 어느 영국인 상인에 의해 함부르크에 개점된 것이었다. 어느 오래된 여행기에 따르면, "이런 물은 롤란츠 다리에 있는 커피하우스나 메스타진의 오래된 영국 커피하우스에서 즐거이 만들어줄 것이다."라고 기록되어 있다. 브레멘의 슈팅그에 있던 카페하우스는 앞의 커피하우스보다 더 오래된 가게인지도 모른다. 이 가게에는 세 마리의 닭이 그려져 있는 커다란 커피 단지가 있었다. 손님들은 이 단지에서 마음대로 커피를 따라 마실 수 있었다. 독일의 다른 도시에 관해 말한다면, 프랑크푸르트, 드레스덴, 그리고 레겐스부르크를 들 수 있다. 뉘른베르크에서는 1684년에 슈테르라는 사람이 시청 뒤에 카페하우스를 차렸다. 슈투트가르트에서는 1712년에 다피트 울리히 아울바가 '영국왕'이라는 이름의 카페를 개점했는데, 이곳은 재판소의 관할하에 있었다. 유명한 유트 쥬스는 그곳에서 커피를 독점 판매하고 있었다. 그리고 가장 높은 값을 내겠다는 사람에게 판매권을 임대하고 있었다.

18세기 초에 국제적인 명성을 얻고 있던 독일의 도시로는 함부르크와 함께 라이프치히가 있었다. 이 도시가 더욱 명성을 얻게 된 까닭은 특히 상업과 견본시(見本市), 그리고 개시권(開市權)과 창고의 권리 때문이었다. 이들 권리는 황제 맥시밀리안 1세에 의해 주어진 것이었다. 유복한 일반 생활과 외국인과의 교류는 바하나 고트셰트, 또는 겔러트 같은 남성들 사이에서 이루어졌다. 이들은 정신적이고 사교적인 생활을 촉진하는 데 커다란 영향을 끼쳤다. 그리하여 오래된 이 서적업의 도시에도 오래 전부터 매력적인 카페하우스 생활이 뿌리내리고 있었다. 이런 종류의 최초의 사업은 플라이샤가스에서 시작되었는데, 1694년에 궁정의 초콜릿 제조자인 요한 레만이 '아라비아 커피나무'라는 이름으로 개점했다. 기록에 따르면, 아우구스트 데아 슈타르케도 이 카페하우스에 출입, 커피 맛에 매료되었다. 그래서 그는 술탄 모하메드 4세의 엷은 살색의 철제 동상을 만들게 한 후 입구에 세워놓았다. 겔러트와 레싱그는 단골 손님이었다. 또 코츠에 브는 이 '커피나무'에 주거를 갖고 있었고, 그 뒤 로버트 슈만이 프란츠 오토라든가 슈테크마이어, 빅크, 그리고 페르디난트 뵈메와 같은 음악가들을 보살피기 위해 그곳에 자주 출입하고 있었다. 차하리에[3]는 커피나무에 대해 열렬한 시를 바치고 있다.

이 자랑스런 집의 맞배지붕은
하늘에 솟아 있고
높은 천장은 영원의 연기와 향기에 쌓여
현관에 서면
여기는 커피의 신이 깨끗하게 다듬으신 사원이라고
새겨져 있노라.

이미 18세기 전환기의 라이프치히에는 적어도 특허를 받은 5명의 카페 점주가 있었다. 그들의 카페는 도덕적인 관점에서 좋은 명성을 얻지 못하고 있었기 때문에 재판소 직원 등의 현장 검사를 받곤 했다. 경찰 보고에 의하면, "그 자리에 있던 이른바 천한 여자들과 불량배들은 체포되었으며 그 뒤 장형(杖刑:곤장으로 볼기를 치는 형벌)이나 수감, 벌금형, 또는 국외 추방 등의 형벌에 처해졌다." 1718년에 다시금 경찰의 단속이 실시되었고, 유행되고 있는 좋지 못한 폐해에 대해서는 엄격한 규칙이 적용되었다. 그 뒤 여성의 카페하우스 출입은 불허되었으며, 당구를 제외한 주사위 노름, 카드노름, 또는 그밖의 도박은 금지되었다. 동료들 간에 고액 도박이 아닌 놀이 등은 허용되었다. 장인(匠人)의 도제들은 카페하우스에 출입할 수 없었다. 손님은 여름 동안에는 오후 10시까지, 겨울엔 오후 9시까지 카페하우스에서 보낼 수 있었다. 이를 위반한 카페는 초범일 때는 벌금 10탈러, 재범이면 벌금 20탈러, 세 번째는 영업정지 처분을 받게 되었다.

특히 카페하우스에서 일하고 있는 여급들에게는 좋지 않은 소문이 나돌았다. 아마란트의 여성사전에 따르면, 카페의 여급이란 "타락한 여자들을 말한다. 그녀들은 카페하우스에서 남자 손님들에게 서비스를 하는데, 남자들의 어떤 요구라도 들어준다." 작센 선제후 경찰규칙에는 고객이 법에 규정된 개점 시간을 지키지 않거나 또는 금지된 도박을 비롯한 그밖의 악덕행위를 하게 하는 계기나 기회가 제공되고 있다는 취지의 내용이 기재되어 있다.

당국에 의한 강력한 감시와 개입은 성공을 거두었다. 왜냐하면 1720년경, 이미 카페하우스의 평판은 본질적으로 좋아졌기 때문이다. 이 시기에 라이프치히에서는 7명의 커피 점주 이름을 들을 수 있다. 암 브륄에서는 크리스토프 안베르가 미망인, 클로스타가스의 골덴 슈테른에서는 게오르그 바르만, 라이히스슈트라세의 한스 에르스텐베르가, 그리고 암 프륄의 골데네 칸네의 크리스토프 카이자, 카타리넨슈트라스에서 훗날 증권거래소가 된 카페의 주인 고드프리트 짐머만, 플라이샤가스의 레만의 미망인, 그리고 라이히슈트라스의 프리드리히 자이들리츠가 그렇다. 앞에 설명한, 커피도 제공하는 정원의 카페풍 가게는 여름철이면 이들 가게와 유대를 맺고 있었다. 예를 들어 짐머만의 미망인은 그리마이슈 슈타인베크에 이런 가게를 경영하고 있었다. 특히 로르칭그, 슈만, 바그너가 단골이었다. 로젠탈의 '슈바이처의 집'은 나중에 약간 유명해졌다.

18세기 후반에 특히 '리히터의 카페'는 라이프치히라는 영역을 넘어 대단한 명성을 얻게 됐다. 가게는 카타리넨슈트라스와 브륄의 모통이에 있는 건물 2층에 있었다. 이 건물의 외관은 아름다웠다. 세기 초의 유명한 시장 로마누스에 의해 지어진 건물이었다. 원래 와인 판매를 업으로 삼고 있던 리히터는 1770년에 이 집을 사들인 후 처음에는 '아썽블레 푸블리크'라는 대중 술집을 경영했다. 특히 견본시(見本市) 시기에는 손님들의 출입이 잦았다. 견본시가 아닌 때에도 몇 개 있는 방은 건달들과 문인, 주정꾼들로 성황을 이루었다.

고트셰트는 리히터의 카페에 찾아오는 멋쟁이 남자 한 명에 대해 이렇게 쓰고 있다. "그는 색다른 복장으로 열 시가 되면 카페하우스에 찾아온다. 그는 프랑스 신문을 읽으면서 오직 정치적인 얘기만 한다." 이 세상에서 가장 위대한 도박사로 불리던 연출가 도블린[4]은 노름을 하다가 거금을 잃어 무일푼이 되었고, 결과적으로 자기 극단의 존립을 위태롭게 만들었다. 실러(독일의 시인, 극작가, 괴테와 함께 국민적 시인)도 종종 이 카페하우스를 찾았다. 1785년, 그는 자신의 책《피에스코》와 《기도와 사랑》의 출판업자였던 크리스챤 프리드리히 슈반에게 이런 편지를 보냈다. "나는 때때로 기분전환을 하기 위해 리히터의 카페를 찾았습니다. 나는 거기서 라이프치히라는 세계의 절반을 알 수 있게 되었으며, 그 고장 사람들과 외국인들과도 사귈 수 있었습니다."

리히터의 카페하우스와 함께 골드넨 아펠의 '바이엘 · 카페하우스', 페터슈트라세의 '쉬마일 · 카페하우스'가 유명했다. 전자는 적당한 가격과 일정한 고객의 계층으로 평판이 높았고, 후자는 '교양 있는 학생들과 예의 바른 상가 주인들'이 드나들던 휴게실 구실을 하고 있었다. 또한 이미 설명했듯이 시 인근에는 카페 정원이 늘어나고 있었다. 이들 정원은 여름에 무척 번창했으며 맛있는 과일과 과자 등으로 많은 손님들을 끌어들였다. 이들 중 교외의 동쪽, 즉 이른바 콜게르텐 폰 로이트니츠에 있는 '헨델의 카페하우스'는 당시 학생이었던 괴테가 자주 출입하던 곳으로서 문학적 회상을 위한 장소로는 유서 깊은 카페이다.

1765년, 괴테가 법률학도로서 라이프치히 대학에 입학했을 때, 17세의 이 젊은이는 복장과 취미 또는 행동거지에 이르기까지 여러 가지를 배워야만 했다. 그는 '포이에르쿠겔'이라는 집에 거처를 정했다. 그러나 견본시가 열리는 동안은 로이트니츠, 즉 '헨델의 카페하우스' 맞은 편으로 거처를 옮겼다. 이 카페 정원에서 그는 라이프치히의 여자 친구들과 앉아있곤 했다. 그 중에서도 브륄의 감성적인 하숙집 딸이었던 캐첸 셴코프와 함께 있는 일이 많았다. 하지만 그녀는 얼마 후 칸네 박사의 열정에 넘어가 그에게 마음을 빼앗기게 되었다. 괴테는 젊은 기분에 과자의 명인인 헨델을 위해 노래를 지었다. 이 시는 당시 유명했던 클로디우스[5] 교수의 과장된 스타일을 빗대어 빈정된 것이다.

오오, 헨델이여, 그대의 명성이 남으로 북으로 떨쳐지려 하누나.
들어라, 그대에게 보내는 이 축하의 노래를!
그대가 창조하는 과자
이것이야말로 천재가 낳은 것
갈리아인도, 영국인도
이를 늘 찾는도다.
그대 앞에 부어지는
커피의 대양이여
그것은 이미토스(그리스 남동부의 대리석·벌 꿀의 산지)에 흘러오는
과즙보다도 달고

기념비인 그대의 집은 트로피에 싸여져
모든 장인중 으뜸이라고 사람들은 말하리.
왕관은 없다 해도, 이곳에서
헨델은 행복을 찾았도다.
비장의 선비로부터 여덟 그로센화폐
얼마가 빼앗았지.
어느 날엔가 그대의 납골 항아리는
위엄으로 넘쳐나 장엄하게 빛나고
그때 그대는 카타콤베(지하의 묘소, 로마에서 볼 수 있다) 곁에
애국자 있음을 보고
눈물 흘리리라.
그러나 그대는 살아야 될지어다!
그대의 토라스(고대 건축의 하나)는
그대의 고귀한 피가 모이는 곳
올림포스나 파르나소스의 산들은
이 땅에서 높이 솟아오르리!
그리스가 자랑하는 파랑크스(밀집부대)
투석기를 가지고 덮치더라도
게르만인도, 헨델도
황폐되지는 않을지어다.
그대가 행복함은 우리의 자랑
그대가 고뇌함은 우리의 아픔이라.
헨델은 신전이로다.
뮤즈의 자식이라는 마음가짐 없다면.

괴테는 《시와 진실》제 7권에서 이 시에 대해 언급하고 있다. "저녁을 흉하게 만들고 있던 다른 많은 시 속에서 이 시는 오랫동안 아무에게도 알려지지 않은 채 있었다. 우리는 그 시를 즐기고 있었으나 지금은 다른 일에 마음을 뺏겨 시에 대한 것은 완전히 잊어버리고 있었다. 훨씬 후에 클로디우스가 자신의 작품 《메돈》을 가지고 등장했다. 이 작품 속에서 표현된 영지(英知)니, 관용이니, 덕이니 하는 말이 우리들에겐 무척이나 우스꽝스럽게 생각되었는데, 어쨌든 이 작품의 초연은 박수 갈채를 받았다. 그날 밤 우리가 와인하우스에 모였을 때 나는 서시 하나를 지었다. 이 시에서는 커다란 자루 두 개를 가진 아를레킨(근세 이탈리아 즉흥극의 익살꾼)이 등장, 무대 앞 양쪽에 자루를 놓고는 몇 마디 농담을 하면서 사람들을 웃게 한 후 다음과 같은 이야기를 털어놓는다. 그 자루 속에는 광대들이 관객 눈에 던질 도덕적인 모래와 미적인 모래가 들어있다.… 이 서시는 친구인 호른이 방에서 즉시 연기해 보였는데, 그 농담은 어디까지나 우리들만의 것이었다. 베껴 둔 것도 없었고 원고도 없어져 버렸다. 아를레킨을 멋지게 연기해 보인 호른은 내가 헨델을 위해서 지은 시에 좀더 살을 붙여 《메돈》과 연관되는 시로 다시 만들어보면 어떻겠느냐고 생각하게 되었다. 그는 우리 앞에서 그 시를 낭독했다. 우리는 그 시를 신통치 않게 생각했다. 왜냐하면 덧붙여진 시에는 센스가 없어 보였고, 원래의 시가 전혀 다른 뜻으로 바뀐 것 같았기 때문이다. 우리의 평가를 인정할 수 없었던 호른은 이 시를 다른 사람들에게 보인 모양인데, 이 시를 본 사람들은 이 시가 참신하고 재미있는 시라고 느꼈다. 클로디우스의 《메돈》의 평판은 사람들에게 곧 회자되었다. (이 시의 출처는 우리들이라는 것이 그 뒤 알려지게 되었다.)"

독일의 시인들은 카페에 많은 시를 바쳤다. 그런 시에서 그들은 자신들의 우쭐한 기분을 판에 박은 심정 토로와 같은 형태로 표현했다. 커피에 언제나 계란 노른자를 타서 마신 클로프슈토크는 '아나크레온(고대 그리스의 서정 시인)이나 하게도른이 와인을 마시는 것처럼' 커피를 마셨다. 피칸다라든가 차하리에, 헬티, 포스, 그류벨, 슈토페, 우츠 또는 그밖의 많은 시인들의 시에는 무한한 원천에 대한 시적 찬미의 기쁨이 표현되고 있었다. 호프만 폰 팔라슬레벤이 이 시대의 신문에 담배 연기가 배어있다고 말했을 때, 그것은 그가 카페에 있음을 뜻하는 것이 되었다. 세바스찬 바하마저도 이 음료에 《커피 칸타타》를 바치는 것이 쓸데없는 짓이라고 생각하지 않았다.

고양이는 쥐를 놓치지 않는다.
젊은 딸은 커피를 좋아하는 수다쟁이 처녀
엄마도 커피를 좋아하고
할머니도 역시나 좋아하니
그럼 누가 딸을 나무란다지?

18세기에 많았던 시에 관한 이론적 교본에서 커피는 시적 상상력의 포에틱스(詩學)로서 그 이용이 장려되었다. 또한 커피는 갖가지 고뇌를 치료해 주는 '만능약'으로 알려져 있었다. 마치 비밀스런 힘과 효과를 지닌 마법의 비약처럼 여겨지고 있었던 것이다. 엘리자베드 샬로테 공작부인은 짓궂게도 이렇게 말한 적이 있었다. "커피는 가톨릭 사제를 필요로 하지 않는다. 왜냐하면 커피는 모든 것을 깨끗하게 하기 때문이다."

포프가 《유괴》 속에서 다음과 같이 말한 것은 잘 알려진 사실이다. "커피는 정치가를 현명하게 만들고, 모든 사물을 눈을 반쯤 뜨고 보게 한다." 최초의 신비가이며 또한 기적을 보이기도 했던, 그리고 교사였던 카글리오스트로스가 라이프치히의 어느 카페 점주였다는 사실로 미루어 이같은 신비와 기적이 카페와 관계가 있는지도 모를 일이다. 어쨌든 이런 카페의 소유자였던 요한 게오르그 슈레파[6]는 예전에 기도 등으로 악마를 내쫓는 기도사로서 발칙한 짓을 하고 있었다. 그는 그 시대의 신분 높은 사람들을 현혹시키면서 자신을 황자(皇子)나 신의 사자, 또는 투시자로 생각게 했다. 그리고 사람들은 모두들 그를 그렇게 믿고 있었다. 1774년 11월 8일, 로젠탈에서 그는 한 방의 탄환을 맞고 수치스런 인생을 마감하게 되었다.

클로프슈토크와 그의 숭배자들이 게팅겐 임원(林苑)동맹(독일 최초의 작가조합)에서 의식적으로 일종의 커피 예찬에 사로잡혀 있었을 때, 괴테는 라이프치히에서의 학창시절 이후 커피에는 완전히 등을 돌리고 있었다. 시대가 진전됨에 따라 그의 커피 기피는 일종의 증오로까지 바뀌고 있었다. 그가 작품에서 한 마디라도 카페 운운할 때는 부정적이고 속이 들여다보이는 형태로 표현되고 있었다. "그는 혼자 있기를 좋아하지 않았다."라고 《빌헬름 마이스터》에서 서술되고 있다. "그래서 여러 카페하우스와 목로 주점들을 기웃거리고 있었다." 그리고 또 다른 곳에서는 이렇게 묘사하고 있다. "그는 모든 속물들과 마찬가지로 신문을 읽고, 모든 나이든 여자들과 마찬가지로 커피를 마신다."

1770년에 쓰여진 《빌헬름 마이스터의 연극적 사명》에서는 커피를 가리켜 세상에 널리 보급된 못된 음료로서 소설의 주인공에 악영향을 미쳤다고 쓰고 있다. "그의 상념은 검고 언제나 활동하고 있는 형체로 채워져 있었다. 그리고 그같은 형체에 의해 그의 이미지네이션은 단테의 지옥마저도 멋진 장면으로 만드는 드라마를 보여주는 데 익숙해져 있었다. 이런 배신의 액체가 정신에 미치는 일시적인 기분은 한 번 느끼게 되면 그것 없이는 더 이상 견디기 어렵게 만들 정도로 매력적인 것이며, 그 뒤에 이어지는 느슨함은 한 잔 더 마시는 것으로써 인간으로 하여금 될 대로 되라는 식의 태도를 갖게 한다." 이 부분에 관해서는 그 뒤 괴테 자신도 너무 지나치다고 생각했던 것 같다. 개정판에서 이 부분을 삭제했기 때문이다. 그러나 그가 자기 의견을 바꾸지 않았다는 점은 이 음료를 무척 좋아하는 폰 슈타인 부인에게 보낸 편지로도 알 수 있다. 커피와 같은 물질적인 약제의 힘으로 우울한 마음을 달래려 해서는 안 된다. 이 약제는 당신의 건강을 해치며, 예컨대 한 순간이나마 나에 대한 애정을 멀리하는 것이라고 그는 그녀에게 되풀이 경고하고 있다. 늘그막에 이르러, 그는 비로소 자기 의지와는 달리 며느리인 오틸리에의 집에서 커피 향응을 받았다. 그러나 이는 어디까지나 예외적인 일이었다. 그는 평생동안 코코아야말로 평가될 만한 음료라고 주장했다.

〈원전자 주〉

(1) 필립 · 도마 · 스탠호프 · 체스터필드 백작(Philip Dormer Stanhope Chesterfield 1694~1773)

케임브리지대에서 교육을 받고 1714년에 대륙으로 건너가 파리에서 지냈다. 죠지 2세 즉위후 웨일즈 왕자의 시종관으로 일했고, 이어 상원의원이 되었다. 1728년 특명대사로서 네덜란드에 부임했으며, 거기서 하노바 선제후의 협박적인 전쟁 위협을 회피하는데 성공했다. 아일랜드 부왕 겸 국무장관으로 근무하다가 연구생활에 몰두하기 위해 모든 직무에서 은퇴했다. 그의 〈아들에게 주는 편지〉는 세련되고 우아한 언어로 쓰여졌으며, 기지와 센스, 그리고 현실의 생활과 인간에 관한 정확한 지식을 담고 있다.

(2) 카를 · 루드빅 · 폰 · 펠리츠 남작(Karl Ludwig Von Pöllnitz 1692~1775)

브란덴부르크의 어느 장군의 손자로, 1708년에 프로이센의 어느 연대에서 복무했다.

이때부터 방랑 생활을 시작하여 몇번인가 주거와 종교적 신조를 바꿨고 1735년에는 채권자들에게 쫓겨 베를린에 이르렀다. 그곳에서 프리드리히 대왕의 시종관이 되었고, 상급부관이 되었다. 그의 저작은 뛰어난 관찰력과 적절한 위트를 특징으로 한다.

(3) 프리드리히·빌헬름·차하리에(Friedrich Wilhelm Zachariae 1726~1777)

라이프치히와 괴팅겐에서 법률을 배웠으나 문학에 심취했다. 그의 대작 〈허세부리는 집〉은 학생 시절에 취재한 해학담이다. 1761년에 미학교수가 되었고 다시 사교구(司敎區) 참사회원이 되었다. 그는 많은 영어해학담을 썼으며 밀턴의 〈실락원〉을 헥사메타 운율로 번역했다.

(4) 카를 · 테오필스 · 도블린(Karl Theophils Doebbelin 1727~1793)

할레에서 법률을 배웠지만 폭동에 참가했기 때문에 도망쳐야 했다. 1750년 노이베린과 함께 처음 무대에 등장했다. 6년간 몇 개의 극단을 만들어 흥행을 시도해 보았지만 재정난에 빠져 해산했다. 그뒤 다시 어떤 연극협회의 회장이 되어 이 협회를 이끌고 프로이센의 많은 지역을 순회했다. 1775년에 베를린에서 극장을 창설했는데, 이것이 뒷날 베를린 궁정극장의 기초가 되었다. 여기서 그는 레싱의 〈현자 나탄〉을 초연했다. 그 자신 뛰어난 조직가였고 그 주변에는 언제나 우수한 배우들이 모여들었으나 그의 연기도 매너리즘으로 감정과다에 빠졌다.

(5) 크리스찬 · 아우구스트 · 클로디우스(Christian August Clodius 1738~1784)

라이프치히에서 신학과 문학, 미학 등을 배우다. 거기서 시작술, 철학, 변론술 교수가 되다. 괴테는 그의 무미건조하고 과장된 시를 야유하기도 했다.

(6) 요한 · 게오르그 · 슈레파(Johann Georg Schrepfer 1730~1774)

프로이센 군대에서 경기병으로 근무했고, 1768년에 라이프치히에서 카페하우스를 개점했다. 그는 프리메이슨의 멤버가 되어 기발한 신비가로 등장, 인도의 속죄자 방식으로 신과의 만남을 시도했다. 나중에는 사업이 기울고 빚에 쪼들린 끝에 자살하고 말았다.

15

카페라이프의 반대자들

17세기 초, 독일의 두서너 도시에서 카페하우스가 꾸며져 개인적인 카페라이프가 열리기 시작했으나, 정작 베를린에서는 카페하우스가 훨씬 뒤에 열리게 되었다. 특히 궁정측에서는 처음엔 이런 가게가 열리는 것을 백안시했다. 브란덴부르크 수도에서의 최초의 카페 점주가 흑인이었다는 것은 특기할 만하다. 이 남자의 이름은 올리비아였다. 그는 낭트 칙령(1598년 프랑스의 앙리4세가 신구 양 교도의 대립에 의한 위그노 전쟁에 종지부를 찍기 위해 낭트에서 발포한 칙령)이 폐기된 후 프랑스의 위그노파 신자에 섞여 독일로 이주했다. 1711년, 프리드리히 1세로부터 그에게 면허가 주어졌다. 그 뒤 올리비아는 산책길인 정원 곁의 세탁소를 개조해서 소위 '카페 르와이얄'을 만들었다. 이 가게는 단층집으로 방이 두 개 있었다. 당국의 지시에 따라 가게의 조리장

▲ 베를린시 동물원의 한 막사와 환상도로 곁 두 군데에 텐트로 만든 카페 하우스가 프리드리히 대왕에 의해 1745년 허가되어 성황을 이뤘다. 이곳에서 맥주와 레모네이드가 처음으로 팔렸다.

연료는 왕실의 삼림에서 조달되고 있었다. 단골 손님 중에는 처음엔 신분 높은 군인과 관리가 있었다. 그들은 커피라는 음료와 새로운 환경에 곧 흥미를 갖게 되었다. 프리드리히 대왕이 성당을 건립하게 되었을 때, 올리비아는 카페를 아카데미 뒤에 위치한 운타 덴 린덴으로 옮겼다. 1765년까지 카페는 영업을 계속했으나, 아카데미의 교장인 레슈르가 카페에서의 소음을 트집잡는 바람에 마침내 폐점하지 않을 수 없게 되었다.

18세기 중엽에 베를린의 카페하우스 수는 이미 열 곳 이상으로 늘었다. 필요한 재료는 우선은 영국에서 수입되었다. 이 점에서 특징적인 것은 가장 오래된 카페로 알려지고 있는 페어의 가게가 흔히 '영국 카페하우스'로 불려졌다는 사실이다. 이밖에 전부터 있어온 카페로는 베렌슈트라세에 있었던 '쾨니크리히 카페하우스', 운타 덴 린덴의 '슈타트 롬', 크로넨슈트라세의 '아르놀트의 카페', 슈테흐반의 되베르트 미망인의 카페가 있었다. 시 주변부에는 다시 두서너 카페가 더 들어섰다. 특히 환상도로 곁에 텐트 몇 개가 세워져 참으로 많은 손님들을 끌어들이게 되었다.

베를린뿐만 아니라 전국적으로 유명해진 텐트의 탄생은 1745년의 일이었다. 당시는 진짜 텐트가 사용되었다. 시대 변천에 따라 그것들은 탄탄한 건물로 바뀌었다. 신성 로마 제국의 선제후를 찬양하기 위해 티아가르텐에 아홉 개의 가로수 길이 조성되었다. 그 당시 광장에는 공원식으로 여러 가지 조각이 있는 매력적인 정원이 가꾸어져 있었다. 1772년의 쵸도스키의 에칭(부식 동판화)에 이 풍경이 정확히 묘사되어 있다. 니콜라이는 소설 《세발듀스 노탄카의 생활과 의견》에서 환상 도로에 있는 카페와 텐트의 눈부신 활동에 관해 묘사하고 있다. 또한 동시대의 많은 작품에도 향수 냄새를 진하게 풍기던 멋쟁이 남자들과 주정뱅이들이 그려져 있었고, 또 베를린의 중심지에서 연애하는 유부녀들과 몸치장한 여자들이 묘사되고 있다. 프리드리히 2세는 미인들에게 와플(양과자의 하나)을 먹이러 데려오곤 했다. 이럴 때는 E · T · A 호프만(독일의 작가)도 단골로 따라다녔다. 그의 두 작품 《기사 글루크》와 《세 친구의 인생의 단편》은 이야기의 발단이 텐트에서 시작되고 있다. 《신부 고르기》에서는 베버의 카페에 걸려 있는 거울이 그려지고 있는데, 불행한 추밀(樞密)고문관실의 서기관 투스만이 거울에 비친 자기 얼굴에서 화가 레젠의 젊디젊은 얼굴빛이 사라져 가는 것을 알고 기뻐하는 모습이 그것이다.

하우프의 《사탄의 추억》에서는 악마가 베버의 텐트 앞에서 아름다운 세상과 세태의 변천을 지켜보다가 그만 자신을 잃어버린다. 융통성 없고 옛스러운 독일식 방식이 통하고 있어서, 그를 따분하게 했던 기원 13년과 15년때 보다도 만사가 또다시 달라지고 있었다. 특히 아름답고 덕성을 갖춘 베를린의 여성들에게 당시 그는 몹시 화를 내고 있었다.

그러나 지금은 활기에 넘쳐 있어 옛것은 새것에 양보하고, 생활의 즐거움이 나무들 사이에 넘쳐났다. 악마는 다시 몇 세대 전과 마찬가지로 눈에 띄는 존재가 되었고, 존경받는 명망 있는 사람이 되었다. 그는 잡다한 사교계에 발들여 놓는 것을 삼갔다. 모든 계급의 군인들과 그들이 동반하고 있는 여러 계급의 미인들, 우아한 멋쟁이 남자들과 멋쟁이 여자들, 멋부린 딸을 시장으로 데려온 어머니들, 영양이 고루 퍼져 뚱뚱하게 살이 찐 공금횡령의 명수 고문관들, 백작들, 남작들, 시민과 학생, 그리고 장인의 도제 등등 많은 사람들이 그를 둘러싸고 있었다. 그들 모두에게 이성적인 길을 걷도록 해야 한다! 그는 유쾌한 기분으로 마구 걸어갔고 만족감이 넘쳐났다. 물결치듯 붐비는 사람들 속에서 그는 갑자기 법률 고문관 호프만이 된, 방금 전에 헤어진 영원한 유태인을 보았다. 그는 늘 호프만을 피하고 있었으나 호프만에 대해서는 잘 알고 있었다. 그러나 호프만은 그가 몇 가지 꿈 이야기를 만드는 것을 도와주었으며, 크라이슬러(20세기 전반 최대의 바이올리니스트)에 관한 이야기를 쓰고 있을 때도 이중인격자로서 그의 어깨너머로 들여다보고 있었던 것이 아닌가. 뒤돌아보곤 거기 유령이 있음을 보았을 때, 호프만은 자기 아내에게 옆에 앉아 있으라고 큰 소리쳤다. 왜냐하면 한밤중이었는데 램프 빛이 침침했기 때문이었다….

18세기의 카페하우스가 런던이나 파리, 빈에서는 성황을 이룬 반면, 베를린 시민의 생활에서 카페라이프는 아직은 부자연스러운 위치에 놓여있었다. 국가는 이 기호품을 바람직스럽지 않은 외국의 향미료로 간주했으나, 세수 면에서 보면 이익을 가져오는 것이어서 환영할 만한 일이었다. 증대하는 국가 재정과 상업상의 제도에 따라 프로이센에서는 종합적인 간접세로 채택하게 되었다. 그리고 최종적으로는 모든 직업과 모든 상품이 이 간접세의 대상이 되었다. 커피를 마시는 자는 이른바 허가증을 사야 했다. 1704년이래 이 허가증의 값은 2라이히스탈러(1556년부터 독일에서 사용된 은화. 18세기까지 사용되었다.)로 인상되었다. 7년 전쟁 후 국가 지출이 더욱 상승하자, 프리드리히 대왕은 간접세 징수를 위한 부서를 신설했다. 그리고 이 부서 관리를 위해 프랑스의 관리를 불러들였다. 그들의 감독 아래 커피는 다시금 중요한 물품세 대상으로 간주되었다. 그럼에도 불구하고 1파운드당 8그로셰의 세금으로 증수를 도모할 수 있게 된 것은 아니었다. 오히려 밀수가 성행하게 되었고 그 때문에 이를 진압하기 위해 국경경찰과 도시 경찰을 더 많이 투입해야 했다. 그로 인해 대부분의 세금이 그쪽으로 사용되었음은 두 말할 나위도 없다. 게다가 이들 감시인들이 밀수업자와 내통해 밀수업자들로부터 이익금을 배당받기도 했다.

이러한 상황을 종식시키기 위해 프랑스인 감독관들은 커피 원두를 볶는 일을 국가적인 사업으로 만들어 그 커피로 장사를 하게 하자고 제안했다. 그들의 의견에 따르면, 커피 원두를 볶는 냄새를 철저히 맡으며 돌아다니게 된다면 불법 영업은 목숨이 달린 일이 되리라는 것이었다. 이러한 조치가 왕에게 유쾌한 일이 될 수는 없었다. 왜냐하면 수사를 할 때 많은 퇴직 군인과 특히 부상병을 동원해야 했기 때문이다. 그 뒤 전쟁에서 다쳐 불구가 된 수많은 병사들이 국가에서 금한 커피 도구를 수색하기 위해 도회지와 시골로 파견되는 사태가 발생했다. 이들 '커피 냄새를 맡는 사람들'은 곧 민중의 증오의 대상이 되었다. 사람들은 의심을 받지 않으려고 평소에는 커피를 사려 하

▲ 프리드리히 대왕 집권 시기에 프러시아 왕국 공무원들이 커피의 밀수단속을 위해 카페하우스를
  단속하는 광경

지 않았다. 그 때문에 매출은 더욱 저하되었고 가격은 절반으로까지
하락했다. 게다가 세금 수입이 더욱 감소되는 바람에 커피 원두를 볶
는 자를 구속하는 제도는 마침내 폐지되고 말았다.

  그 사이에, 독일 여러 나라에서 커피에 대한 성전을 외치는 십자군
이 멋대로 날뛰었다. 이미 베를린의 프로이센 경찰장관 요한 필리피
는 커피 애음가는 '살인하지 말라' 라는 계율에도 불구하고 스스로
건강을 해치고 있으므로 죄를 범하고 있다고 주장했다. 카이저슬라
우테른의 쿠르펠츠 카메랄 대학에서 농업경제와 공장론, 그리고 가
축약학을 가르치던 교수였던 요한 하인리히 융은 커피의 음용에 관
해 그야말로 속이 메스꺼워지는 그림을 그렸다. "커피에 넣는 뜨거
운 물 때문에 신체의 혈행이 나빠지는 한편 몸이 바싹 말라 마침내
비참한 상태를 맞게 된다. 커피의 마력에 사로잡힌 여자가 낳은 아이

들은 머리와 배가 크고 또 어른 같은 얼굴을 하고 있어서 손과 발이 모체에 끼워져 있는 것처럼 보인다. 이는 흔히 빈민층에서 볼 수 있는 현상이다. 그들은 커피를 하루에 세 번씩 커다란 위 속에 집어넣는다. 그리고 이 커피로부터 양분을 섭취하고 있는 것이다."

　다름슈타트에서는 오직 혀를 즐겁게 해줄 뿐 생명 유지에는 아무런 도움도 되지 않는 이국의 음료에 대해 다량의 설탕과 많은 돈이 소비되지 않도록 영주의 행정지도가 이뤄졌다. 여기에는 국내의 음료는 무시되고 있을 뿐 아니라 커피를 마시는 데 시간이 낭비되고 있고 나무가 연료로써 무참히 태워지고 있다는 내용이 덧붙여져 있었다. 마지막으로, 촌락과 도회지의 빈민들과 고용인, 날품팔이, 장인의 도제, 세탁녀, 그리고 커피를 마시고 싶어도 돈이 없어 보이는 사람들에게는 커피 음용을 엄금한다는 내용도 들어 있었다. 이를 위반할 경우, 10탈러의 벌금이나 14일간의 옥살이, 또는 같은 기간 동안 도로작업 내지는 건축작업에 동원되어야 했다. 상류 계급에 속하는 사람들은 적당히 커피를 마시고 있었으나 세금만 내면 그만이었다. 독일의 각 지역에서 커피 음용과 판매는 일반적으로 금지되어 있었다. 위반했을 때는 장형이나 금고 또는 강제 노동과 같은 벌칙이 적용되었다. 자신들의 손으로 이같은 《욕망상품》의 존재권이라는 문제에 휩싸였던 국민경제학자들의 목소리도 건강과 절제를 표방하는 사도들의 합창에 가세했다. 상당수의 죄과 기록을 수집한 슐뢰저[1]에 따르면, 커피의 해악 중에는 이른바 모방 충동이 있는데, 그에 따라 태만과 빈곤이 뒤따르고, 목재와 은(銀)의 부족이 초래되며, 양조사업이 파탄하고, 신체적·도덕적 오성(悟性:사물을 판단하고 이해하는 힘)이 손상되어 교만과 나태, 낭비벽 등이 촉진된다고 말했다. 유스투스 뫼저[2]는 《애국적 판타지》에서 자기 동향인에게 단정적으로 이렇게 말하고 있다. "검은 잿물을 마시는 유행은 이미 오랜 기간에 걸쳐 인정되어온 것으로 생각된다. 바야흐로 한 번 정도는 바람직스럽지 못한 음료를 즐길 때가 도래한 것이다. 지난 20년간, 시의(侍醫)에게 연금을 지불해야 한다는 규칙이 도대체 어디에서 기인하는 것인지 알고 있는 사람이 누구인가? 이제 사람들이 커피를 마시기 시작한 그 당시와 똑같은 시기가 온 것이다. 나의 할머니는 집에서 대황(大黃)과 딱총나무 액즙 외엔 마시지 않았다. 그런데도 12명의 아이들을 물고기처럼 튼튼하게 키워 내셨다."

세금징수 대상으로 끊임없는 논쟁

철저한 입법은 이러한 이론적인 고찰과 거의 궤를 같이하고 있었다. 법률에 따라 간접세, 통상세, 벌금형, 자유구속형 등과 함께 국내산 대용품을 보급시키려 한 것이다. 그러나 커피 애음가들은 이러한 조치에 대해 완강히 저항했다. 그 때문에 포고는 여러 부분에서 갱신되어야 했다. 다시 말해 아무런 효과도 볼 수 없게 된 것이다. 힐데스하임 사교명령(司敎命令)은 매우 성실한 어조로 훈계를 시도했다. 물론 마지막에는 사람들에게 다음과 같이 엄하게 경고하였다. "독일 남성들이여, 그대들의 부친은 브랜디와 맥주를 마시며 자라났다. 그것은 프리드리히 대왕도 마찬가지다. 그리하여 그들은 명랑하고 용기 있는 사람이 되었다. 그대들도 그렇게 되기를 바라마지 않는다. 그대들은 그대들 나라의 이복형제들에게 나무와 와인을 보내는 것이 좋을 것이다. 그러나 커피를 사도록 돈을 보내서는 안 된다. 모든 남비, 특히 컵이나 접시, 커피 볶는 용기 등 커피라는 이름이 붙여질 수 있는 물건은 모두 파괴하거나 분쇄해야 한다. 그렇게 되면 우리 동포들의 가슴 속에 있는 커피에 대한 추억도 사라지게 될 것이다. 뻔뻔

▲ '커피와 티'를 선전한 그림.(1730년 마틴이 그린 동판화)

스럽게도 커피콩을 사려는 자는 전 재산이 압수될 것이며, 음용을 위한 식기를 만드는 자는 멸망하게 될 것이다."

국민경제학자인 돔[3]은 1777년에 커피 입법에 관한 책을 통해, 향토의 양조를 수호하고, 최상의 외국 맥주를 수입하는 한편 외국의 수법을 따서 주조된 좋은 국산 맥주에는 장려상을 주자고 건의했다. 그러나 특히 대용품을 재배하거나 더 나아가 커피와 비슷한 음료를 발견하기 위해서는 나름의 배려가 필요하다고 주장하고, 각 정부에 대해 소상인에 이르기까지 세금을 서서히 올리도록 하는 등의 중압 정책을 실시하라고 권장했다. 그렇게 되면, 낭비가들을 궁지에 몰아 넣을 수 있다고 생각한 것이다. 그의 말에 따르면, 이들 낭비가들이란 자국의 맛좋은 맥주를 레반트의 음료(커피를 말함)와 바꿔 커피로 영양을 채우는 패들을 말하는 것이었다.

커피 애호가들은 마구 증가하는 대용품으로 말미암아 큰 손해를 입었다. 왜냐하면 많은 사람들은 순교라는 일종의 도피처에서 어떤 위안을 받으려 했기 때문이다. 어느 연대기 작자는 이렇게 기록하고 있다. "일반 커피 애음가나 상류계급의 애음가도 스스로 완두콩이나 상수리, 보리, 마른 인삼 등을 구워 커피와 섞은 뒤, 예전처럼 자신의 검은 시간을 가졌다.” 이것들을 달인 즙은 커피 색과는 전혀 달랐다. 치커리(서양 야채의 하나. 뿌리는 커피 대용이 되었다)가 발견됨으로써 적어도 맛으로는 진짜 커피와 비슷한 것이 만들어졌고, 이것이 전국적으로 보급되었다. 고유 산업을 발전시킨 이 대용품의 역사는 카페하우스와는 별로 관계가 없지만 언급해둘 필요는 있을 것 같다. 이 대용품은 처음에는 브라운슈바이크 공작령의 수도에 들어왔다.

브라운슈바이크의 브라이텐슈트라세 20번지에 있던 이른바 ‘그로세 카페하우스’는 1714년에 프란츠 하인리히 베게나에 의해 만들어졌는데, 거리의 명사들과 상류계급 인사들의 집합장소로 알려지고 있었다. 베게나가 사망한 후, 동명의 아들이 인수했다. 당시 그는 24세였지만 부지런하고 시야가 매우 넓은 인물이었다. 1766년, 그는 많은 자금을 들여 몇 개의 방을 만드는 한편 특색있는 내부 설비를 갖췄다. 덕분에 그 고장 명사들과 외국의 귀족들, 그리고 돈 많은 상인들과 유명인들이 매일처럼 모여들었다. 글라임은 그곳에서 할버슈타트의 지위 높은 주교 비서로서, 그리고 발트베크 수도원의 주교구 참사회원으로서 레싱(독일의 비평가 · 극작가)과 교제했다. 그는 1770년 봄에 볼펜뷰텔의 공작령 도서관 사서직을 맡게 되었다. 또 야콥 모비욘, 라이제비츠, 요한 게오르그 포르스타, 레싱의 친구이자 역사가이며 카롤리네움의 교수였던 에쉔부르크와도 교제했다.

1770년 초의 어느날 아침, ‘그로세 카페하우스’에서 묘한 사건이 일어났다. 그 이른 시간에 단정한 옷차림을 한 신사 한 명이 찾아와 베게나 씨와의 면담을 청한 것이다. 주인이 그와 마주 앉자, 이 낯선 신사는 컵 하나를 가져 오게 한 후 신사복 윗도리 주머니 속에서 병을 끄집어내어 음료를 컵에 따르고는 베게나에게 한모금 마셔보라고 권했다. 베게나는 손님 대접이 거꾸로 된 데 놀라면서도 그 음료를 마셨다. 그리고 그 음료의 맛이 희한하게 좋은 것을 느꼈다. 그는 즉시 이 낯선 손님에게 음료의 출처와 값을 물어보았다. 손님은 자신이 호텔을 경영하고 있는 크리스챤 고트리프 페르스타이며, 얼마 전부터 기술 소령인 크리스챤 하이네와 공동으로 슈첸슈트라세에 있는 자기 집에서 치커리 공장을 경영하고 있노라고 말했다. 그는 놀라고 있는 베게나에게 새로운 종류의 국내산 커피에 대해 설명했다. 이 커피는 진짜 커피의 절반 값으로 만들어지며, 앞으로 크게 돈벌이가 될 것이라고 설명했다.

베게나는 그 이야기에 마음이 끌려 앞으로는 외국산 커피와 함께 페르스타 공장에서 나오는 국내산 음료의 허가를 얻어냈다. 우선 두 사람의 공동사업자는 상호간에 비밀을 엄수하기로 다짐했다. "나는 크게 만족했다"라고 치커리 커피의 발견과 도입 과정을 회고하면서 페르스타는 기록하고 있다. "국내산과 외국산 커피를 마시고 보니 맛이 거의 똑 같았다. 나는 제대로 커피 맛을 아는 몇몇 사람이 '베게나씨, 커피 맛이 오늘은 참 좋군. 도대체 커피콩은 어디서 구한 거지?' 하며 묻는 것을 들었다."

페르스타의 기록을 읽다보면 커다란 의심을 갖게 되는데, 확실히 이 두 사람은 사기죄를 범했다. 그렇다면 이들이 만든 커피가 뒷날 '카페 뒤 콩티넘'이라는 이름으로 모든 대용품 중에서 최고의 지위를 차지하게 된 역사를 살펴보기로 하자.

치커리는 베크바르테(이것도 치커리로 불리며 커피의 대용품이었다), 힌들로이프테, 베클로이, 조넨비르벨, 베크크라우트와 같은 명칭으로서, 식물학적으로 치커리움 인티브스로서 독일에서 잘 알려지고 있는 길가의 잡초이다. 호라츠는 다음과 같은 말로 치커리에 대해 언급하고 있다.

나 자신에 관해 말한다면,

올리브나 치커리, 그리고 담백한

당아욱이 나의 영양분이다.

이들 식물은 샐러드나 야채, 그리고 약제로서 식물의료 신봉자나 가짜 의사 사이에서 옛부터 유명했다. 히로니무스 보크[4]는 발열이나 부종, 천연두, 통풍, 단독(丹毒:헌데나 다친 곳으로 연쇄상 구균이 들어가 생기는 급성 전염병), 페스트, 그리고 간장병이나 비장, 심장병에 공통적으로 투여되는 약제로서 이들 식물을 사용하고 있었다.

치커리를 커피 대용품으로 이용할 수 있는 가능성은 처음에는 슈바르츠부르크 존다스하우젠의 영주 밑에서 정원사로 일하고 있던 요한 다피트 팀메에 의해 밝혀졌다. 팀메는 1750년에 이 식물의 뿌리를 말려서 달이면, 맛이 커피와 비슷하으로, 최소한 값비싼 음료를 사는 돈을 절약하는데 유용하게 이용될 수 있다는 것을 발견했다. 그는 이 사실을 '라이프치히 경제, 경찰, 의회, 경제사정논집'에 익명으로 소개했다. "정원의 치커리는 독특한 특징이 있다. 요컨대 치커리의 쓴맛은 다른 어느 것보다 커피맛과 비슷하다. 이 음료를 잘 조제하면 진짜 커피와 비슷해지므로, 만일 과학이 이에 대해 아무 것도 모르고 있다면, 진짜와 구분하기란 매우 어렵다. 그러나 만일 커피맛에 익숙해진 혀가 이에 대해 이의를 제기한다면, 경험적으로 커피 자체는 여러 가지 원인으로 어느 시대에나 일정한 맛을 지니는 것은 아니며, 그런데도 사람들은 만족해하면서 커피를 마시고 있다고 할 수 있다. 요컨대 그 차이는 그냥 지나칠 수 있는 정도였다. 왜냐하면 이 음료는 커피 자체보다도 건강에 좋은 음료이기 때문이다."

팀메는 자신이 발견한 것이 더욱 광범하게 확산되리라는 것을 예상하지 못했다. 그리하여 그 공정은 전혀 다른 사건에 의해 공업적으로 개발되었다. 7년 전쟁 동안에 기술소령 폰 하이네의 아내인 란차우 백작부인은 프랑스 병사들의 습격으로 재산을 모조리 약탈당하는 바람에 쇼크를 받은 나머지 담즙열이 발병, 하노버의 유명한 의사 베를호프에게 실려갔다. 의사는 치커리 뿌리를 달인 약으로 부인의 병을 고쳤다. 치커리를 달인 약은 마시기가 어려워 백작부인은 뿌리를 커피처럼 볶기로 했다. 그녀는 적당한 분량의 치커리를 볶아 제법 맛있는 음료를 만드는 데 성공했다. 남편인 폰 하이네 소령은 볶는 방법을 공업적으로 개발하자는 생각에, 홀츠민덴에 치커리 커피를 제조하기 위한 공장을 만들었다. 처음에는 여러 가지 난관이 있었으나 그는 학생 시절의 친구로부터 도움을 받기로 했다. 이 친구가 바로 브라운슈바이크에 살고 있는 호텔 경영자 크리스챤 고트리프 페르스타였다. 이 남자는 하이네에게 홀츠민덴에서의 조업을 포기하게 한 후, 브라운슈바이크 정부에 제조 특허를 청원하도록 권했다. 1769년 12월 28일, 하이네는 관련 특허를 받았고, '치커리 공장을 위해' 하이네와 페르스타가 공동으로 사업을 하라는 행정명령도 받았다.

1770년, 페르스타는 이미 프리드리히 대왕에게 진정서를 올리고 있었다. 진정서에서 그는 앞으로 6년간 프로이센에서 치커리 커피의 재배와 보급, 그리고 판매권을 달라고 요청했다. 그의 계획은 국민경제적인 의의가 주목되면서 즉시 허가가 내려졌다. 왕의 지령 속에 다음과 같은 구절이 있음은 흥미로운 일이다. "치커리 분말은 원통형의 청색 종이봉투로만 포장되어야 한다. 또한 공장의 스탬프가 찍혀야 한다. 개업 허가를 얻기 위해서는 이 스탬프를 신청해야 한다". 분말도, 치커리뿌리도 외국에서 수입할 수는 없었다. 그리고 또 다음과 같이 강조되고 있었다. "이는 결코 커피 음용을 금지시키려는 뜻이 아니라 민중의 건강이라는 관점에서나, 적절한 가격이라는 관점에서도 스스로 이익을 통찰케 하고 건강을 해치는 커피 음용의 습관을 억제시키기 위한 것이다."

베를린의 공장관리를 위임받은 페르스타는 치커리 포장지에 '그대(커피) 없는 곳에 건강과 부가 있다!' 라는 슬로건이 붙은 그림을 넣었다. 이 그림의 배경에는 서인도 제도와 커피 봉지를 가득 실은 범선이 그려졌고, 전면에는 독일 농민들이 치커리 씨를 파종하는 모습이 그려져 있었다. 민중들을 커피로부터 멀리하게 하려는 프로이센 정부의 이같은 커피로부터의 해방책도 그의 눈에는 미미하게만 보였다. 그러나 머지 않아 사정이 달라졌다. 소비의 증대를 고려할 때, 페르스타는 소재를 충분히 저장하기 위한 대책을 강구해야만 했다. 그러나 이러한 저장 문제가 그렇게 간단하지 않았다. 광범한 면적의 경작만이 장기적으로 문제를 해결할 수 있는 열쇠였기 때문이다. 설상가상으로, 독일에는 치커리 종자가 크게 부족했다. 때문에 페르스타는 저장돼 있는 치커리를 충분히 사들이기 위해 대규모 바이어를 유럽 전역에 파견했다. 그러나 이 또한 순조롭게 진척되지 않았다. 왜냐하면 식민지 커피 세력의 이해 관계와 교차하는 결과를 가져왔기 때문이다. 특히 네덜란드인들은 독일의 대용품 장사꾼들로부터 자신들의 문화를 지키기로 굳게 다짐했다. 그리고 그들은 지극히 단순한 방식으로 자신들의 목적을 달성했다.

페르스타는 1772년 여름에 베를린에서 브라운슈바이크로 여행했고, 자신의 계약자인 도나를 찾아 셴하우젠을 방문했다. 그는 거대한 치커리 경작을 주문했었는데, 많은 장사꾼들이 대규모로 사기에 걸렸다는 얘기를 듣고 놀라지 않을 수 없었다. 네덜란드인들이 치커리와 비슷한 민들레잎 등을 치커리라고 속였던 것이다. 이런 사기 때문에 페르스타는 수없이 재판에 말려 들어갔고, 그 과정에서 하이네와 헤어지게 되었다. 마침내 그는 베를린의 궁중 고문관 헤세에 의해 제소된 350탈러 어음건으로 브레맨으로 야반 도주했다. 그곳에서 그는 자기 형제들 집에 숨어 있었다. 훗날 그는 함부르크의 친구 도움으로 반츠베크에 치커리 공장을 세웠다. 그리고 거기서 벌어들인 수익금으로 빚을 갚을 수 있게 되었다.

놀랍게도 행정 당국의 숱한 제한 조치와 대용품 촉진책조차 커피 수요를 본질적으로 감소시킬 수는 없었다. 더욱 늘어나는 커피 애음 가층은 겉으로는 온순하게 법률에 따랐으나 실제로는 그렇지 않았다. 이 음료에 대해서는 엄중한 제한을 가할 수 없었다. 이 음료는 결과적으로 갖가지 논란 속에서 힘차게 탄생되었다고 하겠다.

〈원저자 주〉

(1) 아우구스트 · 루드빅 · 슐뢰저(August Ludwig Schlözer 1735~1809)

비텐베르크와 괴팅겐에서 신학과 동방 언어를 배우다. 후에 괴팅겐에서 의학을 공부했으며, 페데르부르크의 라즈모스키 교육연구소 소장, 페데르부르크 아카데미 역사학 교수등을 역임했다. 1769년, 괴팅겐대학의 교수로 임명되어 유럽 역사와 통계학, 정치학 강좌를 맡았다. 통계학을 국가연구나 지역연구 발전에 응용했고, 저서〈세계사의 표상〉을 통해 세계사 정신에 대한 평가 등 선구적 영향을 주었다. 특히 잡지 형식으로 편집된 〈역사적 또는 정치적 내용의 서간 교환〉(전 10권. 1776~1782)으로 세론에 크게 영향을 끼쳤다.

(2) 유스투스 · 뫼저(Justus Möser 1720~1794)

예나와 괴팅겐에서 법률학을 배우고 기사영주동맹의 법률고문이 되었다. 나중에 추밀고문관 시보가 된 뫼저는 이성비판 시대의 영향을 받아 역사 및 경제 생활을 전제로 한 저술을 많이 했다. 〈애국적 판타지〉 중에서 그는 협의의 의미이기는 하지만 독자적인 경제적 관점에서 국가나 관습, 또는 가족에 관한 다양한 문제를 다루었다.

(3) 크리스챤 · 빌헬름 · 폰 · 돔(Christian Wilhelm Von Dohm 1751~1820)

브라운슈바이크에서 통계학 교수가 되었고 후에 프로이센 공사가 되었다. 그는 라슈타트 회의에서 프로이센 대표로 활약했으며, 1804년에 전쟁 및 국유지 관리국의 책임자가 되었다. 정치적, 역사적, 통계학적 저작을 많이 남겼다.

(4) 헤로니무스 · 보크(Hieronymus Bock 1489~1554)

식물학의 선구자 중 한명. 신학과 의학을 공부했고, 1532년에 전도사, 의사로서도 활약했다. 〈New kreutterbuch〉는 그의 대표저작. 이 책에는 식물에 관한 정확한 정보가 수록되어 있다.

16

베를린의 카페하우스

　베를린의 카페하우스가 어떻게 발전했는가를 관찰하다 보면 간소하면서도 몰아적인 특징이 눈에 띤다. 이 특징은 이 도시 나름의 고유한 것이었다. 이 도시는 아직도 여기저기 시골 모양을 띠고 있는 곳이 많았다. 외국인들이 센세이션을 불러일으키고 있었다. 베를린은 빨간 터키 모자를 쓴 터키인들과 머리를 길게 땋아늘인 중국인들로 붐비고 있었다. "콘디토라이(케이크를 파는 끽다점)와 카페는⋯."하고 카페에 대해 많은 기록을 쓴 어느 연대기 작가가 표현하고 있다. "이 이름이 모든 것을 말해 주고 있다. 위대함과 우아함은 약간의 예외 말고는 이들 카페와 거의 관계가 없었다. 장사는 과자빵을 주문받는 것과 소매, 그리고 생크림을 넣은 슈크림에 중점을 두고 있었다. 또한 크고 품질좋은 슈크림을 만드는 것이야말로 콘디토라이로서는

▲ 베를린에 있는 카페 '요스티' (1845년 슈미트의 그림)

가장 많은 수익을 올릴 수 있는 길이라고 알려져 있었다. 조명이 어두운 좁은 방에는 맛있는 과자 냄새가 넘쳐났다. 손님은 가게 사이를 지나 이 방으로 들어왔다. 거기에는 지방 신문들과 몇 가지 종류의 음료가 있었다. 전 세기 후반 베를린의 카페들은 대부분 이런 식이었다. 솔로투른이나 노이샤텔 출신의 잔재주가 있는 사람들에 의해 만들어진, 1707년부터 1848년까지 프로이센풍 겸 스위스풍이기도 했던 두서너 군데의 제법 큰 카페하우스만이 베를린 카페라이프의 즐거운 일면을 보여주고 있었다.

예전의 베니스에서와 마찬가지로, 북 독일에서도 라딘인(스위스 남동부 지방의 주민)이 주로 카페하우스를 지배하였다. 그들은 뛰어난 적응력과 온순한 성격, 친절한 태도와 청결함, 외국의 생활습관에 대한 신속한 적응, 특히 맛있는 과자를 만드는 능력 등 여러 가지 특질로 말미암아 사람들의 호감을 샀다. 이들 라딘인의 장로인 요스티가 18세기 말에 슈테히반 1번지에 유명한 카페하우스를 개점했다. 그는

▲ 1880년 베를린의 한 카페 모습.(C.쉴트의 그림)

악동이었던 소년 시절에 텍스탈에서 산양 다리를 잘랐다가 형벌을
피해 외국으로 도망치게 되었다고 말하고 있었다. 베를린의 콘디토
라이의 고유한 형태는 죠바놀리에 의해 샤를로텐슈트라세 21번지에
만들어진 것이라고 한다. 어쨌든 그의 사업은 10년간 모범적인 사례
로 꼽혔고, 그의 이런 모범적인 경영 수법을 본따 같은 지방 사람인
스텔리라든가 스파르냐파니, 그리고 스토파니가 자신들의 카페를 개
점했다. 그들은 모두들 1820년에서 1825년 사이에 무일푼으로 엔가
딘에서 베를린으로 왔고, 최종적으로는 많은 재산을 가지고 고향으
로 돌아갔다. 1865년에 슈테히반이 철거되자, 요스티는 자기 카페를
슐로츠프라이하이트로 옮겼으나 그뒤 포츠담 광장으로 옮겼다가 유
행을 잘 타는 지점들이 몰려있는 서쪽으로 다시 이전했다. 1819년,
요스티는 동생 다니엘을 베를린으로 불러들였다. 동생 역시 사업가
였다. 원래 그는 목사가 되려 했으나 트리에스트에서 고기 파이 기술

자가 되었다. 그 뒤 프랑스에서는 카페 점주로서, 과자 제조기술자로서, 그리고 리큐르를 만드는 양조공장주로서 성공했다. 훗날 그는 양조 공부를 한 다음 프렌츠라우어슈트라세에서 유명한 요스티 양조소를 만들었다. 이 양조소에서 베를린 최초의 바이에른 맥주가 양조되었다. 1885년에 이 사업은 수양아들인 케르나에게 넘겨졌다.

옛 카페 요스티에 관해서는 40년대의 어느 기록에 다음과 같이 소개되어 있다. "이미 오래 전에 사망한 왕과 현재의 왕이 벽화 속에서 실물 크기의 완전한 군복차림으로, 들어오는 손님에게 프로이센 (1947년까지의 구 독일 북동부 지방. 또 1871년까지 있었던 동 지방의 왕국)군사 엘리트들의 옛 영광과 위용을 자랑치고 있었다. 그러나 크란츨러에 나타나 주의 주장을 부르짖던 때의 그 경박한 근위 소위의 어조는 들리지 않았다. 요스티의 카페에는 1813년의 낡고 육중한 대포가 있었다. 평일에는 콧수염으로 인해 퇴역한 군인임을 한 눈에 알아볼 수 있는 많은 시민들의 모습이 보였다. 일요일의 퍼레이드가 있은 후에는 눈부시게 화려한 군복이 뒤섞여 있었다. 요스티의 카페에 출입하

▲ 1910년대 베를린 포츠담 광장 주변에 있던 카페 '요스티'. 프러시아 퇴역군인들이 많이 드나들었다.

고 있던 대다수 군인들은 많은 공로를 세운 사람들이었다. 그들 중 몇 명은 조용히 지내면서 거역하거나 하는 일은 없었지만, 마음 속으로는 늘 불만을 품고 있었다. 그들 대부분은 1813년~1815년의 추억 속에서 떨쳐나오지 못한 채 그 추억을 자신들의 가장 고귀한 재산으로 삼고 있었다."(1813년에서 1815년에는 프러시아 대 프랑스 전쟁. 라이프치히에서 나폴레옹이 패배. 14년, 빈 회의. 15년 독일연방 발족)

요스티가 카페하우스를 라이프치히슈트라세가 보이는 포츠담 광장으로 옮겼을 때도 프리드리히 빌헬름 3세와 프리드리히 빌헬름 4세의 실물 크기 유화가 여전히 벽에 걸려 있었다. 슈테흐반 쪽으로 난 창의 쇠살문에는 카페의 매력적인 과자 장인들의 모습이 그려져 있었는데, 이 작품은 메르키슈 박물관으로 이전되었다. 아돌프 폰 멘첼도 노년이 될 때까지 밤마다 요스티의 카페를 찾았다. 그는 언제나 인근에 있는 프리드리히의 가게에서 저녁을 충분히 먹은 후 11시 반쯤 되서 나타났다. 그는 늘 예약된 자리에 앉았고, 서비스가 마음에 들지 않을 때면 무척 언짢아 했다. 그는 커피 한 잔을 시켜놓고 한 시까지 끈질기게 앉아 거기 비치된 잡지를 읽었고, 중얼중얼 혼자서 무슨 말을 하다가 때때로 노트와 커다란 목수용 연필을 꺼내 문득 떠오른 생각들을 적곤 했다.

요스티와 나란히 샤를로텐슈트라세에서 잔다르멘 시장과 마주 보고 있던 스텔리의 콘디토라이는 소문이 대단했다. 카페는 작고 초라한 집에 자리하고 있었지만, 아름다운 베네치아풍의 거울로 된 창은 점주의 사치스런 취미를 엿보이게 했다. 손님은 갖가지 풍부한 상품을 진열해 놓은 곳을 지나 카페 안으로 들어섰다. 판매대 저쪽에서는 점주인 스텔리와 그의 동료 스토파니가 망을 보고 있었다. 세계에서 이곳처럼 쿠키나 케이크 맛의 품질을 고르기 힘든 가게는 없었다. 그만큼 모두 맛이 일품이었던 것이다. 벽 장식으로는 두 사람의 마지막 프로이센 왕의 유명한 초상화와 조화를 꽂은 도자기 꽃병이 있었다. 꽃병은 유리 제품으로서 종 밑에 있는 완목(腕木:기둥 따위에 옆으로 댄 가로대)에 올려져 있었다. 이 가게 사이는 홀쭉한 방으로 통해 있었다. 그 방에는 양쪽에 테이블이 놓여 있었다. 이곳에는 독일의 시사 잡지와 읽을거리들이 비치되어 있었다. 벽에서는 페스네가 그린 아름다운 무희가 미소짓고 있었고, 블뤼셔 원수가 우수에 찬 표정으로 손님들을 내려다보고 있었다. 2,3계단 위로 올라가면 독서실이 있었는데, 이곳에는 독일신문은 말할 것도 없고 여러 종류의 프랑스, 영국 신문 등이 있었다.

어둡고 좁은 안뜰과 마주하고 있는 이 방에서는 신문을 넘기는 소리와 체스의 인형을 옮기는 희미한 소리가 들리곤 했지만, 벽을 장식한 것이라곤 아무 것도 없었다. 아마도 아름다운 그림 같은 것은 어울리지 않았기 때문이었을 것이다. 커다란 테이블 주위에는 신문을 보려는 독자들이 앉아 있었고, 난로를 배경으로 샤하슈필러(장기를 두는 사람)가 앉아 있었다. 모든 것들이 가스의 불길이 내뿜는 희미한 소리와 담배 연기들로 둘러싸여 있었다. 그런가 하면 참으로 민첩하게, 그리고 놀랄 만큼 친절하게 시중드는 급사들에게 손님들이 낮은 목소리로 뭔가를 시키는 소리가 들리기도 했다. 독서실의 깊은 적막이 주위를 지배하고 있었다. 가령 누군가가 소음을 내면 따가운 시선을 받게 되기 마련이었다.

이른 아침부터 밤 늦게까지 스텔리의 카페하우스는 손님으로 가득 찼다. 여기서 그들은 정신과 위주머니를 위해 먹고 마시고 싶은 것을 잔뜩 챙겼다. 스텔리는 뛰어난 두뇌를 가지고 있었으며, 고귀하고 개성적인 용모에 위엄이 서린 당당한 풍채를 지니고 있었다. 그는 주위를 돌아보면서 들릴락말락한 낮은 목소리로 종업원들에게 지시하곤 했다. 그의 곁에는 올챙이 배를 내밀고 있는 공동 경영자인 스토파니가 서 있으면서 신속하고도 기민한 동작으로 쉴새없이 일하고 있었다. 그는 워털루 전투에 참가했기 때문에 여러 정당 정파 사이를 중개할 수 있었다. "오전 중에는"하고 《신뢰할 만한 편지》의 저자가 쓰고 있다. "그는 프로이센의 근위 사관에 대해서는 절대 전제주의자였다. 저녁이 되면 지난날의 자코뱅당 당원이 되며, 로베스피에르에 감격하여 바싹 마른 등을 구부리고 다가오는 이발사 W에 대해서는 공화주의자가 되었다. 정오가 되면 언제나 댄서인 H가 스텔리의 카페에 찾아왔는데, 카를 10세가 마차로 슈판다우에 왔을 때, 이 남자는 자기도 마차와 함께 나란히 뛰었다. 댄서인 이 H가 왔을 때, 스텔리는 금방 정통주의자가 되었다. 위대한 카이저 숭배자가 있을 때면, 그는 옛 근위 사관이나 캄브론느, 또는 프랑스의 원수들 이야기를 하면서 프랑스군이 워털루에서 패배한 이유 등에 대해 이야기하곤 했다.

그는 타고난 장사꾼이었고, 카페 사회생활의 원동력이었다. 정오에 슐로스플라츠에서 위병 교체가 끝나면 바깥방에서 절대주의자가 모습을 나타낸다. 프로이센의 장교들이 모여드는 것이다. 순식간에 정적은 깨지고, 활기찬 대화 소리가 들려온다. 증권거래소 앞에서는 한 시경이 되면 마침 '딱 좋은 시간'이 시작되었다. 상인들이 아침을 먹기 위해 스텔리의 카페에 몰려오는 것이다. 오후에는 한가운데 있는 방에서 신문을 펼쳐 들거나 소곤소곤 얘기하고 있는 예술가들의 모습이 보였다. 안채에 있는 방은 정치가들에게 점거되어 있었다."

이전에 스텔리의 카페하우스에서는 E.T.A 호프만이라든가 '젊은 독일 그룹'(청년 독일파라고도 한다. 19세기 중엽의 작가집단. 정치적 이데올로

기에 의해 통괄된 것은 아니지만 정치적으로는 이른바 반체제적, 문학적으로는 반전통적이다. 하이네는 동시대인에 속한다. 이들 작가들은 항상 엄중한 검문체제의 대상이었다)의 작가들을 볼 수 있었다. 그 뒤로는 빌리발트 알렉시스라든가 하인리히 슈티클리츠가 출입했다. 슈티클리츠는 1828년 함부르크의 샬로테 소피 빌헤프트와 결혼했다. 슈티클리츠는 신경통 때문에 도서관 관리직과 김나지움(독일에 있는 9년간의 대학예비 교육기관) 교사직을 포기해야 했다. 그의 시인으로서의 사명감에 대한 무서운 절망은 그의 마음을 상하게 만들었다. 카롤리네 바우어[1]는 검은 수염과 곱슬머리, 그리고 방심한 듯한 눈매를 가진 이 30세 남자를 흥미롭게 그리고 있다. 그는 향락주의자였으나 언제 어디서나 마치 거대하고도 심오한 시상을 키우기라도 하는 것처럼, 자신이 시인이라는 것을 내보이는데 급급해 하고 있었다. 그의 아내의 자살은 베를린에서도 커다란 관심을 불러일으켰다. 외관상 자살 이유는 슈티클리츠를 고통스러운 지경에 빠뜨림으로써 그가 다시 일어설 수 있게 하기 위한 것이었다고 말해지고 있었다. 그러나 그녀가 그에게 절망했고, 오히려 테오도르 문트[2]에 대한 이룰 수 없는 사랑 때문에 죽음을 택하게 되었다는 설도 있었다. 이유가 어떻든, 슈티클리츠는 그녀의 죽음으로 인해 각성은 커녕 무거운 자책감에 빠진 나머지 좌절하고 말았다.

스텔리에 출입하는 손님 중에는

▲ 1825년 카페 '크란츨러' 개점 광고

▲ 1830년 베를린에 있던 카페 '클란츨러 에케'. 쉴터에 의해 설계된 이 건물의 발코니에서는
당시 베를린 중심 지대의 활동상황을 한눈에 내다 볼 수 있었다.

프로이센의 장군이며 훗날 국회의원이 된 에른스트 폰 프푸엘도 있
었다. 그는 작가인 하인리히 폰 클라이스트의 친구이기도 했다. 또
베를린 연극계에서 유명했던 극장 지배인 슐레징거도 있었다. 밤이
되면 여자고등학교에서 교사로 일하는 카스파 슈키트를 만날 수 있
었다. 그는 말하자면 철학적 급진주의자로서 훗날 유명한 '유일자
(唯一者)와 그 소유'에 의해 절대적 자기주의를 표방했다. 슈티르너
는 아담 스미스의 《국부론》을 번역했으나 별로 알려지지 않았다. 한
편 그는 베를린 시민에게 우유를 공급하는 협회를 설립했다. 그 뒤
양파를 공급하는 계획도 세웠으나 판매조직이 제대로 되지 않아 경
제적인 손실만 입었다.

여러 가지 문학적인 영향들과 더불어 스텔리의 카페하우스에서도
정치적 혼란 상황이 중대한 역할을 맡고 있었다. 포아메르츠(3월혁명.
1815~1848) 시대에 카페는 자코뱅당 클럽의 온건파 집회 장소가 되었

다. 오후 4시부터 6시 사이에는 작가들과 급진적 당파의 기관지 편집인들의 회의가 열렸다. 그들의 토론은 소곤거리는 목소리로 진행되었다. 이런 당파 사람들은 독서실에서 모임을 가졌다. 이 독서실은 '빨간 방'이라고 불렸는데, 방의 벽지가 밝은 색깔로 되어 있어 거기서 유래한 이름이었다. 그들로부터 얼마 떨어지지 않은 곳에는 정부의 정보원들이 앉아 있는 모습이 보였다. "이들 사나이들의 얼굴엔 가늘고 깊은 주름이 새겨져 있었는데, 이들은 신문을 읽는 척하면서 주위의 이야기를 귀담아 들었다." 1850년 이후, 스텔리의 카페에서는 이런 모습을 볼 수 없게 되었다.

당시 베를린 중심부, 특히 운타 덴 린덴과 프리드리히슈트라세에서의 생활과 활동을 알고 싶어하는 사람은 '카페 크란츨러'에 가봐야 했다. 여기서는 백만 도시의 심장이 고동치고 있었다. 과자점을 하다가 프로이센 궁정의 과자 제조업자가 된 게오르그 크란츨러는 엔가딘이 아니라 오스트리아 출신이었다. 그는 이미 하르덴베르크 후작의 요리장으로서 명성을 떨치고 있었다. 1825년에 사업을 시작했을 때, 그는 '신분 높은 귀족과 상류 계급 사람들에게' 프리드리히슈트라세와 교차하는 운타 덴 린덴 궁정 과자 제조업자 크란츨러가 카페를 개업했다는 광고를 했다. 여러 종류의 음료와 맛있는 과자들이 팔리고 있었다. 서비스 또한 일품이었다. 이탈리아에서 불러들인 훌륭한 악단이 고귀한 고객들에게 오락을 제공, 고객들이 즐거운 마음으로 다시 찾아오도록 최선을 다했다. 방은 1층과 2층에 따로 있었다. 처음에 '람페'(등장무대)라고 불렸던 유명한 테라스에는 그 뒤 슐류타의 계획으로 발코니가 증축되었다. 이 발코니는 순전히 프로이센식을 따른 것으로, 난간은 폐총(廢銃)으로 만들어졌다.

요스티의 카페하우스에 자유전쟁에서 살아남은 연금생활자들이 모인 한편, 크란츨러는 젊은 프로이센 장교들과 신사인 체하는 베를린의 보우(미남자)들이 만나는 장소였다. 어느 동시대인은 이렇게 말하고 있다. "크란츨러는 끽다점(여기서는 과자도 서비스 받는다)이다. 이 카페하우스에서는 근위 소위들이 일련의 훈련을 마친 후 자신들의 용감성을 재확인하기 위해 아이스크림이나 슈크림을 먹는 것이 허용되었다. 고전적인 간소한 정취가 이 콘디토라이에서는 더욱 빛나는 인상을 주고 있었다. 근위 소위들의 말투는 무척 자유분방했다. 여기서는 정치적 논쟁도, 대립도 없었기 때문이다. 이른바 귀족들의 사원인 이 카페에는 프로이센 신문, 포스신문, 함부르크 통신 등을 비롯한 각종 중요한 신문과 군대 내부에서의 승진을 기사화하고 있는 신문, 군대 신문 등이 있었다."

크란츨러의 실내와 테라스는 밤이 되면 가스등 빛으로 비춰졌다. 이 가스등의 이용은 베를린의 카페 주인 카를 슈타인하르트가 운타덴 린덴 45번지의 자기 카페에 처음 도입한 것이었다. 40년대 초에 슈타인하르트는 자기 카페에서는 고객들이 상쾌한 마음으로 카페를 활용할 수 있도록 방들을 모두 가스등으로 밝히기로 했다는 광고를 신문에 실었다. 크란츨러의 고객 측에서 카페가 밤에 너무 일찍 문을 닫는다는 불만이 터져나왔다. 바켄후젠[3]도 10시가 되자 여급이 다가와 의자를 채가면서 나가라고 한 데 대해 화를 내고 있었다. 평소에 여급들의 어조는 건방지기만 한 것이어서 손님들의 불만을 샀다. 손님이 불이 꺼진 후에도 자리에서 일어나려 하지 않으면, 그녀들은 밉살스럽다는 투의 시선을 보냈다. "카페하우스는 조용했다. 카페는 그대에게 따뜻한 햇빛 속에서 하루종일 앉아있는 것을 허용한다. 하지만 밤이 되면 여급들은 어느 한 사람 우리의 친구가 되어주려 하지 않는다. 하긴 그들도 인간이고 보면, 낮 동안 일하느라 지

▲ 유행의 첨단을 걷는 젊은이들-카페 '요스티' 가 퇴역군인의 집합소라면 카페 '크란츨러' 는
젊은 프러시아 장교들의 사교장이었다.

쳐서 밤이면 자야 할 것이다."

세기 중엽에 크란츨러는 사교계 최상의 살롱 같은 중후한 분위기
를 풍겼다. 손님들은 교회의 정적에 휩싸여 있는 것과 같은 느낌을
받았다. 카페에 들어오는 사람은 우선 공손히 모자를 벗어 과일 주스
나 시럽 그림이 그려진 대리석 테이블 위에 내려놓는다. 마치 예의보
다 모자를 다치게 하고 싶지 않다는 태도였다. 여급이 커피를 가져오
면 이 또한 공손히 받았다. 왜냐하면 그녀들은 머지 않아 백작 부인
이 될 수도 있었기 때문이다. 물론 그런 일은 거의 없었다. 하지만 그
녀들 사이에서는 매일처럼 입에 오르는 소망이 그것이었다. 가령 단
골 손님이라 하더라도 커피를 받을 때는 계산해야 했다. 어느 동시대
인은 이렇게 쓰고 있다.

"크란츨러라는 이름을 들어보지 않은 자가 있을까? 아이스크림의
맛을 생각하지 않는 자가 있을까? 만일 그런 사람이 있다면, 그는 멋
진 세계를 모르는 사람이라 하겠다.

크란츨러의 카페에는 세련된 세계가 있고, 그 세계는 기사령(騎士領)에서 동떨어진 생활에서 회복된 세계이며, 익살과 조크가 가득한 세계였다. 도시의 장엄함에 대해 이야기하기 위해 크란츨러의 카페에서 아이스크림을 먹어보아야 했던 외국인들도 있었다. 달콤하고 은밀한 정사나 로맨틱한 모험을 하기에는

▲ 카페 '크란츨러'의 테라스에서 한 젊은이가 신문을 읽고 있는 모습(테오도르 호스만(1807~1875)의 그림)

부족함이 없는 그런 카페였다. 저 검은 피부의 주노(로마 최고의 여신. 그리스 신화의 헤라에 해당한다.)는 어느 풋내기 세습 봉토 영주를 자기 곁에 있도록 붙들어 두는 데에 성공했다. 얼마 후 대선제후의 입상 곁에서 랑데부하자는 약속이 이루어졌다. 지방 출신의 이 세습 봉토 영주는 그 얘기를 멍청히 들은 데다가 또 베를린은 낯선 곳이어서 그가 그밖에도 대 프리드리히 동상이 있다는 것을 알게 되기까지 시간이 너무나도 빨리 지나가 버렸다. 저녁 무렵, 추위에 떨면서 슈베린 슈트라이트로스 바커에 왔을 때는 다른 기사가 사랑의 사슬에 묶인 4명의 노예와 함께 초조하게 기다리고 있던 예의 미녀를 청동의 상에서 방금 해방시킨지 얼마 안된 때였다. 그러나 역사나 베를린의 지지(地誌)에서는 이 세습 봉토 영주를 똑똑치 못한 남자로 다루고 있다."

베를린에서 가장 고상한 카페하우스의 하나로 평판이 높았던 곳은 운타 덴 린덴에 있던 '카페하우스 푹스'였다. 여배우인 카롤리네 바우어는 1825년경 이 도시에서 가장 두드러지게 빛을 내고 있었던

곳은 바로 '카페하우스 푸크스'라고 기록하고 있다. 푸크스는 지난 날에는 프리드리히 빌헬름 3세의 요리사였다. 그는 카페의 방 하나를 스위스풍으로 꾸미려고 쉰켈(칼 프리드리히 쉰켈. 건축가이며 화가)에게 저 유명한 거울의 방을 설계토록 했다. 푸크스는 당시 콘디토라이의 제품과 함께 중요한 역할을 한 장식 기술 면에서 그야말로 천재적인 재능을 발휘했다. 베를린의 과자 장인 중 한 사람인 바이디와 함께 그는 공업미술품 같은 과자 빵 제조에서는 놀랄 만한 본을 만들어냈다. 1822년에 그는 유명한 《랄라 로크》를 궁정에서 상연했는데, 여기서는 프로이센 황태자와 왕녀 라트치빌도 공연했다. 이 무대에 등장한 인물은 1백 50여명이나 됐다. 설탕 인형과 고무 인형, 사탕 인형을 비롯하여 눈부신 조명효과를 보인 크리스마스 행사 덕분에 12월 한 달 동안은 손님들의 발길이 끊이지 않았다.

1826년 겨울, 유명한 법률고문관 루돌프는 카페하우스 푸크스에 있는 쉰켈의 거울 앞에서 헨리에테 존타크에 경의를 표하는 뜻에서 매혹적인 무도회를 주최했다. 이 무도회는 전 베를린을 흥분의 도가니로 몰아넣었다. 장소가 한정되어 있었기 때문에 30쌍의 무용수들만이 초대되었다. 아름다움과 우아함에 관해 루돌프가 매우 엄격한 심사를 했음은 유명한 얘기였다. 카롤리네 바우어의 회상에 따르면, 저 유명한 거울 사이사이로 수백 개의 촛불이 빛났고, 사방팔방에서 비춰지는 촛불의 반사된 빛이 갖가지 줄무늬 빛을 만들어 냈다고 한다. 실내 구석구석과 바람벽 밖으로 내민 창에는 아름다운 꽃들이 자태를 뽐내고 있었다. 그 사이사이로 사람들의 시선을 끄는 옷을 차려 입은 미남 미녀들이 앉아 있었다. 루돌프는 명랑한 향락가로서 호사스럽게 살고 있었다. 그러나 그는 당시 만연된 '손타크(계모임 같은 것)'로 거의 파멸한 데다가, 자신에게 맡겨진 곗돈의 횡령 사실이 발각되자 자살하고 말았다.

이 카페하우스의 명성은 그리 오래 가지 못했다. 최근 30년 동안에 카페하우스의 경기는 악화 일로였다. 이 시대의 어느 단골 손님 말에 따르면, 과자나 설탕과자는 이미 낡은 것인데다가 값만 비쌌고, 신문도 보잘 것 없는 신문뿐이었으며, 웨이트레스들도 상냥하고 마음씨 고운 아가씨는 거의 없었다고 한다. 프리드리히 쟈스에 의하면, 카페하우스는 일년 내내 고상한 체 거드름만 피우는 등 대중으로부터 고립되어 있었다. 때문에 크리스마스가 와도 구각에서 탈피하지 못했다. 세기의 중엽이 다가올 무렵, 카페하우스는 독서 카페로서 예술가와 작가들 사이에서 인기를 끌게 된다. 예컨대 고트프리트 켈러 (스위스의 작가)는 《초록빛의 하인리히》가 출판될 무렵 카페에서 자주 휴식을 취하곤 했다.

슈테흐반 2번지에 요스티의 이웃인 '카페하우스 볼피'가 있었다. 나쁜 평판이 도는 것을 좋아하지 않는 가게였다. 이 카페는 일종의 금융시장을 제공하고 있었다. 요컨대 금융 브로커나 중개인, 투기업자 등 '의젓한 사기꾼, 처참한 사기꾼, 또는 성실한 사기꾼이나 교활한 사기꾼, 그리고 기분 좋게 돈을 빌려주는 자본가나 피도 눈물도 없는 고리대금업자'의 시장이 된 것이다. 이 카페에서 어음교환이 이루어지고, 고객의 지불능력이 조사되고, '신용할 수 있는 자와 신용할 수 없는 자'의 사정이 이루어졌다. 볼피에 찾아오는 손님들은 하루 일을 마치고 쉬러 오는 것으로 여겨졌지만, 사실은 몇 주 안에 금융거래를 마칠 수 있는 상대를 물색하고 있었다. 오래된 단골 손님이나 연금생활자들은 이들 중개인들과 사이가 좋았고, 간단히 금융거래를 맺을 수 있었다.

이들 업자나 중개인들과 함께 카페하우스 볼피에는 시 한가운데에 자리잡고 있다는 장점과 항상 활기찬 슐로스프라츠의 광경에 이끌려 찾아오는 손님들도 많았다. 카페의 모든 창에서 성의 당당한 모습과 선제후교(選帝侯橋), 그리고 우편국이나 상가들이 줄지어 있는 활기찬 구 시가지를 바라볼 수 있었다. 게다가 볼피의 카페는 품질 좋은 커피로 더욱 유명해졌다. 심지어 가정주부들이 카페하우스 조리장에서 볶아낸 신선한 커피콩을 사가기도 했다. 이런 장사가 상궤를 벗어나게 되자, 어느 날 운명이 호된 벌금형이라는 형태로 점주를 찾아왔다. 이 벌금형은 오랫동안 밀리고 있던 세금 체납에 부과된 것이었다. 볼피의 카페에서 볼 수 있던 화려한 생활과 활동에 대해 슈미트 바이젠펠스[4]는 《지식인의 도회》에서 2, 3장을 할애하고 있다. 그는 그 책에서 고객들의 카테고리에 대해 말하고 있다. 그 고객들이란 여러 등급으로 분류되어 있던 도박꾼을 말한다. 쉬어야 할 시간에 자극을 찾는 정열적인 손님들이 있는가 하면, 낮에 번 돈을 저녁 때면 날려버리곤 하는, 그래서 다음 도박에 승부를 거는, 눈감으면 코 베는 자들도 있다. 그래도 그 때는 무척 고상한 분위기가 있었다. 이곳에 별로 출입하지 않는 외국인마저 곧 친숙해지는 쾌적한 분위기가 지배적이었던 것이다. 격정적인 행동은 금지되어 있었고, 쓸데없는 말도 삼가야 했다. 휘스트나 타로크, 롬브르, 스카트 등이 많은 사람들이 선호한 게임이었다. 때로는 거액의 돈들을 걸기도 했다. 앞쪽 방에서는 사람들이 도박사들과 체스나 조카디유(도박이나 게임의 일종)를 즐기고 있었다. 두 방에는 당구대가 있었는데, 특히 그 중 하나는 놀라운 솜씨를 가진 허슬러들에 의해 점령되어 있었다.

그들의 기술은 경탄할 만했다. 엘리트들은 노령이나 죽음, 또는 다른 운명에 의해 의외로 빨리 흩어져 버렸다. 어느 한 사람이 대단치도 않은 관직에 앉게 되는 것을 기뻐하는 한편으로 다른 누군가는 어

음 위조로 교도소에 가고, 또 다른 누군가는 견실한 마음으로 결혼을
한 뒤 다시는 볼피에 나타나지 않았던 것이다.

〈원저자 주〉

(1) 카롤리네 · 바우어(Karoline Bauer 1807~1878)

기병대위의 딸로 태어나 이후란트의 작품으로 처음 궁정극장의 무대에 섰다. 고상함
과 자연미를 풍기는 독특한 자질로 이내 대중의 우상이 되었다. 1824년에 베를린의
왕도극장에 초대되었고, 반년 후에는 베를린 궁정극장에 출연했다. 1829, 무대를 떠
나 몽고메리 백작부인이라는 이름으로 레오폴드 · 폴 · 고부르크 왕자와 관계를 맺었
으나, 왕자가 벨기에의 왕위에 오르자 관계를 끝내고 무대로 되돌아왔다. 1831년에
는 페테르브르크에 초대되었고, 그 뒤 빈, 라이프치히, 함부르크, 드레스덴 등지에서
대성공을 거뒀다. 폴란드의 망명백작 프라타와 결혼했으나 이 결혼은 불행하게 끝났
다. 사후에 많은 메모와 편지를 남겼고, 〈나의 무대생활〉〈연기자 여행〉 등을 간행했
다.

(2) 테오도르 · 문트(Theodor Mundt 1808~1861)

젊은 독일의 지도자의 한 사람. 많은 단편 소설과 로맨스, 그리고 비판적 · 철학적 저
작이 있다. 흐르는 듯한 이야기의 명수로 정교한 묘사력을 자랑했다. 저널리스틱한
면도 있으며, 그의 창작은 표면적으로는 1840년이래 점차 천박해졌다.

(3) 한스 · 바켄후젠(Hans Wachenhusen 1823~1891)

르포르타쥬 작가. 독일의 신문에 여러가지 전투 장면을 보도했다. 파리에 오래 살면
서 파리에 관한 2,3권의 문학적 저작을 발표했다. 통속 작가로서 로맨스나 대중적 이
야기를 많이 썼다.

(4) 에두아르드 · 슈미트 · 바이젠펠스(Eduard Schumidt Weißenfels 1833~1893)

프로이센의 국민의회의 비서관이었다. 1851년이래 파리 런던 베를린 프라하 슈투트
가르트 등지에서 저널리스트로 활약했고, 많은 역사소설을 발표했다.

17

젊은 세계 도시를 향하여

옛 프로이센 스타일 그대로 굳어 있던 베를린의 사교생활은 나폴레옹의 침략지배시대에 다시 정신적 코스모폴리탄이즘(세계주의)의 숨결을 받게 되었다. 이같은 흐름은 궁정의 서클 속에서 나온 것이 아니라 오히려 궁정 밖에서, 멘델스존의 서민적인 철학에 의해 차츰 생겨난 계층을 통해서 나타나게 되었다. 이같은 뒷받침으로 지탱되어온 가장 중요한 베를린의 두 살롱은 코스모폴리탄적인 분위기에 의해 세계도시의 정신생활을 지향하는 풍요로운 기초를 창출해 내고 있었다. 헨리에테 헤르츠와 라엘 레빈이라는 두 개의 서클은 기나긴 세월동안 가장 모순된 요소들을 내포하고 있었다. 다시 말해 인습이나 출신에 따르지 않고 지성에 의한 동호인의 모임이었음에도 불구하고 보통의 베를린의 사교회에 대한 철저한 의논의 가능성은 없었

▲ '크란츨러'의 풍경

던 것이다.

19세기 전환기에 엘리자 폰 데르 레케나 라트치빌 후작의 살롱 같은 유태인 살롱의 선구자가 있긴 했지만, 그것들은 베를린의 합리적인 사교 형태로 보아 대표적인 살롱으로 보기 어려웠다. 이런 관점에서 보면, 베를린의 출판업자 잔다의 영빈관이 매우 인상 깊게 나타난다. 특히 그의 활동적인 아내 조피에 의해 더욱 인상 깊게 떠오르게 되는 것이다. 그녀의 고객명단에는 당시 수도에서 명망가로 알려진 대부분의 인물들이 망라되어 있었다.

잔다는 괴테와도 교우관계를 맺고 있었는데, 《헤르만과 도로테아》의 첫 인쇄 때는 직접 감독을 맡아 시의 운율과 구두점 몇 개를 고쳤다. 덕분에 괴테로부터 감사 인사를 받기도 했다. 그러나 그 뒤 그들의 관계는 냉랭해졌다. 아마도 아내 조피가 바이마르를 방문했을 때 이 추밀 고문관에게 약간 경솔한 태도를 보였기 때문이었을 것이다. 여러 차례에 걸쳐 사과 편지와 텔트(베를린 서남부의 도시)에서 생산되는 맛좋은 순무를 보냈으나, 관계는 더 이상 유지되지 않았다. 그 동안 잔다의 영빈관에서는 로맨틱한 이예나(튀링겐 주의 도시) 사람들의 날카로운 정신과 아이러니가 되살아나고 있었다. 이 서클은 실러의 '종의 시'가 낭독될 때는 언제나 그 시를 웃음거리로 만들었다. 방문객 중에는 빌헬름 폰 훔볼트, 안칠론, 첼터, 샤미소, 클라이스트, 그리고 잔다의 아내가 존경하던 신학자 프란츠 테레민이 있었다.

베를린에서 가장 매력적인 살롱

프리드리히 라운[1]은 잔다의 살롱을 베를린에서 가장 매력적인 휴식 장소 중 하나라고 말하고 있다. 이곳에서 소개된 사람은 차를 마시는 시간에 환영받게 되어 있었다. 그렇다고 특별히 호화스런 대접을 받지는 않았지만, 바로 그렇기 때문에 사람들은 여러 개 있는 쾌적한 방에서 기분 좋게 지낼 수 있었다.

조피는 젊고 매력적이며 부드러운 몸가짐으로 주부의 역할을 담당하고 있었다. 그녀는 말수가 적었지만 무슨 말을 할 때면 그 말에 늘 의미를 담고 있었다. 귀엽게 생긴 그녀의 그 입가에 감도는 아이러니는 그녀에겐 하나의 무기였다. 샤미소(독일의 시인. 작가. 프랑스 귀족이었으나 혁명으로 독일에 이주)는 루이 드 라 프와이예에게 보낸 편지에서 '그녀는 참으로 불가사의하고 멋진 여성'이라고 언급하고 있다. "그녀는 아이러니로 모든 일을 견뎌내고 있습니다. 그녀는 아마도 어떤 말 못할 괴로운 사연을 숨기고 있을 겁니다. 독일인을 매료시키는 높은 자질, 그것은 또한 프랑스인에게도 매력적인 자질이 아닐 수 없습니다. 내가 무슨 말을 하고 있는지 잘 아시리라 믿습니다. 나는 그녀가 지니고 있는 두려움을 얼버무리거나 웃어넘기는 일도 있지만, 그것이 얼마나 두려운 일인지 실제로 느끼는 경우도 있습니다. 그녀를 사랑하는 것은 아니지만, 내가 그녀를 얼마나 높이 평가하고 있는 것인지에 대해서는 당신에게 이미 얘기한 바 있습니다. 그리고 그녀도 나를 존경하고 있는 것으로 알고 있습니다."

잔다의 살롱보다 헨리에테 헤르츠와 라엘 레빈의 살롱쪽이 훨씬 더 중요해졌다. 헨리에테 헤르츠는 널리 세계를 돌아다녔다. 또 유럽 지식인들 가운데 대표적인 인물들과 밀접한 관계를 맺고 있었다. 그리고 인간으로부터 인간으로 전달되는 생기 넘치는 회화를 평가했다. 프레시에즈 리디큘(몰리에르의 '아니꼽게 재치를 뽐내려 드는 여자')의 시대에 아직 프랑스의 살롱에서는 흔히 있는 형태의 사교에 힘쓰고 있었다.

미라보(프랑스의 정치가)와 빌헬름 폰 훔볼트(독일의 언어학자, 정치가)의 숭배를 받던 이 우아한 재원은 베를린에서 최초의 괴테 협회를 창설했다. 그녀는 훔볼트 형제라든가 프리드리히 슐레겔, 파른하겐 폰 엔제, 그리고 특히 슐라이에르마하와 열띤 이념 논쟁을 벌었다. 훗날 그녀는 오해를 불러일으킬지도 모른다는 불안감에서 두 사람이 주고받은 편지들을 모두 태워버렸다. 나이들어 재산도 다 없어지자, 그녀는 알렉산더 폰 훔볼트의 중개로 왕실에서 연금을 받을 수 있게 되었다. 이 연금 덕택에, 그녀는 생활상의 불안을 해소할 수 있었다. 라엘 레빈은 외모로 보아 헨리에테 헤르츠보다는 덜 매력적이었다. 그러나 사람들과 교제할 때면, 그녀는 언제나 온화함과 성실성을 잃지 않았다. 활발한 대인관계나 재산은 없었지만, 누구를 의심하는 일도 없이 그녀는 자기 주위에 베를린의 가장 센스있고 매력적인 서클을 끌어들이고 있었다. 개인적으로 몇 차례 만난 괴테에 대해 그녀는 평생 동안 이루 다 표현할 수 없을 정도의 애정과 존경으로 우러르고 있었다.

▲ 포츠담 광장의 카페하우스 '요스티'

그녀에게 있어 괴테는 가장 훌륭한 남성이자 인간이었고, 에스프리와 생활의 지혜가 넘치는 가장 고귀한 대상이었다. 1815년 8월 20일, 그녀는 빌레마와 함께 프랑크푸르트의 니다라트를 산책하다가 우연히 자신의 옆을 지나가던 괴테의 모습을 보게 되었다. 그때 그녀의 몸은 감동한 나머지 마구 떨렸다. 괴테는 그녀를 오성(悟性)을 지닌 소녀라고 불렀다. 그녀의 감성과 표현에 관해서는 강한 인상을 받은 적도 있었지만, 또 그와는 반대의 경우도 있었다.

괴테는 에커만과는 달리 그녀가 자기를 이해해주고 있으며, 성실한 마음씨를 가진 독일 최초의 여성이라고 생각했다. 그녀의 서클에는 스웨덴의 외교관이며 시인이기도 했던 폰 브린크만, 빌헬름 폰 훔볼트, 프리드리히 겐츠, 슐라이에르마하, 피히테, 슐레겔 형제, 프케, 샤미소, 그리고 루이 페르디난트 왕자 등이 있었다. 이들이 모두 모이면 어떤 인습에도 구애되지 않는 쾌적한 분위기가 조성되었다. 왕자가 들어설 때만 모두들 잠시 일어섰다가 곧바로 다시 앉아 그 동안하던 대화들을 계속 나누었다. 때때로 앙시앵 레짐 시대의 세련된 몸가짐을 가진 리뉴 후작이나, 라엘의 사교적인 자질에 감동받고 있던 스탈부인이 모습을 보였다.

1806년 가을, 전쟁으로 인한 갖가지 사건으로 이 서클은 흩어지게 되었다. 그러나 해산되기 전에 피히테의 영향으로 정치적 애국주의적인 색채를 강하게 띠고 있었다. 1819년이 되자 '정신적 베를린'이 또다시 그녀 주위에 생겼다. 그 무렵 그녀는 폰 파른하겐 부인이 되어 있었다. 살롱은 종전보다 더욱 정치적인 의미를 지니게 되었다. 그녀의 남편으로 인해, 많은 정치가와 역사학자가 가장 존대받는 손님으로 등장하게 되었기 때문이다.

그때까지 생존해 있던 그녀의 옛 지인들과 함께 새로운 면면들이 등장했다. 퓌클러 무스카우 후작, 베티나 폰 아르님, 샬로테 폰 칼프, 역사가 랑케와 라우마, 헤겔과 그의 사촌형인 프랑스인, 그리고 짧은 기간이기는 하지만 하인리히 하이네의 모습도 보였다. 이들 사이의 사상적인 대립은 아무래도 어쩔 수 없는 일로 보였다.

알렉산더 폰 훔볼트는 궁정인으로서 퓌클러후작 앞에서는 군주 곁의 간신이나 왕자들의 아류인 영국인 기질을 농 비슷하게 좋지 않게 얘기했으나 그럼에도 불구하고 두 사람 사이는 다정했다. 그것은 훔볼트의 《우주론》에 의해 헤겔이 자신의 철학에 큰 타격을 입었음에도 불구하고 두 사람이 좋은 교우관계를 유지하고 있었던 것과 같다.

파른하겐은 이렇게 쓰고 있다. "활발하게 진행되는 토론은 마치 즉흥 연극 같았다. 다만 두서너 번 폰 파른하겐 부인이 끼어드는 적이 있었는데, 그로 인해 대화는 더 원활하게 이루어졌다. 그녀는 타고난 유머로 무거운 분위기를 부드럽게 만들었는데, 그 유머는 사람들을 유쾌하게 만드는 한편 경탄케 하는 것이기도 했다.”

베를린 고유의 분위기와 함께 라엘의 살롱은 어떻게 보면 프랑스의 영향도 받고 있었다. 7월 혁명 이후, 사람들은 콩스탕의 '미넬바'에 감탄하고 있었다. 콩스탕은 스탈 부인의 지난날의 친구이며 퓌클리의 사촌 자매와 결혼했다. 파리의 살롱처럼, 이곳의 여성들은 문화적인 여러 문제와 정신적인 전문 지식에 대해 자신들의 지식을 내비춰야 했다. 코체브는 슐레겔(독일의 시인. 평론가)의 유약한 교양을 어리석다고 느끼고 있었다.

카롤리네 바우어는 회상록에서 “쏘아올린 폭죽과 조명탄, 벤갈의 파란 불꽃(극장 등에서 사용한 일종의 조명), 그리고 황금의 눈물의 비(장식의 일종)로 아름답게 가공된 듯한 티테이블에 알맞는 취미의 보다 풍부한 재지(才智)에 대해” 논급하고 있다. 그녀는 체념한 표정으로 쉴 새 없이 떠들어대는 라엘을 마주 보고 앉아 있었다. 그 모습은 마치 '소금 기둥이 된 롯의 아내'(그녀는 아브라함의 생질인 롯의 아내로서 소돔에서 도망칠 때 뒤돌아보았기 때문에 소금 기둥이 되었다) 같았다. 충분히 준비된 폭죽을 차례로 쏘아올리는 데 필요한 명수가 없었다. 김이 나는 갈라진 지면의 틈바구니에 앉아 월계수 잎을 씹으면서 신자들에게 신의 계시를 얘기하고 있는 퓨티아(아폴로 신전의 무녀)처럼 신은 그녀를 지껄이게 하는 것을 좋아했던 것일까? 어쨌든 이곳에서 사람들은 독창적이고 열광적이었으며, 게다가 기지에 차 있었다.

특징적인 것은 여성들의 의견이 수용된 서클에서는 커피 대신 중국산 차를 마시게 되었다는 점이다. 커피가 일시적인 외부의 영향, 다시 말해 나폴레옹의 대륙봉쇄에 의해 제한되고 있었기 때문이다.

차는 영국과 러시아의 동맹에 의해 유통되었다. 이들 두 나라에서 이 음료는 일종의 신화를 형성하고 있었다. 특히 이 음료는 부드럽고 여성적인 정신능력의 원천이 되었고, 여기서는 그 능력이 결정적인 영향을 미치고 있었다. 울란트조차도 자신의 '차의 시' 속에서 이 감정을 피할 수 없었다. 훗날 그가 유명해진 후 약간 체념한 듯이 이렇게 결론을 내리고 있다.

너의 깊은 힘을 남자들은 알지 못한다.
여자의 입술만이 네 마력의 특색이 된다.
가수인 내가 너를 칭찬해 마지 않고 있지만
실은 너의 불가사의함을 아직 모른다.
하지만 여자들의 입이 단언하고 있음은
나에겐 성스러운 의무로 느껴진다.

이런 회상에는 진정한 에포스(전설로 전해지는 서사시)의 맛이 결여되어 있었다. 낭만파의 답답한 복장을 벗어던진 사람들이 차와 같은 별로 본질적인 것도 아닌 소도구를 본능적으로 조소하면서도 고려에 넣고 있었던 점은 매우 경탄할 만한 일이다. 아이헨도르프(독일의 시인. 소설가. 독일인의 마음의 고향을 노래한 향수의 시인)의 《예감과 현재》에서는 젊은 프리드리히 백작이 가짜 시인들의 연약한 상냥함을 맛없는

▲ 1830년 베를린에 있는 어느 카페 가든에서 ─ 고트프리드 샤도(1764~1850)의 그림.

차에서 나는 김에 비유하고 있다. 그리고 그에게 활활 타는 알콜 위의 우아한 티포트는 마치 뮤즈의 희생 제물처럼 생각되었다. 《악마의 회상록》에는 악마가 영원의 유태인에게 훌륭한 '차의 상상력'을 가르치는 대목이 나온다. "얼마나 어리석은 일인가! 유태인이여, 너는 문화적으로 얼마나 뒤처져 있는가. 차의 잎 위에 뜨거운 물을 부어 그것으로 사람들을 대접하는 사교적인 모임이 있다는 것을 네 진정 모르고 있는가? 기호에 따라 설탕이나 럼주를 곁들이거늘, 이 얼마나 멋진 일인가!"

E.T.A. 호프만은 자신의 많은 작품 속에서 차에 관한 정경을 재현하고 있다. 그 또한 맛없는 차에 대해 이야기하면서 차를 마신다는 덧없는 행위와 정신적인 나태함에 대해 불편한 심정을 토로하고 있다. 그에게는 와인이나 커피를 숭배하는 사람이야말로 멋있게 보였다. 《왕녀 부람빌라》에서도 이야기의 중심이라고 할 수 있는 옛 로마의 카페 그레코가 등장하는데, 카페하우스가 나오는 것이 이 작품에 한정된 것은 아니다. 그 자신, 카페하우스에 열심히 출입한 사람이었

▲ 1860년대의 콘디토라이(목판화에서)

다. 이에 대해 일기에도 쓰고 있는데, 그는 1815년 1월과 2월에는 운타 덴 린덴 45번지의 단골 카페였던 '만데를레'에 최소한 28회 이상 드나들었다. 1월 13일에는 친구인 샤미소와 히츠히, 콘테사 앞에서 방금 완성한 《섣달 그믐밤의 모험》을 읽어 주기도 했다.

유태인의 살롱에서 라엘이나 헨리에테 헤르츠 같은 강렬한 인물

에 의해 어떤 종류의 공통된 정신적 접촉이 전면에 나타났던 반면, 베를린에서의 차모임은 곧 시들해지면서 더 이상 성행해지거나 하지 않았다. 파니 레발드[2]는 《디오게나》에서 환한 백작부인 주변에 있던 귀족 취미를 가진 서클의 생기없는 삶을 교묘하게 비웃고 있다. '마담 파른하겐－나는 마담 하겐에게 마음 속으로 홀딱 반해 버렸다.' 라는 말을 쓴 하이네 마저도 자신의 서정적인 간주곡에서 이해되지 않는 이 헤겔 철학의 희생자에게 작별 인사를 보냈다.

베를린 시민은 분명한 커피 애음가

의심할 여지 없이 베를린 시민은 미적인 티살롱의 전성기에도 분명한 커피 애음가였다. 이를 수입량 통계나 가정 음료로서의 커피 소모량에 따라 증명하는 것은 어려운 일이다. 그러나 이런 점은 급속히 성장한 카페하우스의 수로도 알 수 있다. 이들 카페하우스는 대부분 도시인의 타입과 생활 면에서 얻는 충족감의 유형을 고려해서 만들어진 것이라 할 수 있다.

케나 쿠키, 그리고 생크림으로 위를 채워주는 콘디토라이나, 독서 카페, 게임 카페 등은 그 업무 내용에 따라 구분되었다. 이들 카페는 도덕적인 의미에서 퇴폐적인 분위기가 지배적이었던 유흥장소이기도 했다. 궁정 주위에도 평판은 좋지만 겉꾸밈이 없는 일련의 카페하우스가 있었다. 이들 카페는 신격화된 이 검은 음료를 "여기서는 가족 모두가 커피를 만들어 마실 수 있습니다."라는 한심한 표현으로 선전하고 있었다. 이 때문에 알뜰한 베를린 주부들은 볶은 커피와 쿠키를 사서 집으로 가져가기도 했다.

유복하고 견실한 시민은 자신의 '검은 시간'을 케니히슈트라세에 있던 '카페 쿠르틴'이나 안할트슈트라세의 샤우스 카페에서 보냈다.

코흐슈트라세와 프리드리히슈트라세 길모퉁이에 있던 쉴링 카페에서는 애플 케이크나 버찌 케이크, 플럼(건포도) 케이크 등을 배불리 먹을 수 있었다.

이들 과자는 양은 많았으나 값은 10페니히였다. 6페니히를 더 내면 케이크 위에 값비싼 생크림을 수북히 올려주었다. 이런 카페에는 아내를 데려와 가볍게 음식을 먹을 수도 있었다. 그런데 시내에서는 맥주나 와인이 나오는 카페에 여성들은 출입할 수가 없었다. 정원이 딸린 카페만은 이런 점에서는 예외였다.

콘디토라이에서는 보통 때는 즐거운 시간을 보낼 수 없었다. 왜냐하면 방이 합리화되어 있어 테이블과 의자 배치가 거북하게 꾸며져 있었기 때문이다. 그리고 친구간의 내밀한 대화에는 대부분의 경우 스스로 조심하지 않을 수 없었다. 방안이 좁기 때문에 타인에게 대화 내용이 들릴 우려가 있었기 때문이다. 신문을 읽고 커피를 마시고 과자를 먹고 나면, 손님들은 일찌감치 카페에서 물러났다.

호프만 폰 팔러슐레벤은 사교적인 특징으로 본 카페하우스에 대한 시를 썼다. 아마도 프리드리히슈트라세의 《카페 나트시오날》이 그에게 이 시를 쓰도록 영감을 준 것 같다.

이 속삭임은 대체 무엇일까! 이 낮은 소리
도대체 무엇일까!
모두들 조용히 읽고 있구나.
시중 드는 급사만이 외치거나 투덜대고 있다.
검은 컵! 흰 컵!
신문 넘기는 소리,
갖가지 아이디어를 파악하느라

이젠 읽기에도 지쳐 있다.

그들은 지껄이고,
신문을 넘기고, 기사를 찾고
마침내 결론에 도달한다.
애플 케이크 하나 더!

그들은 의자에 앉아 이리저리 궁리하고 생각한다.
뜨겁게 열이 나면서 잠잠해진다.
그래서 찬 음료가
그들을 다시 기운나게 한다.
그리하여 시간을 쫓아내고
대낮의 무더위도, 괴로움도 쫓아내어
신기한 일들로 호기심도 채워지면
마지막 손님은 집으로 간다.

하지만 하룻밤 지나면
이곳에선 또다시 저 노인 독서 서클을 보게 된다.
그들은 마치 자기 집에 있는 양
앉아들 있다.
검은 컵! 흰 컵!

세기가 끝날 무렵, 즉 서베를린이 프리드리히슈타트를 그늘 속으로 더욱 밀어넣기 시작했을 때, 쿠르퓌르스텐담의 요아힘슈트라세 모퉁이에 있던 '카페하우스 베스텐스'가 비교적 간소한 꾸밈새에도

▲ 성업중인 베를린의 카페하우스 '나치오날'. 극장이 끝난 후 손님들이 몰리면 철야영업을 했다.(1890년대 그림)

불구하고 베를린의 명소로 꼽히게 되었다. 그뒤 이 보헤미안 구역은 '카페 그뢰센반(과대망상)'으로 불리면서 엄청난 명성을 얻었다. 볼초겐은 그곳에서 화가이며 동판화가인 프리드리히 폰 쉐니스의 모습에서 그의 크라프트마일 로망의 원형을 얻었다.

오트마르 베가스의 소묘(데생)는 사람들을 경탄케 했다. 이들 소묘는 대리석 위에 스케치된 것으로, 그 위에 유리를 놓아 보존되고 있었다. 단골 중 몇 사람은 뒷날 유명해지기도 했다. 작가인 요하네스 슐라프라든가 로다 로다, 하인츠 에바스, 한스 도미니크, 무정부주의자 에리히 뮈잠 등이 그들이었다. 이들 작가들의 주위에는 수많은 젊은 보헤미안이 모여들었다. 그들은 오해되고 있던 천재들이자 아직 명성을 얻지 못한 위대한 작가들이었다. 물론 그들 중 대부분은 큰 인물이 되지 못했다. 미래에 대해 아무런 희망도 갖지 않는, 빚만이 중요한 역할을 하는 보헤미안 생활에 젖어 있었기 때문이다. 지배인

한과 시중 드는 급사 프란츠, 그리고 언제나 새우등을 한 채 신문을 배달하고 있던 리하르트야말로 그들의 제물이었다.

낡은 카페 데스 베스텐스에 드나들던 베를린의 보헤미안 가운데 무관의 제왕은 페터 힐레였다. 그는 베스트팔렌 출신으로, 순수한 보헤미안 생활을 하고 있었다. 그의 작품들은 대부분 완성하고 보면 어디론가 없어져 버렸다. 일정한 주거 없이 매일 밤 티에르가르 벤치에서 밤을 보냈기 때문이다. 그렇게 지내면서도 그는 타고난 부지런함으로 많은 시와 소설을 썼다. 이들 작품이 많은 독자를 끌어들이면서 그는 엄청난 원고료를 받게 되었다. 그러나 그는 종종 들어오는 거금을 어린아이처럼 동료들에게 뿌려주었다.

그는 자기 시대와 동떨어진 생활을 했는데, 어떤 때는 가톨릭적인 중세의 세계에서 살았고, 또 어떤 때는 무정부주의적인 유토피아에 마음을 기울이곤 했다. 그의 작품 《플라토니카의 아들》은 깊은 사색으로 가득 찬, 엄청난 감정이입능력을 보여주었다. 1905년, '카페 데스 베스텐스'가 부르조와적 야심을 가진 새 소유주의 손으로 넘어가면서 이 카페의 지난날의 특색은 사라지고 말았다. 옛 예술가들은 쿠르퓌르스텐담의 '카페 세제시온'으로 옮아갔고, 젊은 예술가들은 '로마니셴 카페'에 거처를 정했다. 그러나 베를린의 카페하우스가 각기 지니고 있던 특징은 급속히 사라지고 말았다. 개성적인 생활 문화의 이미지는 이미 오랜 과거의 것이 되어 버린 것이다.

당연한 귀결이겠지만, 기술시대의 오토매티즘 속에서 인간의 정신적 향락도 변천하게 되었다. 쾌적함 대신 보다 활동적이며 보다 야만스런 생활의 산물이 등장하게 된 것이다. 구기츠는 빈의 카페하우스의 몰락에 관해 "큰 카페도 있고 작은 카페도 있으며, 큰 카페나 작은 카페나 모두 화려하다. 그러나 이들 카페가 이미 몸에 배어 있어,

그 동안 카페사정에 통달한 사람들에게 사랑 받고 또한 높이 평가되었던 카페의 문화와 마음은 영원히 사라져버렸다."라고 기록하고 있다. 아무리 화려한 장식도 즉흥 연주나 개인적 매력, 또는 정신적 내실을 보완할 수 없었다. 도처에서 외면적인 사치와 은이나 니켈, 수정 등으로 수놓아진 사치가 환상의 빈곤을 드러내면서 창조적인 힘과 인간적인 깊이를 거절하고 있었다. 그 이상으로 기술할 만한 가치가 있는 것은 경제적, 사회 비판적인 관련사항 속에서 전개된다. 또한 이들 페이지로부터 각 시대의 양식과 그 정신적인 특색이 밝혀지게 될 것이다.

〈원저자 주〉

⑴ 프리드리히 · 라운(Friedrich Laun 1770~1849)

　드레스덴 시 참사회원. 많은 통속소설을 발표했으며 특히 《유령이야기》는 유명하다. 1843년에 전집(전6권)이 간행되었다.

⑵ 파니 · 레발트(Fanny Lewald 1811~1889)

　1855년에 작가인 아돌프 · 슈탈과 결혼. 민주주의적 색채를 띤 소설을 발표했다. 날카로운 관찰과 세련된 스타일로 리얼리즘의 백미를 보여준다.

옮긴이의 말

이 책의 원 제목은 "여기요, 커피 한 잔(Herr Ober, Ein' kaffee)이다. 오늘날 커피는 사람들 사이에서 가장 사랑받고, 아낌받는 기호 음료의 하나로 되어 있다.

일상생활의 시작을 머그(Mug)잔에 담은 모닝커피 한 잔으로부터 시작하는 사람들도 많다.

커피는 창조적인 힘의 원천을 만들어주기도 하고, 고민을 덜어주는 안식을 주기도 한다. 그래서 커피는 마음의 '하이마트'로 여겨지기도 한다.

"얼마나 많은 시인이 커피가 지닌 시적인 마력을 칭찬했던가. 얼마나 많은 사람이 역사에 대한 커피의 영향을 칭찬했던가!" 저자는 머리말에서 감탄하고 있다.

그러나 커피의 역사는 칭찬을 받기에 이르기까지, 이 책을 통해 그 전사를 알 수 있는 것처럼 숱한 박해의 역사를 겪어왔다. 오랜 인습과 무지가 커피를 애음하려 는 기회를 여러 차례나 쫓아내 버렸고, 더러는 가혹한 박해를 가하기까지 했다. 그러면서도 지식인들 사이에서는 지식인 음료로서 수용되어 왔고, 동시에 상인들 사이에서는 거래 접대 음료로서, 또는 서민들의 기호 음료로서 널리 애음하기에 이르렀다.

긴 변천사를 거쳐 커피를 사마시며 휴식을 취하는 공간이 생겼고, 이 공간은 '커피하우스(카페하우스)'라고 불려지게 되었다. 역사적으로 볼 때 커피하우스는 그 자체가 하나의 문화이었다. 사람들 사이에서 사교의 장소였으며 동시에 문화교류의 장이었다.

일찍이 아라비아 상인들은 상거래에서 커피를 접대하는 등 커피를 애음했고, 어두웠던 유럽의 전제정치 시대에 커피하우스는 앙시앵 레짐의 타파를 주장하며 자유를 갈구했던 민중들의 오아시스로서도 역할했다.

파리의 카페하우스는 혁명시대에 파리의 민중들에게 "무기를 들고 일어서라"고 열변을 토하며 자유를 찾기 위해 혁명의 불씨를 지핀 봉수대로서도 기능을 다했고, 처절한 인민재판의 장소로 제공되어지기도 했다.

또한 화려했던 예술의 전성시대엔 새로운 조류의 회화와 문학의 창작을 시도했던 창조의 샘터로서, 또 작가나 사상가, 민중이 테이블을 한 가운데 놓고 정치 사회문제를 토론했던 사상의 발원지로서, 또 민중의 여론을 전달하는 광장으로 신문의 매체기능을 하기까지 했다. 영국을 비롯한 각지에서는 금융거래의 장소로서도 제공되는 등, 다양한 문화를 생산한 문화기반이 되기도 했다.

1927년에서 1929년 사이 베를린에는 363개의 영화관이 있었고, 37개의 촬영소가 1년에 250편의 영화를 제작했고, 1929년대에는 이미 조간신문이 45개, 석간신문이 14개, 출판업자는 200개, 카페하우스는 무려 550개에 이르고 있었다. 카페하우스의 문화가 활짝 싹트기 시작했던 것이다.

카페하우스가 문화사적 의미에서 얼마나 중요한 역할을 했는가는 많은 작가와 예술가가 소상하게 기술하고 있다. 살롱이 특정계급을 위해 중요한 문화적 역할을 했다면 카페하우스가 끼친 영향은 문화적 의미뿐만 아니라 사회적으로도 중요한 역할을 한 것이다.

오늘날 카페하우스는 다기능, 다목적으로 분화되어 새로운 형태의 문화적 산물을 만들어내고 있다. 서민들이 시간을 아끼며 약속하는 만남의 장소에서, 식사전후 간단히 커피를 마시거나 다과나 음주를 곁들이는 장소로서, 심지어 노래방의 구실에 이르기까지 여러 가지 형태로 세분화되어 가기도 한다.

이 책은 문화의 한 형태로서 카페하우스가 지금까지 어떻게 발전되어 왔는가를 되새기는 좋은 자료가 될 것으로 믿는다. 도서출판 에디터사가 멀리 독일에 떨어져 살고 있는 나에게 이 책을 번역할 수 있는 기회를 주심에 감사드리며, 설사 발음표현이나 오역이 있더라도 혜량해주시기 바란다.

옮긴이 채운정